古往今來，
無數人都對唐朝傾心不已，
統治期間，
幾乎亞洲的每個國家
都有人曾經進入過
唐朝這片神奇的土地。

職貢圖

職貢，就是朝貢。畫中所繪是唐太宗貞觀五年（631 年），
婆利國、羅剎國、林邑國結隊前來長安朝貢的景象。

青金石
著名的地質學家
章鴻釗在《石雅》一書中形容：
「青金石色相如天，
或復金屑散亂，光輝燦燦，
若眾星之麗於天也。」

唐三彩・胡人立俑
唐代陶俑中有著數量眾多的胡人形象，
這是其中一尊典型的唐代胡人俑，尖鼻深目，
雙睛圓睜，身穿當時流行的翻領右衽胡服。

在大唐的土地上，
可以看見
來自亞洲各地的不同人種、
珍禽異獸和珠寶等等。
韓愈就描述過
外來貿易之昌盛：
「外國之貨日至，珠、香、
象、犀、玳瑁、奇物，
溢於中國，不可勝數。」

黑釉拂狗

外來種，又稱「拂林犬」，拂林是唐人對東羅馬帝國的稱呼，這種小狗的性子很聰慧，對小朋友很友善，因此廣受唐朝貴婦與兒童的喜愛。

五百強盜成佛圖窟

在敦煌石窟第 285 窟發現的此圖，其中的山石、屋宇，以及覆斗形窟頂的飛天、朱雀、飛廉、雷神，所敷的藍色都來自青金石所製成的顏料。

簪花仕女圖卷

是唐代仕女畫的代表作，
高髻簪花、暈淡眉目、露胸披紗的袒胸裝，
是今人對於唐代女性最經典的印象。

段簡璧墓壁畫

唐代社會風氣開放，從擷取的這幅壁畫中，可以看到女性著男裝的形象（左 3）。

唐人的官方服飾承繼了隋人的服飾，並未進行較大改動。

唐代女裝受到南北、胡漢交融的影響，加上外來文明，在漢代女裝的基礎上產生了重大變化。

章懷太子墓〈儀衛圖〉

圖中可見唐代武士的襆頭，以紅色巾帽包裹在額頭，稱之為抹額或紅帕首。

唐人宮樂圖

唐代貴族女性也熱衷於宴會。晚唐佚名畫家的這幅絹本墨筆畫，描繪了一場宮廷仕女的聚會，十二位宮廷美人環繞著繃竹席的長方案而坐，品茗、奏樂和行酒令。

坐部伎陶俑

唐代宮廷樂舞分為「坐部伎」和「立部伎」兩類，此組陶俑共為四件，均為女性，所執樂器從左到右，分別為：鈸、豎箜篌、（樂器遺失）、琵琶。

對於唐代的貴族來說，「宴飲」是非常重要的生活方式。宴飲也被稱作「燕飲」，顧名思義就是聚會歡飲。唐代也是歷史上音樂、舞蹈藝術集大成時期，從宮廷到民間、從坊肆至深宅大院，無處不聞歌舞聲。宴飲之外，從皇室到貴族熱衷於馬球運動。

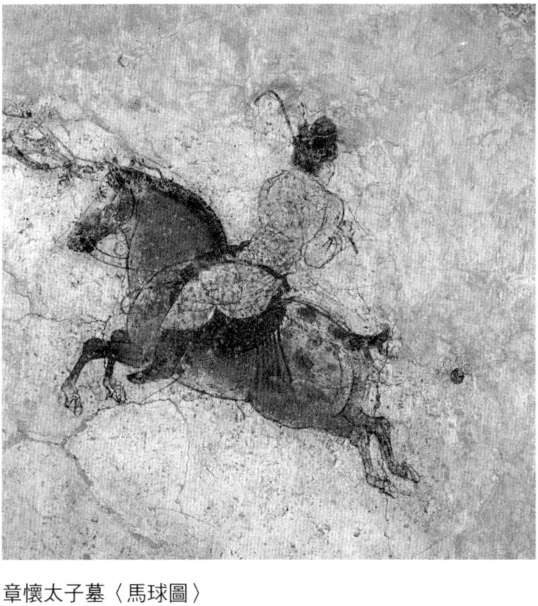

章懷太子墓〈馬球圖〉

唐皇室是馬球運動的狂熱粉絲，有兩位皇帝因馬球而死，這在中國歷史上也算是個奇葩。

唐代是中國歷史上的巨像時代，
今日留存的巨型佛像雕塑、大型壁畫、帝陵大型石雕群，
幾乎全部來自於唐代。
巨型的藝術品也代表唐人希望這個帝國永存於世間。

龍門石窟盧舍那大佛

位於洛陽龍門石窟，唐高宗咸亨四年（673 年）所做，高 17.14 公尺。這尊大佛體現了唐代雕塑的藝術性和技藝，被認為是唐代佛像的代表作。

師永濤 著

走進唐人的日常

從衣冠、食物、婚姻、藝術了解唐代生活史

走進

目錄

唐人的日常

推薦序

三百年長安明細帳，八千里大唐行樂圖

葉言都
歷史學博士、作家

這是一本資訊含量極大的普及歷史書，在當前的普及歷史著作中並不多見。

自從網路盛行以來，敘事趨向輕薄短小，普及歷史也不例外。現在一般的普及歷史書，往往只針對一個特定的主題，作「常山之蛇，擊首則尾至，擊尾則首至，擊腰則首尾皆至」式的敘述，固然看來整齊，讀來容易；然而，普及歷史的敘述，是否可能還有其他饒有趣味的方式？

答案是有。我們不妨回想一下在學校裡歷史、文學、哲學類課堂上的經驗。這類的課，高段的老師就一個主題開始發揮後，講得高興起來，可能會由此談起這個主題的來龍去脈與相關事宜，越談越多，有時還會漸談漸遠，欲罷不能。這種狀況常常在博學多聞的老師身上發生，家姑母大人葉嘉瑩先生稱之為「跑野馬」。聽一位博學多聞的老師「跑野馬」，就像在知識之海中由他（她）帶領著任意遨遊，是一種知性的饗宴，樂趣無窮。

其實中國古代知識份子在讀書為學時，也是抱著這種心情。飽學之士每天讀書，融會貫通之餘，心得油然而生，遂隨時記錄，稱為筆記。筆記隨時間逐條累積，累積到一定份量後，文人學者將這些心血的結晶編輯成書出版，一般稱為某某集或某某錄，就是《四庫全書》集部裡的主要內容。這些思考心得、讀書筆記可能涵蓋範圍極廣，以明末清初大儒顧炎武的名著《日知錄》來說，那裡面敘述的條目，就有從「朱子周易本義」、「孝悌為仁之本」到「生日」、「文辭欺人」、「草驢女貓」等等各式各樣的內容。

我可以說，師永濤先生的這本書《走進唐人的日常——從衣冠、食物、婚姻、藝術了解唐代生活史》，就是他多年研讀唐史的心得筆記。接觸到書稿不久，我就發現這是一本可以輕鬆讀的正規歷史書。從此我每天讀幾段，既不求多，也不規定每天讀多少，而是在作者展現的唐人世界裡信步之所之，有如進入一座繁花處處、叉路紛紛的大花園。漸漸的，我可以感受到作者讀史寫書時的思維，順著這些思維的途徑，也可以體會出作者努力要將唐代的一切都在這本書裡交代清楚的孤詣苦心。如此這般繼續下去，在時時佇留欣賞，處處巡禮到訪後，不知不覺就讀完了。

相信讀書、思考、寫作是作者的日常生活，而這位擔任過記者的唐史研究者，以報導新聞的經驗，隨著他研讀唐史、思索唐史的時光，不斷將那段三百年大時代的各種面相娓娓道來，才能成就這本充滿古代知識份子讀書筆記風格的普及歷史，以這種親切的面貌呈現在我們面前。

不見長安行樂處，空令歲月易蹉跎。

這兩句是作者師永濤先生在臉書上的感言。「行樂」這個詞，既有「作樂」、「享受歡樂」之意，也是「行樂圖」的簡稱。「行樂圖」則指以行樂為題材的圖畫，也是人的肖像畫。所以，《走進唐人的日常——從衣冠、食物、婚姻、藝術了解唐代生活史》這本書，既是無數唐朝古人的行樂圖，也是師永濤先生自己研究唐史、寫作唐史的行樂圖。

讓我們翻開書，進入這個唐代行樂圖的世界。

推薦序

讓讀者走入唐代的書

胡川安
國立中央大學中文系助理教授

歷史已經過去，消逝在時間裡。歷史學家嘗試用史料「重建」過去，讓我們知道過去發生了什麼事情。過去的歷史學家著重在政治的歷史，喜歡談論古代的帝王將相，或是改朝換代的過程。對於一般人的歷史研究較少著墨，近二、三十年來歷史學家由於視角的轉變，開始關心起一般人。如果在過去，作為一個市井小民、農夫、考生、官員……等，他們的生活會是怎樣呢？

歷史學研究走進生活，但是仍然不夠親民，敘述的方式像寫學術論文，生硬難懂。或是分門別類的論述生活上的大小事，過於零碎，不夠靈活。好的作品需要讓讀者走進過去，就好像日常生活一樣，我們生活在日常裡，所以很容易走進去。

由於生活和求學經驗的關係，我曾經在全世界的大都會住過，東京、紐約和巴黎都有我的足跡。在紐約的街頭可以看到來自世界不同地方的人，文化薈萃，人種複雜。商人、留學生和遊客群集，一個世界性的大都會。現在的北京人口數很大，但稱不上文化多元的首都。如果回到唐代的長安，聚集了來自不同文化、種族、職業和國家的人，在此相聚和交流，構成了唐代的世界性文化。

騷人墨客、帝王將相和市井小民，他們每個人的生活不是相互隔離的，而是一起生活在唐代，食、衣、住、行、育、樂不同的面相，春、夏、秋、冬的各種行事，不能用分散的羅列方式，而是必須將之融為一爐。《走進唐人的日常》深入淺出地帶我們走進唐代的日常，感受唐人的生活。

前言

每個人心中都有一個唐朝

今天，幾乎每個人都可以談一談唐代的歷史或人物。作為中國歷史上和漢王朝並稱的朝代，我們似乎對唐代知之甚多：雄才大略的君主、封侯拜相的名臣、春風拂檻的美人以及諱莫如深的宮闈祕聞。

然而，當我們把視線深入到政治和名人之後，會發現我們熟悉的唐代其實是一個面目模糊的朝代：我們會背數首唐詩，卻不了解唐代的人是如何生活的；我們口口聲聲說「長安是一座偉大的城市」，卻不知道它是如何存在、如何運轉，又如何消失的；我們沉迷於唐代的外來文明，卻不知道它是如何從遙遠的國度來到中國的；我們讚歎於唐代的武力強盛，卻對平民百姓的衣食住行知之甚少。

唐代是一個被「標籤化」的朝代。身處媒體化時代的我們習慣於將認為的事物定型化，從而歸入某一類集體感受中，而不是將其視為獨特的個體。再加上影視劇的推波助瀾，唐朝最終成了一個漂浮在半空中的「烏托邦」。

一

一千四百年前的西元六一八年六月十八日（唐高祖武德元年五月二十日），出身北周貴族的唐王李淵逼隋煬帝的孫子隋恭帝楊侑禪位，取代隋朝，建國號為唐，尊稱「大唐」。

這個初生的國家剛建立的時候風雨飄搖。隋文帝留下的豐厚財富，被隋煬帝遷都洛陽、開鑿運河和三征高句麗消耗殆盡，戰亂則將人口從八百九十餘萬戶驟降到二百餘萬戶[1]，幾乎五個人中只有一個能夠在隋末的戰亂中活下來。

北部的游牧民族東突厥空前強大，是當時東亞的霸主：東自契丹、室韋，西盡吐谷渾、高昌諸國，皆臣屬於突厥；尚未被唐帝國征服的竇建德、薛舉、劉武周、梁師都、李軌、王世充等割據勢力也都臣服於突厥。彼時，突厥人想效仿北魏道武帝拓跋珪入主中原。

直到十年後的唐太宗貞觀二年四月二十六日（六二八年六月三日），朔方人梁洛仁殺夏州割據勢力首領梁師都，歸降唐朝，唐朝才統一全國。兩年後，六三〇年，我們熟悉的唐初大將——李靖、徐世勣、尉遲敬德、秦叔寶、程知節（程咬金）等人率領唐軍主力傾巢而出，東突厥滅亡。

自此開始，從七世紀到九世紀，一個龐大的帝國開始出現在東亞大陸，這個中國歷史上重要的朝代，因為國君姓李，故又稱「李唐」。古往今來，無數的人都對這個叫「唐」的王朝傾心不已。它的繁華如錦，它的菊花寶劍和酒，它的〈長恨歌〉，它的〈霓裳羽衣曲〉……唐朝以宏偉壯麗的都城長安、滿壁風動的敦煌飛天、膾炙人口的唐詩樂章、絢麗多姿的三彩陶俑和神祕瑰麗的外來文明流傳千古。

英國學者威爾斯（Herbert George Wells）在《世界史綱》（*The Outline of History*）中比較歐洲中世紀與初唐、盛唐的差異時說：「中國國家之隆盛，都市之文雅，文化之蒸騰，威力之遠被，與西方之腐敗、混亂、分裂相較，判然不同。」[2]

夢回唐朝，似乎並非一個夢那麼簡單，某種程度上，它代表了一種理想。

可惜的是，這種對唐朝的觀感更多和帝王將相有關，大量面目模糊的唐代人生活細節無從考證、查找，比如朱溫如何拆毀長安使得這座偉大城市消失的過程，《舊唐書》及《資治通鑑》僅有寥寥數語，《新唐書》則完全不記載。

歷來國人修史，重史記而輕細節，重人而輕物，重考據而輕整合，這也使得唐代的生活史散落於史書的各個角落，沒有完整地呈現，這是一種深深的遺憾。

二

唐太宗李世民的「貞觀之治」穩定了唐帝國的國祚，成為中國最出色的賢明君主之一。高宗李治和則天女皇「二聖」繼承了唐太宗的政治遺產，勵精圖治半個世紀之後，先天元年（七一二年），唐代最傳奇的皇帝李隆基接受父親李旦的禪位，於長安太極宮登基稱帝，大唐帝國迎來了「開天盛世」。

開天盛世，是指以「開元之治」為基礎，以玄宗的開元、天寶兩個年號時期為時空範圍的大盛世，其包括了整個唐玄宗時代。這是大唐帝國的最高峰，到處洋溢著一種蓬勃的少年氣息。

在極具文藝氣質的唐玄宗的推動下，中國文化迎來自春秋戰國百家爭鳴以來的第二次「文藝復興」。詩人李白、杜甫、王維、孟浩然、岑參漫遊於帝國的吳越和塞北，寫下了永垂不朽的詩篇；大量的士子絕域從軍，前往遙遠的西域博取功名；佛教在玄奘、義淨在內的求法僧人東歸後，迎來了歷史上最輝煌的時刻；書法家張旭、顏真卿、懷素，畫家吳道子，雕塑家楊惠之，舞蹈家公孫大娘，音樂家李龜年，紛紛登上歷史舞臺，盡情展示他們各自的才華與個性，共同演繹青春勃發、氣勢磅礴的「盛唐氣象」[3]。

這是一個崇文尚禮的時代。唐玄宗組織鴻儒碩學，在集賢院校讎[4]經、史、子、集四部圖書，開元二十年（七三二年）編訂的《大唐開元禮》，成為歷史上最完備的禮制建設；《唐六典》是中國古代歷史上最完備的行政法典。據統計，僅開元年間官方整理的藏書，就達到八萬九千卷[5]。

貞觀元年（六二七年）唐帝國將「國子學」改稱「國子監」，成為獨立的大唐帝國最高等的教育機構。到了開元初，唐玄宗特許百姓可以根據需求開設私立學校。《舊唐書》載：「高麗及百濟、新羅、高昌、吐蕃等諸國酋長，亦遣子弟請入於國學之內。鼓篋而升講筵者，八千餘人，濟濟洋洋焉，儒學之盛，古昔未之有也。」[6]

歷史學者葛承雍先生曾經總結出唐朝世界性的十個標誌：允許外國人入境居住；允許外族參政做官；重用蕃將統軍；外國人和漢人法律地位平等；保護通商貿易；允許異族或異國居民通婚；文化開放、互融；衣食住行混雜；允許外國僧侶傳教；留學人員雲集[7]。

大唐盛時疆域東至安東，西達中亞鹹海的安西。唐朝周圍的異族很多，為了有效管理突厥、回紇、靺鞨、鐵勒、室韋、契丹等，分別設立了安西、安北、安東、安南、單于、北庭六大都護府。

就當時的世界範圍來看，唐帝國也是最重要、最強盛的國家之一。歐洲的封建強國主要有法蘭克王國和拜占庭帝國。東方重要的國家有印度和日本：印度戒日王重新統一北印度後剛剛確立了封建制，日本的「大化改新」正在儘量模仿唐朝的制度。

美國博物學家薛愛華（Edward Hetzel Schafer）在其名著《撒馬爾罕的金桃》（*The Golden Peaches of Samarkand*）中說，在唐朝統治的萬花筒般的三個世紀中，幾乎亞洲的每個國家都有人曾經進入過唐朝這片神奇的土地。

三

開元十三年十一月（七二五年），唐玄宗東臨泰山為唐帝國祈福，他向昊天上帝禱告，然後將玉帛、供奉物品置於積柴上點燃，「群臣稱萬歲，傳呼自山頂至嶽下，震動山谷」[8]。唐玄宗成為秦皇、漢武、漢光武、唐高宗之後第五位登封泰山的帝王。

泰山封禪在唐人看來是一件神聖的事情，預示著國家即將進入一個茂盛發展的時期，士讀於廬，農耕於野，工居於肆，商販於市，各安生業，共樂承平。《舊唐書》記載了封禪之後唐人的生活：「時累歲豐稔，東都米斗十錢，青、齊米斗五錢。」[9] 即便東都洛陽的米比其他地方的米貴，也僅僅只要十文錢。要知道，唐太宗貞觀初年，關中大旱的時候，一斗米要賣到一千文以上。

唐帝國於此進入一個四時有序、萬物輪迴的秩序中。

冬至，又名「一陽生」，是中國農曆中重要的節氣。在唐代，冬季還是一個頗為凶險的歲時。從古代農事信仰來看，冬至時分，陰陽交割，農事終結，萬物亡寂，大自然的一切都處於由死轉生的微妙節點之上，人類應小心謹慎地度過。每年的冬至，大唐的皇帝都會由帝國的正宮太極宮出發，到城南的圓丘進行國家的祭天儀式——冬至祀，祈求上天佑護明年風調雨順。這個祭壇就在今天陝西師範大學雁塔校區的校園內。

立春，皇帝在城東郊祭祀春之神及百花之神青帝。到了三月三的「上巳節」，皇帝還會在長安城南的曲江池泛舟踏春。貴族仕女們穿著用金銀線鑲繡圖案的繡羅衣服，戴著翠羽簪，儀態萬千。對於宮女們來說，三月三是一年中最期盼的日子。五代南唐的史官尉遲偓在記載唐代舊事的《中朝故事》裡講了這麼一件事：每年的三月三上巳節，皇帝會允許宮女在興慶宮內的大同殿前與自己的父母親人相見。這一日之內，有數萬人熙熙攘攘，運氣好的人初到便能找到親戚家人，有的人到日暮了還在苦苦喊著家人姓名，但家人因為各種原因沒有來，哭著離去的人比比皆是，歲歲如此[10]。

夏至，南方的唐人有吃粽子和烤鵝的習俗，北方的唐人則吃「槐葉冷淘」。唐制規定，夏日朝會燕饗，皇家御廚大官所供應給官員的食物中，就有這種涼麵。其製法大致為：採青槐嫩葉搗汁和入麵粉，做成細麵條，煮熟後放入冰水中浸漂，其色鮮碧，然後撈起，以熟油澆拌，放入井中或冰窖中冷藏。食用時再加佐料調味，成為令人爽心適口的消暑佳食。今天西安有一種麵館常年供應的「菠菜麵」，和槐葉冷淘做法幾乎一模一樣，只是並非冷麵而已。

秋天，帝國南北山上鬱鬱蔥蔥的森林開始變深，貴族們便會飛騎相馳前去郊野狩獵，有錢的貴族帶的狩獵侍從往往是胡人，因為他們非常善於架鷹攜鷂、載獵豹。狩獵是唐帝國的傳統，也是選拔勇武者的競技場。《舊唐書．王毛仲傳》就記載，唐太宗貞觀時期，太宗選拔了一批少年驍勇的胡人少年，著虎紋衣，跨豹紋韉，每次遊獵都會讓他們持弓矢在御馬前射獵禽獸，號稱「百騎」、「千騎」，後來成為羽林禁軍的一部分[11]。

對於普通的唐人來說，秋天則是個思念的季節。農曆九月初九重陽節在唐代是比中秋節還要重要的節日，唐朝人把農曆二月一日的「中和節」、三月三日的「上巳節」，九月九日的「重陽節」，合稱「三令節」，是唐朝最重要的節日。這一天從皇帝到百姓，人們佩茱萸、食蓬餌（糕的一種）、飲菊花酒，登高望遠，希望自己健康長壽。到了今天，重陽節成了我們的老年節。

開元六年（七一八年）重陽節，一位十七歲的少年郎遠離家鄉在長安遊學，他在這天登上了長安城樂遊原或是曲江之北的青龍崗，寫下流傳千古的思念親人的詩句：「獨在異鄉為異客，每逢佳節倍思親。遙知兄弟登高處，遍插茱萸少一人。」（〈九月九日憶山東兄弟〉）這位少年，就是王維。

四

如此這般的四季交替變換，花開花落年復年的安詳生活之場景，構成了中國歷史上最動人的關於唐朝的追憶，時間似乎凝固在了這個時代。然而，大盛則伴隨著大衰亡。這樣的盛世只維持了四十年左右。

七五五年（玄宗天寶十四載），安史之亂爆發，久居長安數代之久的皇帝李隆基第一次因為戰爭拋棄了偉大的都城長安，這似乎成了一個不祥的預兆。至此以後直至唐亡，有四位皇帝九次拋棄都城逃亡，大唐帝國開始分崩離析，開始惶惶度日，開始滿目瘡痍，直至化為塵埃落地。

在唐代詩人白居易的〈長恨歌〉裡，唐朝的夜有著不可分擔的寂寞。興慶宮和太極宮甘露殿，處處蕭條，秋草叢生。宮內落葉滿臺階，長久不見有人掃。夜半無人私語時，秋雨滴落在梧桐葉上，聲聲作響。

七五五年安史之亂到九〇七年（哀帝天祐四年）唐帝國滅亡，唐朝在安史亂後還有一百五十年國祚。但很多人把安史之亂作為唐代一個非常大的轉捩點，甚至於認為其超過了黃巢之亂對於帝國的影響。安史之亂根本上屬於雇傭軍作亂，對於帝國根基傷害有限。但是，安史之亂發生在唐朝全盛之時，加上此前怛羅斯對大食及南征南詔的失利，其對於唐人的精神和文化自信帶來了巨大打擊，從此以後，唐人開始懷疑異族。再加上吐蕃的崛起，大器包容的唐人開始走向人人自危的自保。

七六三年（代宗廣德元年），安史之亂結束。在此前的一年玄宗、肅宗先後去世，繼位的唐代宗無力消滅安史之亂的全部軍事力量，只能對安史降將採取妥協政策，至此「藩鎮割據」成了中晚唐幾代皇帝寢食難安的難題。代宗之後，唐德宗李适力圖平藩，但引起數個節度藩鎮的叛亂，德宗被迫逃離長安，發生了持續五年的「奉天之難」戰爭。經歷數次的變亂之後，唐德宗開始委任宦官為禁軍統帥，宦官掌握軍權，這是中國歷史上絕無僅有的現象。

德宗之後，經過了唐順宗的過渡階段，受宦官支持的唐憲宗登基，經過十五年的削藩戰爭，他戰勝了所有藩鎮，重新把唐帝國納入到統一帝國的軌道中，成就了唐朝的中興氣象，被史書稱為「元和中興」。

就在所有人都認為唐帝國要迎來第二個「開元天寶盛世」的時候，唐憲宗末年，以牛僧孺和李德裕為首大臣之間的朋黨之爭卻越演越烈，牛、李兩黨輪番執政，史稱「牛李黨爭」。黨爭從唐憲宗時期開始，歷經憲宗、穆宗、敬宗、文宗、武宗，到唐宣宗時期才結束，持續時間將近四十年，歷經六位皇帝，最終以牛黨獲勝結束。這使得皇帝只能又依託宦官的禁軍來維持自己的安全感，大和九年（八三五年），憲宗的繼承者唐文宗與李訓、鄭注等大臣發動甘露之變，試圖集體誅殺宦官，卻因為執行密謀的左金吾衛大將軍韓約心理素質不過關而使得計謀失敗。事變後受株連被宦官集團殺死的大臣及家人多達一千多人，宦官自此左右了唐帝國剩餘的國運。

唐文宗死後，他的同父異母弟弟唐武宗李炎在宦官仇士良的擁立下登基，武宗於會昌五年（八四五年）下令全國清算佛教——當時僧侶的數量幾乎占到了全國的十六分之一，大量的青壯年已經不事生產，國家上下瀰漫著強烈的宗教氛圍。武宗下令拆掉全國四千六百餘所大型寺廟，拆掉招提、蘭若[12]這樣的佛教場所四萬餘所，還俗僧尼二十六萬人，把依附於佛教的十五萬奴婢釋放成為納稅的兩稅戶，還把佛教掌控的數千萬頃田地收歸國有，同時驅逐了超過十萬的遊惰不業之徒[13]。武宗還在西域擊敗了回鶻，唐朝一度出現中興局面，史稱「會昌中興」，但對於佛教徒來說，會昌中興則是個災難，因此他們也把這個時期稱之為「會昌法難」。

武宗之後，宦官們擁立了唐憲宗的兒子李忱，被後人稱為「唐宣宗」。我們注意到宣宗雖然是憲宗的兒子，但他父親死後，唐帝國已經換了四位皇帝，平均在位時間不到八年，中晚唐政治格局之混亂，可見一斑。而且唐後期幾乎所有皇帝的廢立生殺全部被宦官掌握，憲宗本人死於宦官之手，敬宗同樣死於宦官，除敬宗外其他八個皇帝都是由宦官擁立的。

宣宗是晚唐最值得稱道的皇帝，後人稱他為「小太宗」，認為他和他的祖先唐太宗李世民非常相像，在位的十三年裡，重新征服了西域，使唐朝在他父親憲宗後再次起死回生。歐陽修在《新唐書》中稱讚他：「精於聽斷，而以察為明，無復仁恩之意。嗚呼，自是而後，唐衰矣！」[14]

由於宣宗在位時之年號為大中，故後世的歷史學家以「大中之治」稱之，並且將大中之治比作漢朝的文景之治，我個人倒是覺得唐宣宗和西漢的漢宣帝十分相似：在漢武帝之後，經漢宣帝治理，國勢達到西漢極盛，四夷賓服、萬邦來朝，使漢朝再度迎來了盛世。

只不過漢宣帝成功讓西漢帝國登頂，而對於唐宣宗來說，一切只是幻覺。

五

宣宗之後，唐懿宗成為唐朝最後一個在長安平安度過帝王生涯的皇帝。繼位的唐僖宗是著名的逃跑皇帝，他在位十五年裡，三次逃離長安。

在唐僖宗的時代，發生了「王仙芝、黃巢之亂」。《資治通鑑》記載了僖宗在黃巢死後的獻俘儀式。唐僖宗中和四年（八八四年）秋七月，僖宗在成都大玄樓舉行獻俘儀式。大玄樓，是成都羅城正南門樓。武寧節度使時溥獻上黃巢首級，另有黃巢姬妾二、三十人。僖宗問這些女子：「你們都是勳貴的女兒，世受國恩，為什麼從了黃巢這個叛賊呢？」排在最前面的女子說：「國家憑藉百萬軍隊卻失守社稷和國都，現在陛下責怪一個女子不能抵抗賊軍，那些公卿將帥又該置於何地呢？」僖宗難堪至極，不再發問，命令將她們斬首。臨刑前，執法人員可憐這些女子，讓她們喝醉後再執刑，女孩們邊哭邊喝，不久在醉臥中受死。只有質問唐僖宗的女子不哭亦不醉，從容就死[15]。

帝國的冬天降臨了，大唐盛世和長安城也走到了盡頭，長安城中僅餘的人，已經不流行胡旋舞了，而是流行唱輓歌。據唐代筆記小說集《北里志》記載，德宗時期長安平康里歌妓顏令賓卒後，坊中樂工劉駝駝，從眾多士人輓詞中選擇數篇，製為曲子詞，教輓柩前同唱之，聲甚悲愴。後來，有四首輓歌流傳下來，其中一首寫道：「昨日尋仙子，輛車忽在門。人生須到此，天道競難論。客至皆連袂，誰來為鼓盆？不堪襟袖上，猶印舊眉痕。」

這些輓歌「自是盛傳於長安，輓者多唱之」。學者王曉鵑女士在其〈唐末長安民俗生活論〉中哀婉地寫道：「歌妓顏令賓的輓歌，逐漸演變為長安城的哀傷，美人凋零與士子心緒在此契合，末世情懷與時代哀音合二為一。」[16]

九〇四年的正月，「月色燈光滿帝都，香車寶輦隘通衢」[17]的長安遍地是瓦礫、灰燼，僅剩的殘垣斷壁和民居中，一燈如豆。宗室及長安士民們，扶老攜幼遷往開封，渭河裡漂浮著長安的軀殼，在汴梁，朱溫要建造屬於自己的宮室。

天祐元年（九〇四年）八月十一日，朱溫弒殺了唐朝第十九位皇帝唐昭宗。天祐二年（九〇五年）[18]，朱溫的謀士、祖籍撒馬爾罕安國的李振，同時也是一位連續不第的士子，對朱溫說：「（貴族門閥）此輩自謂清流，宜投於黃河，永為濁流。」[19]朱溫笑而從之，於滑州白馬驛（今河南滑縣境內），一夕盡殺左僕射裴樞、右僕射裴贄、右僕射崔遠、靜海軍節度使獨孤損、吏部尚書陸扆、工部尚書王溥六位宰輔及衣冠清流三十餘人，投屍於黃河，史稱「白馬之禍」，士族門閥的輝煌時代也隨著大唐王朝的消亡逐漸式微。

日本歷史學家內藤湖南在《唐宋時代的概觀》中說：「唐代是中國中世紀的結束。」他和他的繼承者們對中國歷史的時代劃分是：上古（開天闢地至東漢）；中世（中古，從三國至唐末五代）；近世（前期：宋元；後期：明清）。日本東洋史學大家（日本學界把中國史稱為「東洋史」）宮崎市定則在內藤的基礎上把中國史納入到世界史的範疇中，他說：「追蹤唐王朝的起源，可發現他來自異族王朝北魏設置在邊境上的邊防軍，即所謂的武川鎮軍閥。如果要在西洋史中尋找類似的例子，那便是出身自日耳曼民族的法蘭克國王查理大帝。」[20]

內藤湖南和宮崎市定認為，以唐朝為代表的中國中世紀最大的特點是在於貴族門閥制度，而唐朝的滅亡也是從漢代延續到唐末近千年的貴族門閥制度的消亡。

天祐四年（九〇七年），梟雄朱溫在汴梁逼末代皇帝唐哀帝李柷禪位，次年哀帝被鴆殺。連殺兩位皇帝的朱溫建國號為梁，唐朝滅亡，享國二百九十年。大唐帝國，最終匯成一滴蒼涼的眼淚，懸掛在歷史的眼簾下。

今天，當我們回望唐朝的時候，會愕然發現，這個曾經輝煌一時的帝國，留餘世上的實物，除了帝陵和博物館的文物，僅有幾處寺廟、佛窟、摩崖、經幢和鬱鬱蔥蔥的千年古樹而已。

好在，我們這個民族有著悠久的文字記錄歷史的習慣，讓我們能夠在官修歷史、唐詩典章、唐人筆記、唐傳奇、敦煌遺書和文物中，打撈起散落在浩瀚歷史中的唐人日常生活的碎片。在這個中國人最願意穿越的朝代裡，唐代閃爍著精細的光芒，有一種煙霞瑰麗之氣。而我們的視界則或許可以延伸得更遠，這不是歷史的可能性，而是歷史的想像力。

注釋

1《隋書·卷二十九·志第二十四·地理上》記載：隋文帝開皇五年，「大凡郡一百九十，縣一千二百五十五，戶八百九十萬七千五百四十六，口四千六百一萬九千九百五十六」。杜佑《通典·卷七·

食貨七．歷代盛衰戶口》記載：「國家貞觀中有戶三百萬，至天寶末百三十餘年，纔如隋氏之數。」

2 威爾斯（Herbert George Wells）著，梁思成譯：《世界史綱（上）》（*The Outline of History*）（上海：上海人民出版社，二〇〇六年五月），第三十七章〈亞洲七百年史〉第八節「中國智慧之束縛」。

3 「盛唐氣象」在宋元明清時代是一個文學批評的專門術語，指盛唐時期詩歌的整體風貌特徵。文學上的所謂「盛唐」，指的是唐詩的全盛時期：唐玄宗開元、天寶年間，直至「安史之亂」爆發以前。

4 所謂「校讎」，是指對典籍版本互對，比勘文字，以校正訛誤。

5 《唐會要．卷三十五．經籍》記載：「（開元）十九年冬，車駕發京師，集賢院四庫書總八萬九千卷。經庫一萬三千七百五十二卷，史庫二萬六千八百二十卷，子庫二萬一千五百四十八卷，集庫一萬七千九百六十卷。」

6 見《舊唐書．卷一百八十九上．列傳第一百三十九上．儒學上．序》。

7 引自二〇〇七年十一月二十五日，葛承雍「唐朝的世界性與外來文明」演講。

8 見《舊唐書．卷八．本紀第八．玄宗上》。

9 見《舊唐書．卷八．本紀第八．玄宗上》。

10 《中朝故事》卷上，原文：「每歲上巳日，許宮女於興慶宮內大同殿前與骨肉相見，縱其問訊，家眷更相贈遺。一日之內，人有千萬，有初到親戚便相見者，有及暮而呼喚姓第不至者，涕泣而去。歲歲如此。」

11 見《舊唐書．卷一百六．列傳第五十六．王毛仲》。

12 柳宗元，〈衡山中院大律師塔銘〉謂：「官賜額者為寺，私造者為招提、蘭若。」

13 《舊唐書．卷十八上．本紀第十八上．武宗》，引武宗李炎制誥：「其天下所拆寺四千六百餘所，還俗僧尼二十六萬五百人，收充兩稅戶，拆招提、蘭若四萬餘所，收膏腴上田數千萬頃，收奴婢為兩稅戶十五萬人。隸僧尼屬主客，顯明外國之教。勒大秦穆護、祆三千餘人還俗，不雜中華之風。……驅遊惰不業之徒，已逾十萬。」

14 見《新唐書．卷八．本紀第八．宣宗》。

15 《資治通鑑．卷第二百五十六．唐紀七十二》記載，僖宗中和四年：「秋，七月，壬午，時溥遣使獻黃巢及家人首並姬妾，上御大玄樓受之。宣問姬妾：『汝曹皆勳貴子女，世受國恩，何為從賊？』其居首者對曰：『狂賊凶逆，國家以百萬之眾，失守宗祧，播遷巴、蜀；今陛下以不能拒賊責一女子，置公卿將帥於何地乎！』上不復問，皆戮之於市。人爭與之酒，其餘皆悲怖昏醉，居首者獨不飲不泣，至於就刑，神色肅然。」

16 王曉鵑：〈唐末長安民俗生活論〉，桂林：《社會科學家》二〇一〇年八月第八期。

17 語出李商隱〈正月十五聞京有燈恨不得觀〉一詩。

18 「天祐」（九〇四～九二四年），是唐昭宗李曄開始使用的年號，天祐元年八月唐哀帝李柷即位沿用。四年三月李柷禪位於朱溫（九〇四年閏四月至九〇七年三月）。共計四年。之後河東、鳳翔、淮南仍稱「天祐」年號，碑刻中有用至天祐二十年。

19 見《舊五代史．卷十八．梁書．李振傳》。

20 宮崎市定著，焦堃、瞿柘如譯：《宮崎市定中國史》（杭州：浙江人民出版社，二〇一五年）。

第一章

火珠與紫米

七至九世紀的唐代，
一點也不比二十世紀的美國差，
當時無數的商人、僧侶、留學生和移民
不遠萬里來到堪比紐約的長安，
追逐自己的「唐朝夢」。
與此同時，
亞洲各地的財富、珍禽異獸、珠寶和奴隸
也經由陸路和海陸
被源源不斷地運送到了大唐的土地上。

清晨的紐約街頭，奧黛麗．赫本邊吃著早餐，邊以豔羨的目光，看著櫥窗後精緻的蒂芙尼珠寶……這正是著名的電影《第凡內早餐》的開場。作為二十世紀最知名的城市，紐約有摩天大樓和無數座世界級的博物館，有令人迷失方向的時代廣場；第五大道的網紅餐廳總是吸引各國的食客自拍；眾多的名流出入於各種名利場，百老匯的霓虹燈讓這座城市藝術氣息無窮。

一九三一年五月詹姆斯．亞當斯完成《美國史詩》（*The Epic of America*）一書。亞當斯在裡面提出了非常著名的「美國夢」：不論家世和背景，每個人依靠自身的能力和成就，都有機會能獲得更好、更富裕和充實的生活。

移民追逐的「唐朝夢」

如果時空輪轉，七至九世紀的唐代，一點也不比二十世紀的美國差，當時無數的商人、僧侶、留學生和移民不遠萬里來到堪比紐約的長安，追逐自己的「唐朝夢」。其中堪稱「胡商逆襲」的是一個來自撒馬爾罕康國的商人康謙。《舊唐書》記載，作為胡商的康謙非常善於經營，到了天寶年間，他的資產以億萬計，成了長安有名的頂級富豪。曾經擔任度支員外郎、非常善於理財的楊國忠當宰相的時候，授予康謙安南都護的職位。

安南都護府是唐朝的六個都護府之一，管轄交州地區，是封疆大吏。日本的遣唐使晁衡（阿倍仲麻呂）就做過安南都護。唐肅宗李亨至德初年，康謙成為了唐代外交部的部長——鴻臚寺主官鴻臚卿，站在了人生巔峰。

康謙只是唐代追逐「唐朝夢」的移民的一個縮影。唐代，大量的胡人、新羅和日本留學生在唐帝國擔任官職，比如上文提到日本的阿倍仲麻呂，他作為「賓貢進士」，也就是外藩舉子入唐求學並應試登第，最後成為唐朝的高級官員。供職唐廷著名的外籍官員還有波斯的阿羅憾、新羅的崔致遠、太食的李彥具等人。著名報人、武俠小說家金庸（查良鏞）一九九四年在北京大學授予他名譽教授儀式上有一個演講，其中講到，據他的考證，唐史中記載的唐朝宰相至少有二十三人是胡人。

與此同時，亞洲各地的財富、珍禽異獸、珠寶和奴隸也經由陸路和海陸被源源不斷地運送到了大唐的土地上。唐代的大文豪韓愈在〈送鄭尚書．序〉中就曾經描述過唐代的外來貿易之昌盛：「外國之貨日至，珠、香、象、犀、玳瑁、奇物，溢於中國，不可勝用。」在長安的坊市上，或許也會有農家少女如電影裡的赫本那樣，流連忘返於異域來的珠寶坊，渴望過上流社會的生活。

外來珍寶：火珠、瑟瑟與鑽石

貞觀初年，林邑國（今越南中部）國王范頭黎遣使節為李世民獻上了一顆火珠。這顆火珠大如雞蛋，圓白皎潔，能夠光照數尺，形狀和水晶一樣，如果正午的時候對著太陽，折射的光線能夠點燃艾香。據說此珠是林邑人從羅剎國（今錫蘭島）弄來的。羅剎國的人，紅頭髮，黑皮膚，齒如獸牙，手似鷹爪[1]。

這種火珠也叫「火齊珠」，在漢代火齊珠則被稱為「玫瑰」。《韓非子・外儲說左上》有一個我們耳熟能詳的「買櫝還珠」的故事，其中原文對那個非常漂亮的匣子的描寫是：「為木蘭之櫃，薰桂椒之櫝，綴以珠玉，飾以玫瑰，輯以羽翠。」玫瑰，是一種裝飾的寶石。沈括《夢溪筆談》記載他在湖北得了塊玉琥，酣酣如醉肌，據說就是玫瑰[2]。但在唐代，「玫瑰」一詞已經成為指代作為花卉的玫瑰，成了花卉名稱中少見的沒有草木部首，而是以「玉」為部首的命名。

火珠只是唐代外來物品中的一種，另有一種叫「瑟瑟」的珠寶，在唐代極其珍貴。《新唐書・吐蕃列傳》曾經說，吐蕃人胳膊上帶著精美的臂環以辨貴賤：「最上瑟瑟，金次之，金塗銀又次之，銀次之，最下至銅止。」[3]玄宗天寶九載（七五〇年），四鎮節度使高仙芝率軍討伐石國，攻破其國之後，戰利品裡就有大塊瑟瑟十餘石。唐代詩人白居易就曾經見過瑟瑟，他的名句「半江瑟瑟半江紅」、「楓葉荻花秋瑟瑟」其實並不是講蕭瑟，而是講江水的碧綠，明代楊慎在《升庵詩話》就說過：「**瑟瑟，珍寶名，其色碧，故以瑟影指『碧』字。**」[4]瑟瑟因為顏色碧青，在唐代一度成為了青山倒映下江水的代名詞。

今天很多人認為瑟瑟是天青石，其實不對，天青石是一種結晶，主要用於製造碳酸鍶，今天江蘇溧水的天青石礦床就是亞洲最大的鍶礦產地；而瑟瑟作為外來的珠寶，在中國是沒有的。瑟瑟是珠寶中的青金石（Lapis lazuli），出產在阿富汗和巴基斯坦一代，青金石的顏色與天空顏色相近，細看如同星輝在夜空中散落，中國近代著名的地質學家章鴻釗在《石雅》一書中寫到：「**青金石色相如天，或復金屑散亂，光輝燦燦，若眾星之麗於天也。**」[5]或許是因為這個緣故，有人認為佛家七寶之一的吠琉璃就是青金石。

在唐代，被稱為「金剛石」的鑽石也來到了中國。貞觀年間，從印度來了個婆羅門僧人，說自己有一顆佛齒，至堅至硬，所擊之處，無物可擋。於是很多人趕來看熱鬧。當時，唐初著名的反佛鬥士傅奕正臥病在床，就叫自己的兒子來說：「這個東西叫金剛石，堅硬無比，外物是不能損傷的。但羚羊角能破金剛石，你去試試。」他兒子就拿著一個羚羊角擊打佛齒，結果佛齒「應手而碎」，看熱鬧的人也就一哄而散[6]。鑽石在天然礦物中是人類已知的最堅硬的物質，中國人經常說的「金剛鑽」，就是鑽石做的鑽頭。今天仍然用它做精密硬質切割工具的鑽頭，但這取的是鑽石的硬度。反過來，鑽石脆性也相當高，用力碰撞就會碎裂。

胡食勾起唐人味蕾，改變飲食習慣

唐憲宗元和八年（八一三年），據說在海東南三萬里的大軫國向唐帝國進貢了重明枕、神錦衾、碧麥、紫米。當時皇帝覺得奇怪，第二天就拿出來給術士白元佐和李元戢看。其中的紫米有些像胡麻，一升米可以做出十升飯，食用之後可以令人鬚髮又密又黑，青春常駐，顏色不老[7]。

這些唐人誇大的事物在今天看起來會覺得非常可笑，但對於唐代的人來說，新奇的外來物品引發了他們無窮的幻想，讓他們對世界充滿了想像力，就如同法國文豪馬塞爾·普魯斯特（Marcel Proust），在其名著《追憶似水年華》（*À la recherche du temps perdu*）第一部第一卷〈貢布雷〉中所說：「**它（往事）藏在腦海之外，非智力所能及；**

它隱蔽在某件我們意想不到的物體之中。而那件東西我們在死亡之前能否遇到，則全憑偶然，說不定我們到死都碰不到。」[8]

和我們今天熱衷於澳洲龍蝦、智利大櫻桃、挪威鮭魚一樣，一些外來的物品改變了唐代人的生活方式。《舊唐書》就說過，在唐代，貴族以吃外來的食品為時髦：「貴人御饌，盡供胡食。」[9]唐代的胡食品種很多，據唐代疏勒國僧侶慧琳《一切經音義》卷三十七[10]中說：「胡食者，即饆饠、燒餅、胡餅、搭納等。」

饆饠，也被稱為「畢羅」，是一種用麵包裹餡的餅，需要用油炸。一般的餡是用羊肉，但吃貨們總是會創新，唐人劉恂《嶺表錄異》卷下記載了一種拿蟹肉和蟹黃做的饆饠，美味異常：「赤母蟹，殼內黃赤膏如雞鴨子共同，肉白如豕膏，實其殼中。淋以五味，蒙以細麵，為蟹黃饆饠，珍美可尚。」本書前言提到的參與唐文宗年間甘露之變的大將韓約就是一個資深吃貨，他能做一種櫻桃饆饠，煎熟之後，可以保持櫻桃顏色不變。

唐末的書畫家、官員劉崇龜喜歡自我標榜清儉，同僚經常暗地裡議論他。他有一次招待同僚吃苦蕒饆饠。苦蕒就是今天我們鄉間仍然吃的野菜苦蕒菜，長得像小野菊，味道清苦。同僚本來就知道劉崇龜矯情，於是悄悄問他的小廝說：「劉僕射早餐吃的是啥？」小廝說：「吃的潑生。」潑生就是潑生麵，類似於今天陝西的油潑麵[11]。「嗯，你自己吃油潑麵，請我們吃苦菜餅，你真行！」於是朝中很多大臣聽到這個笑話都在偷著笑[12]。

我們今天經常說的「嘍囉」一詞，就和饆饠有關係。天寶年間，由於當時進京參加科舉考試的落魄舉子經常在酒樓吃饆饠，被人稱為「樓羅」，這詞後來演變為「嘍囉」，變成了專指小跟班的貶義詞，誰能想到這詞竟源自一種唐代胡食[13]。

饆饠這種食物，一直到了清代仍然有。清人佚名氏《名人軼事》卷四中的〈李恭勤公逸事〉就記載乾隆朝一代名臣李世傑在元日（春節）那一天，吩咐廚房準備了十數斛的「饆饠」招待屬下。

唐代的燒餅就是今天的白麵（指麵粉）餡餅，發麵之後經烘烤而成。北魏賈思勰的《齊民要術．卷九．餅法》記載了一種加餡兒燒餅的做法：「作燒餅法：麵一斗，羊肉二斤，蔥白一合，豉汁及鹽，熬令熟。炙之，麵當令起。」

燒餅，是唐代很普遍的胡食。唐人薛漁思的傳奇《板橋三娘子》講過一個賣燒餅女商人的奇幻故事。說是唐憲宗元和年間，汴州（開封）板橋有一個名叫三娘子的女商人，是個三十來歲的寡婦，她有數家店鋪，而且為人善良，對於無錢乘車的人免費

唐代麵食點心

這組唐代的麵食點心，出土於新疆吐魯番市阿斯塔那墓地331號墓，以小麥粉為原料，作工極為精美，無論是捏製，還是模壓，都非常精美。

或低價提供住宿，因此很多行人都來這裡住宿。許州人趙季和去東都洛陽路過板橋，於是借宿一晚。趙季和因為飲酒之故半夜睡不著，結果聽見隔壁三娘子的房間動靜很大，於是起身偷窺，結果發現三娘子從箱子中取出一套袖珍版耒耜和木牛，還有一個木偶人。木偶人趕著牛在床前耕了一小塊地，種下的麥子「須臾生花發麥熟」，三娘子拿小木偶人種的麥子磨成麵「取麵作燒餅數枚」。天亮後，三娘子把這些燒餅給將要出發的客人吃，客人須臾間皆變成了驢。趙季和驚恐異常，第二天就連忙奔東都去了。月餘，趙季和返回時偷梁換柱，讓板橋三娘子吃了自己做的燒餅，「即立變為驢，甚壯健」。結果成了趙季和的坐騎。四年後，趙季和騎著三娘子變的驢入潼關，在華山關東五、六里路傍，一個老人對趙季和說：「她雖有過錯，但也遭夠了罪。」老人從驢口鼻邊，以兩手擘開，三娘子自皮中跳出，恢復了人身，向老人拜別離去。

胡食中最有名的就是「胡餅」，胡餅一般沒有餡兒，是以麵粉為原料，製作時適當加一些油，並在上面撒有芝麻，經在爐內烘烤而成的食品，和我們今天的芝麻燒餅以及饢都有些像。胡餅並不是唐代才有的，而是自漢代開始就已經流行了。《續漢書》就曾經說「（東漢）靈帝好胡餅，京師皆食胡餅。」[14]

著名的東晉書法家王羲之則因為吃胡餅找到了老婆。《晉史》記載，東晉重臣郗鑑聽說王氏諸子皆俊，於是便讓人去王家選女婿。王家諸子皆正裝待客，獨獨王羲之敞開衣服、袒露肚腹躺在東邊床上「齧胡餅，神色自若」。使者回來後告訴了郗鑑王家諸子的表現，郗鑑說：「就這個吃胡餅的，就是我女婿了。」[15]這就是著名的「東床快婿」的典故。

白居易有一首〈寄胡餅與楊萬州〉的詩，從中可以一窺唐代的胡餅：「胡麻餅樣學京師，麵脆油香新出爐。寄予飢饞楊大使，嘗看得似輔興無？」當時白居易正在擔任忠州（重慶市忠縣）刺史，他的好友楊歸厚在隔壁的萬州（重慶市萬州區）當刺史，白居易就給他寄了他模仿長安餅店製作的胡餅來慰藉彼此的鄉愁。從中可以看出，唐代的胡餅是撒「胡麻」也就是芝麻的，而且要放油在爐子中烤熟。白居易模仿的是長安最有名的輔興坊胡餅，輔興坊是長安朱雀門街西第三街由北向南的第二坊，離長安郭城西城牆最北的一座城門開遠門很近，很多胡商自西而來或出長安的時候，都會在這裡路過或集聚，這裡的胡餅正宗且好吃，就不稀奇了。

因為胡餅加油烘烤，所以很耐於保存，是旅途中極好的乾糧。據《資治通鑑·玄宗紀》記載，安史之亂的時候，唐玄宗西逃至咸陽集賢宮時，正值中午，「上猶未食，楊國忠自市胡餅以獻」[16]。

至於慧琳記載的「搭納」，在典籍中已經找不到和其有關的記載了，這種胡食僅僅留下了名字。

外來調味品興起，胡椒炙手可熱

在胡食流行的同時，外來調味品在唐朝也很時興，其中最有名的是胡椒。唐代著名志怪小說家段成式稱胡椒產於摩揭陀國（古代中印度），當地人呼為昧履支（merica），並說唐人「作胡盤肉食皆用之」。作為一種唐人喜愛但是外來的調料，胡椒十分值錢。《新唐書．列傳第七十》記載，唐代的宰相、詩人元載被治罪抄家時，從家中被抄出八百石胡椒，「籍其家，鐘乳五百兩，詔分賜中書、門下臺省官，胡椒至八百石，它物稱是。」八百石相當於現在六十四公噸，需要用現在的貨櫃半掛車才能裝得下，如果史書沒有記錯數字的話，這真是令人咋舌。

今天的人可能對元載囤積胡椒感到又可笑又不理解。然而，在古代胡椒作為一種神奇的物質，改變了世界的格局。

五世紀哥德人滅西羅馬帝國，起初就是向羅馬索要黃金和胡椒不成而攻占了羅馬城，此後不久西羅馬帝國滅亡，歐洲便有了現在的雛形。在大航海早期，葡萄牙、西班牙為了爭奪前往印度販賣胡椒的航線，進行了激烈的戰爭，最終成就了西班牙「無畏艦隊」的名號。到了十六世紀中期，英國人擊敗了西班牙船隊，主宰了胡椒的命運。後來，有「海上馬車夫」之稱的荷蘭憑藉實力，又把英國從胡椒市場排擠出去，成為航海時代的新霸主。在中世紀歐洲，胡椒被稱為「黑色黃金」，一度作為貨幣使用。

「海洋小說大師」約瑟夫．康拉德（Joseph Conrad）在《詹姆斯王》裡寫到：「荷蘭和英國冒險者對胡椒的特殊興趣，就像愛情的烈火一般在胸中燃燒。為了把胡椒弄到手，他們還有什麼地方不願去呢！他們會為了一袋胡椒互相殘殺，甚至不惜拋棄自己一向珍愛的靈魂。這種強烈的占有欲使他們甘願赴湯蹈火，將種種生命危險置之度外——陌生的海洋，種種怪疾、傷痛、監禁、飢餓、瘟疫以及絕望……」

從這個角度看，元載囤積的胡椒，該是多麼價值連城的戰略物資啊。

我們今天常吃的蔬菜很多都是來自西域，而且唐代人也已經開始食用。因為阿拉伯帝國入侵，避難於唐帝國的波斯人帶來了「波斯草」，也叫「波棱」，今天我們稱之為「菠菜」。胡人帶來的蔬菜還有胡芹，也就是芹菜，魏徵就特別喜歡吃醋醃芹菜。而大蒜被唐人稱之為「葫」，唐代道世編寫的《法苑珠林》中認為大蒜「臭穢不淨，能障聖道」[17]。因此，唐代的和尚是不吃大蒜的。香菜，唐人稱之為「胡荽」，現在很多地方的方言還把香菜叫「芫荽」或「鹽荽」。胡瓜到了唐代開始被稱為「黃瓜」，而且已經成了一種家常菜，《全唐詩》卷五百一十一張祜〈讀曲歌五首〉就寫道：「郎去摘黃瓜，郎來收赤棗。」茄子又名「崑崙瓜」或「伽子」，原產印度，孟詵《食療本草》稱其為「落蘇」，唐朝時也已成為唐人的日常蔬菜，《酉陽雜俎》卷十九說：「茄子熟者，食之厚腸胃，……僧人多炙之，甚美。」[18]唐代寺院拿茄子做齋食，可能是因為這種蔬菜是由印度東傳而來的原因。

另類動物傳入，大開唐人眼界

胡人還帶來了一些中國沒有的動物。二〇一八年二月，考古人員對唐代宗李豫元陵的神道石刻及下宮遺址進行了考古發掘和清理，新出土了石刻二十七件，其中有一件鴕鳥石刻。

據《舊唐書》記載，永徽元年（六五〇年）「吐火羅遣使獻大鳥如駝，食銅鐵，上遣獻於昭陵」[19]。《新唐書》記載了鴕鳥的樣子：「高七尺，色黑，足類橐駝（駱駝），翅而行，日三百里，能噉鐵，俗稱駝鳥。」[20]鴕鳥可以奔跑載人載物，據說牠的鳥糞還是藥物，對於誤吞金屬類可具熔化之效，《本草綱目》在「鴕鳥屎」一條下就說：「誤吞銅錢、砂石入腹，水化服之，即消。」[21]唐人把鴕鳥視為很神奇的動物。唐代的皇帝陵墓，目前所知包括唐太宗、高宗、代宗與睿宗的墓前，至今還站立著鴕鳥的石雕。

進貢鴕鳥的吐火羅國，是一個後世看來異常神祕的中亞王國，在今天的阿富汗北部。一八九〇年英國軍官鮑威爾（Bower）在新疆庫車發現了吐火羅文的樺樹皮文本，此後二十年間，普魯士、法蘭西、俄羅斯等國的探險隊在庫車與吐魯番附近不斷發現寫有吐火羅文的殘卷與木簡，使得柏林與巴黎成為世界上藏有吐火羅文文本最豐富的城市。唐肅宗乾元初年（七五八～七六〇年），吐火羅人曾發兵與西域八國組成援兵東進中原，幫助唐軍打擊粟特人的安史亂軍，吐火羅軍當時被編在朔方軍之下。十三世紀後，吐火羅消失於歷史的長河中。

唐人把駱駝叫橐駝，漢代駱駝便為中國人所熟悉了，西晉張華編撰的《博物志》卷八就對駱駝的習性有過細緻準確的描述：「自敦煌西涉流沙往外國，沙石千餘里，中無水，時則有伏流處，人莫能知。皆乘駱駝，駱駝知水脈，遇其處輒停，不肯行，以足蹋地。人於蹋處掘之，輒得水。」隨著絲綢之路的繁榮，駱駝也成為唐代中原地區常見的動物。柳宗元有一篇〈種樹郭橐駝傳〉，說一個姓郭的人因為駝背被鄉人稱為「郭駱駝」，漸漸地就沒人知道他的本名。可見，駱駝已經是唐人非常熟悉的動物了。今天在唐三彩中可以見到大量或站或臥的駱駝，手牽駱駝的胡人造型也成了我們對於唐代胡人最直觀的感受。而駱駝作為重要的沙漠交通工具，中國大陸至今還在使用，內蒙古阿拉善武警邊防支隊就是中國僅有的一支「駱駝兵」。

在唐代還有一種外來的寵物狗叫「猧子」，唐人段成式的《酉陽雜俎．卷一．忠志》記載了這麼一件事：唐玄宗有一次同一位親王下棋，數子將輸的時候，立在旁邊的楊貴妃就把隨身帶領的康國進獻的猧子放開，猧子跳到棋盤上，攪亂了棋子，唐玄宗非常高興。這個典故被後人稱為「康猧亂局」，意思是取悅於君王。學界目前大都認為「猧子」就是「拂林犬」——馬爾他犬。《舊唐書》記載，唐高祖武德七年（六二四年）高昌國王麴文泰：「又獻狗，雄雌各一，高六寸，長尺餘，性甚慧，能曳馬銜燭，云本出拂林國。中國有拂林狗，自此始也。」[22]拂林是唐人對東羅馬帝國的稱呼，馬爾他犬是歐洲最古老的犬種，長長的白毛雍容華貴，對兒童非常友善，是公認的小朋友的最佳玩伴。一九七二年，新疆阿斯塔那出土的絹畫〈雙童圖〉中，左側童子就抱著毛色黑白相間小狗一隻。唐代貞元年間的進士王涯描寫過宮廷裡的「猧兒」：「白雪猧兒拂地行，慣眠紅毯不曾驚。深宮更有何人到？只曉金階吠晚螢。」這種毛色雪白的小狗和馬爾他犬的樣子非常契合，有著白雪一般的皮毛，而且是趴在地上搖搖擺擺地行走，晚上的時候還會在宮殿的臺階前追著螢火蟲叫，憨態可掬，躍然紙上。可見，我們對於「汪星人」的熱愛是有著深厚傳統的。

香料盛行，成為精神慰藉與財富象徵

唐代外來物品中，最名貴的屬於香料。由於佛教的東傳，香料在唐代世俗生活和宗教活動中的應用之廣，是前代無法匹敵的。流風所及，在唐朝社會中無論男女，都講求名香薰衣，香湯沐浴。《舊唐書》上說曾任太平節度使的柳仲郢「以禮法自持……廄無名馬，衣不薰香」[23]。柳仲郢衣不薰香都被讚美是有節操，遵守禮法，可見當時薰香的風氣已經是一件阻止不了的事情了。後世則把香道列入了君子「三雅道」之首，和茶道、花道，被中國歷代文人稱為「雅事中的雅事」。

在唐史及傳奇中記載的香料名目繁多，有沉香、紫藤香、欖香、樟腦、蘇合香、安息香、爪哇香、乳香、沒藥、丁香、青木香、廣藿香、茉莉油、玫瑰香水、鬱金香、阿末香、降真香等品種。就唐代主要香料或香材品種言，沉香出天竺諸國，丁香生東海及崑崙國，紫檀出崑崙盤盤國，降真香生南海山中及大秦國，安息香生南海波斯國，蘇合香來自西域及崑崙，龍腦香出婆律國。

唐人把香料視為精神的慰藉和財富的象徵，在詩人的筆下，香料的香氣還帶著一種久遠的思念和愁緒。武則天時代的詩人沈佺期有一首寫少婦的〈古意．盧家少婦〉：「**盧家少婦鬱金堂，海燕雙棲玳瑁梁。九月寒砧催木葉，十年征戍憶遼陽。白狼河北音書斷，丹鳳城南秋夜長。誰謂含愁獨不見，更教明月照流黃。**」這首詩是講一位長安貴族少婦，「思而不得見」自己征戍遼陽十年不歸的丈夫。開頭兩句以重彩濃筆誇張地描繪女主人公閨房之美：四壁以鬱金香和泥塗飾，頂梁也用玳瑁殼裝點起來，芬芳華麗，連海燕也飛到梁上來安棲了。鬱金（Curcuma aromatica）並不是鬱金香花，而是薑科薑黃屬植物，是一味著名中藥和香料，用來泡酒，不僅可以使酒帶上濃郁的香氣，還可以把酒染成黃色，和泥塗壁能使室內芳香。

鬱金這種香還被唐代的宮廷用作皇帝性生活時的助興，唐代宮中每有皇帝行幸嬪妃，宦官們就拿龍腦和金布在地上。到了唐宣宗時，他性尚儉素，才取消了這個制度[24]。宋人龐元英在《文昌雜錄》卷三中記述這件事時，表示了複雜的羨慕嫉妒恨：「方唐盛時，其侈麗如此。」龍腦並不是龍的腦子，而是取自龍腦香（樟科植物）的樹脂，狀如雲母，瑩如冰霜。

外來香料的盛行，還催生了海盜。唐代日本學者淡海三船的《唐大和上東征傳》就記載了海南島萬安州大首領馮若芳：「每年常劫取波斯舶二三艘，取物為己貨，掠人為奴隸……若芳會客，常用乳頭香為燈燭，一燒一百餘斤。」乳頭香就是乳香，產自非洲索馬里和衣索比亞，是一種橄欖科植物的樹脂，加熱後有特異的香氣。馮若芳一次燒燈燭就要燒一百餘斤，簡直是暴殄天物。天寶七載（七四八年）冬十一月，高僧鑑真應日僧之邀，偕日僧榮睿、普照等東渡日本，於海中遇大風，漂流至海南島，馮若芳還請鑑真住在他家，三日供養一次。

貢人僑民紛至，胡漢血統罕見融合

唐代還有一種特殊的外來「物品」，那就是「貢人」。我在這裡把貢人稱為物品，並非用詞錯誤，而是在唐朝所在的那個時代，唐朝周邊的國家就是把人作為「方物」，也就是地方土特產獻給朝廷，供皇室或貴族官僚玩賞。

唐敬宗李湛寶曆二年（八二六年），新羅給朝廷進貢了兩名舞女，一個叫「飛鸞」，一個叫「輕鳳」，據說她們以荔枝、榧實（香榧）、金屑（桂花）和龍腦香為食，「蘭氣融冶、冬不纊衣，夏不汗體」。歌聲一發，如鸞鳳之音，百鳥翔集；舞態豔逸，非人間所有。

貢人裡最多的是宮廷舞者「胡旋女子」，她們擅長跳胡旋舞。元稹在〈胡旋女〉一詩中說她們跳舞的時候：「潛鯨暗噏笡波海，回風亂舞當空霰。萬過其誰辨終始，四座安能分背面？」胡旋女在音樂中急速起舞，如同鯨魚游過大海，如同雪花在空中飄灑，她們柔軟的腰肢迎風飛揚，觀眾幾乎不能看出她們的臉和背。在《冊府元龜》記載的貢人中，就有四批胡旋女子和鸚鵡、玳瑁、生犀及名馬一起被送到大唐的宮廷。她們中有一個名叫「曹野那姬」的曹國女子，曾經成為皇帝一度迷戀的姬妾，也是唐史記載中僅有的一位胡人嬪妃。

《新唐書》記載：唐玄宗的女兒壽安公主是由「曹野那姬」生育的，曹野那姬的出身來歷沒有介紹，甚至連「美人」、「才人」等低級封號都沒有[25]。唐代著名的傳奇《酉陽雜俎》一書記載，曹野那姬懷孕九個月就生下女兒，按古人說法不足十月，因而唐玄宗不喜歡，「惡之」，起小名為「蟲娘」，他讓蟲娘穿著道教的羽衣在宮內道家壇觀消災趨吉。蟲娘活過了安史之亂。在玄宗退位成為太上皇時，玄宗鍾愛的孫子唐代宗李豫還是廣平王，有一次李豫拜見玄宗時，玄宗給李豫說：「你以後要給蟲娘一個名號。」蟲娘在唐代宗李豫登基後被封為壽安公主，最後以皇家公主身分出嫁[26]。

這些神奇的舶來品背後，是唐帝國作為依託陸地和海洋貿易串聯起亞洲各國的繁榮時代——大量的西域胡人沿著陸海絲綢之路來到中國。

在西域，貞觀年間，康國大首領康豔典率眾東來大唐，居鄯善城，因成聚落，並修築新城、蒲桃城、薩毗城等，並且還建了祆舍（祆教，即摩尼教；祆舍，即摩尼教的寺廟）；石國石萬年為城主的粟特人則居住在伊州地區（今哈密）的七個城市中；何國的城主何伏帝延則帶領何國的粟特人住在播仙鎮（今新疆且末）。這些粟特人的城邦根據唐朝政府「胡、漢有別，各依其俗」的政策，接受大唐帝國的管理和任命，為帝國拱衛邊疆並開展貿易。

在東部，八至九世紀，在唐的沿海地區形成了以新羅商人為主的新羅僑民的聚居區——新羅坊。九世紀上半葉來華的日本僧人圓仁所撰《入唐求法巡禮行記》中保留了大量關於新羅坊的資料。據他記述，揚州、楚州、密州、海州、泗州、登州以及青州等地，都有新羅人居住。他們居住的街巷叫「新羅坊」，安置他們的旅店叫「新羅館」或「新羅院」，各地並設有管理新羅坊的勾當「新羅所」，其職員、譯員均由新羅人充任，大約類似於今日美國之移民管理局。據圓仁的記述，遍布在大唐的新羅人務農者有之，煮鹽者有之，經營私驛者有之，擔任水手、導航者有之，造船者亦有之，他們大都長期居住，甚至終老在大唐。

到了唐德宗貞元三年（七八七年），吐蕃占據河隴，西域道路阻絕，安西、北庭前來朝廷奏事的官員以及西域朝貢使節滯留長安，日用所需供給浩繁，使朝廷不堪重負。因為按照唐律，蕃國使入朝，其糧料各分等第給：南天竺、北天竺、波斯、大食等國使，給六個月糧；尸利佛誓、真臘、訶陵等國使，給五個月糧；林邑國使，給三個月糧。結果朝廷檢括的結果令唐人大吃一驚：除了新來朝貢的使臣，檢查人員發現常年滯留長安的使臣多達四千人。朝廷準備停止供給，但遭到西域國使臣的強烈反對。

當時在位的大唐宰相李泌獻策，建議由唐朝組織使臣，或假道回紇，或經由海道遣返本國；有不願歸者，應向鴻臚寺提出申請，「授以職位，給俸祿為唐臣」。這時諸國客使在唐朝境內基本已滯留了三十餘年，最多者達四十餘年，結果沒有人願意返回本國，於是朝廷將諸國使臣分隸左右神策軍，「王子、使者為散兵馬使或押牙，餘皆為卒」[27]。

就這一項，每年可以為唐帝國節省經費達五十萬緡。在唐代，一千個銅錢為一緡（即一貫），視購買力的不同，約等於一兩銀子。貞元三年（七八七年），是當時五年來的第一個豐年，一斗米一百五十文錢[28]，一緡錢可以買七斗米。唐代的一斗約等於今天的十二斤（中國一斤等於五百公克），也就是一緡錢可買八十四斤大米，五十萬緡錢可以買四千兩百萬斤大米，相當於二萬一千公噸。

散發異域風情，最與異族和解、欣賞、互相學習的大唐

如此之多的胡人和外來物品自西而來到中國，讓大唐散發出迷人的「異域風情」，因此被很多學者稱為具有「國際性」。

對於此種狀況，後代多有人說是因為唐代皇帝是胡人。李氏家族父系到底是不是漢人迄無定論，但母系是胡人血統則毫無疑問。歷史學家陳寅恪說：「若以女系母統言

之，唐代創業及初期君主，如高祖之母為獨孤氏，太宗之母為竇氏，即紇豆陵氏，高宗之母為長孫氏，皆是胡種，而非漢族。故李唐皇室之女系母統雜有胡族血胤，世所共知。」[29]

唐代皇室至少擁有二分之一胡人的血統，這在當時是很普遍的狀況。在唐代立國之前，從三一六年西晉滅亡算起，中國歷史上進行了歷時二百七十多年的南北朝與「南北戰爭」。在南北朝兩百多年的動亂後，隋朝短暫地統一了南北，在隋朝三十八年的國祚中，又有一半時間是在征伐和內亂。因此，到了唐代，正是中國的北方胡人與南方漢人互相融合的時期，這種融合包含著和解、欣賞和互相學習。

從史籍記載來看，唐代皇室至少在中前期都處於胡漢融合的階段。《資治通鑑》上曾記載了一件事，武德九年（六二六年）六月玄武門之變後，「世民跪而吮上乳，號慟久之」[30]。親吻父親的乳頭這一怪異現象，有專家認為就是胡俗。而唐太宗在玄武門之變後納李元吉的王妃楊氏，楊氏還為李世民生了曹王李明。李世民的昭容韋尼子最初嫁與王世充長子王玄應為皇太子妃，李世民破東都後也把她收入內宮[31]。而李世民的兒子李治則納了父親的嬪妃武則天，納敵人的妻妾，繼承父親的女人，這都是胡俗。

至於唐玄宗公然娶兒媳楊玉環為妃，則更是千古未有的婚姻現象了。但當時的唐人似乎也沒有什麼特別的反應，玄宗去世四十多年後，唐憲宗朝的盩厔（今西安市周至縣）縣尉白居易做了〈長恨歌〉，開頭就說：「漢皇重色思傾國，御宇多年求不得。」唐人經常以「漢」來稱呼自己的國家，漢皇就是唐玄宗。白居易也僅僅是說玄宗好色而已，並沒有道德倫理批判。陳鵬先生在《中國婚姻史稿》就說：「隋、唐兩代起自關隴，當時漢胡婚媾頻繁，寖淫胡化，故烝報之事，不以為諱。……凡此諸事，皆胡俗也。」[32]

到了唐代中後期，南北朝遺留的胡漢融合問題逐漸完成，皇室就再也沒有發生過像這樣在今天看來很離奇的事情了。

至於要議論唐代皇帝到底是胡人還是漢人，其實大可不必，呂思勉先生在其著作《中國通史》裡面的一段話足以回答這個問題：「唐朝自稱為西涼李暠之後，近人亦有疑其為胡族的，信否可不必論，民族的特徵，乃文化而非血統。」[33]

注釋

1 《舊唐書・卷一百九十七・列傳第一百四十七・南蠻西南蠻・林邑》記載：「（貞觀）四年，其王范頭黎遣使獻火珠，大如雞卵，圓白皎潔，光照數尺，狀如水精，正午向日，以艾承之，即火燃。」《太平廣記・卷四百二・寶三・火珠》引《國史纂異》對此做了補充：「貞觀初，林邑獻火珠，狀如水精，云於羅刹國得，其人朱髮黑身，獸牙鷹爪。」

2 見《夢溪筆談・卷二十五・雜志二》。

3 見《新唐書・卷二百一十六上・列傳第一百四十一上・吐蕃上》。

4 語出《升庵詩話》卷十一「瑟瑟」條。

5 見《石雅・上編玉石・琳瑯第一卷・瓔琳》「青金石」條。

6 唐代史學家劉知幾的兒子劉餗所撰《隋唐嘉話》卷中記載：「貞觀中有婆羅僧，言得佛齒，所擊前無堅物。於是士馬奔湊其處如市。時傳奕方臥病，聞之，謂其子曰：『是非佛齒。吾聞金剛石至堅，物不能敵，惟羚羊角破之。汝可往試之焉。』胡僧緘縢甚嚴，固求良久，乃得見。出角叩之，應手而碎，觀者乃止。今理珠玉者皆用之。」

7 唐人蘇鶚《杜陽雜編》卷二記載：「（元和）八年，大軫國貢重明枕、神錦衾、碧麥、紫米。云其國在海東南三萬里，當軫宿之位，故曰大軫國，經合丘禺稾之山。」

8 馬塞爾・普魯斯特著，李恆基、徐繼增、桂裕芳、袁樹仁、潘麗珍、許淵沖譯：《追憶似水年華（上下冊）》（*A la recherche du temps perdu*，南京：譯林出版社，二〇〇一）。

9 見《舊唐書．卷四十五．志第二十五．輿服》。

10 慧琳所撰的《一切經音義》是一部文字音義注釋的訓詁學音義類專書。慧琳將佛典中讀音與解義較難的字一一錄出，詳加音訓。並對新舊音譯的名詞，一一考正梵音。全書共有一百卷。這本書一度亡佚，晚清學者黎庶昌和楊守敬在日本訪求到此書，才得以在光緒年間傳回中國，復顯於世。

11 油潑麵是陝西傳統的特色麵食之一，起源於明代，有鮮香味、酸辣味、香辣味。製作方法如下：將手工製作的麵條在開水中煮熟後撈在碗裡，將蔥花碎、花椒粉、鹽等配料和厚厚一層的辣椒粉一起平鋪在麵上，用燒得滾燙的菜油澆在調料上，頓時熱油沸騰，將花椒粉、辣椒粉燙熟而滿碗紅光，隨後調入適量醬油、香醋即可。

12《太平廣記》卷二百三十八引宋人孫光憲的筆記《北夢瑣言》載：「劉崇龜以清儉自居，甚招物論。嘗召同列餐苦蕒饆饠。朝士有知其矯，乃潛問小蒼頭曰：『僕射晨餐何物？』蒼頭實對：『食潑生。』朝中聞而哂之。」

13 唐人段成式的筆記小說集《酉陽雜俎．續集四．貶誤》載：「予在祕丘，嘗見同官說，俗說『樓羅』，因天寶中進士有東西棚，各有聲勢，稍傖者多會於酒樓食饆饠，故有此語。」

14 引自《太平御覽．飲食部十八．餅》。

15 王隱，《晉書．卷七．王羲之》記載：「王羲之幼有風操。郗虞卿聞王氏諸子皆俊，令使選婿。諸子皆飾容以待客，羲之獨坦腹東床，齧胡餅，神色自若。使具以告，虞卿曰：『此真吾子婿也。』問誰，果是逸少，乃妻之。」

16 見《資治通鑑．卷第二百一十八．唐紀三十四》，肅宗至德元年（七五六年）六月乙未日。

17 見《法苑珠林．穢濁篇第九十四．五辛部》。
18 見《酉陽雜俎．卷十九．廣動植類之四．草篇》。
19 見《舊唐書．卷四．本紀第四．高宗上》。
20 見《新唐書．卷二百二十一．列傳第一百四十六下．西域下．吐火羅》。
21 見《本草綱目．卷四．百病主治藥下．蠱毒．諸骨哽》。
22 見《舊唐書．卷一百九十八．列傳第一百四十八．西戎．高昌》。
23 見《舊唐書．卷一百六十五．列傳第一百一十五．柳公綽．公綽子仲郢》。
24 唐人蘇鶚《杜陽雜編》卷三記載：「先是，宮中每欲行幸，即先以龍腦、鬱金藉其地。自上（宣宗皇帝）垂拱，並不許焉。」
25 見《新唐書．卷八十三．列傳第八．諸帝公主》：「壽安公主，曹野那姬所生。孕九月而育，帝惡之，詔衣羽人服。代宗以廣平王入謁，帝字呼主曰：『蟲娘，汝後可與名王在靈州請封。』下嫁蘇發。」
26《酉陽雜俎．卷一．忠志》：「玄宗，禁中嘗稱阿瞞，亦稱鴉。壽安公主，曹野那姬所生也。以其九月而誕，遂不出降。常令衣道服，主香火。小字蟲娘，上呼為師娘。為太上皇時，代宗起居，上曰：『汝在東宮，甚有令名。』因指壽安，『蟲娘為鴉女，汝後與一名號。』及代宗在靈武，遂令蘇澄尚之，封壽安焉。」
27 見《資治通鑑．卷二百三十二．唐紀四十八》。
28《資治通鑑．卷第二百三十三．唐紀四十九》「貞元三年十二月」條說：「自興元以來，至是歲最為豐稔，米斗直錢百五十，粟八十。」

29 見陳寅恪：《唐代政治史述論稿》（上海：上海古籍出版社，一九九七年）。

30 見《資治通鑑．卷第一百九十一．唐紀七》。

31 周紹良：《唐代墓誌彙編》（上海：上海古籍出版社，一九九二年），〈鄭故大將軍舒懿公（韋匡伯）之墓誌銘〉記載：「自皇鄭膺籙，歷選德門，作配儲後（王玄應），聘公長女（韋尼子）為太子妃。」〈大唐故文帝昭容一品韋氏墓誌之銘〉記載：「大唐故文帝昭容韋氏墓誌銘並序昭容諱尼子，京兆杜陵人也。……父匡伯。昭容武德四年以良家受選。」

32 陳鵬：《中國婚姻史稿》（北京：中華書局，一九九〇年）。

33 引文見呂思勉：《中國通史》（北京：中國社會科學出版社，二〇一三年），第三十八章〈隋朝和唐朝的盛世〉，頁三三一。

第二章

大唐衣冠

對唐代人來說，
衣冠有著非常強烈的隱喻性，
代表對禮法和秩序的理解。
相對於男性服裝充滿的儀式感和階層感，
女裝則更具開放意識。
近三百年間，衣冠服飾的變幻，
幾乎就是唐代國運的體現。
歷史上少有像唐朝這般
時尚、華麗、張揚的衣冠時代。

今天每當提及「民生」這個詞的時候，改善「衣食住行」必會成為改善民生的首要任務。為什麼「衣」會成為中國人基本生活需求的首位？可能很少有人會思考此一問題。中國人看重衣服的程度，在世界上也是罕見的。這其中有非常深厚的文化傳承：衣服對於中國古人而言不僅僅是避寒取暖的物品，還是中華文化的外在表徵。

中國傳統的成語裡，有著大量以「衣冠」為主題的詞。《詩經・曹風・蜉蝣》說：「蜉蝣之羽，衣裳楚楚。」後世就用「衣冠楚楚」來形容紳士；西晉末，晉元帝渡江，中原士族相隨南逃，被稱為「衣冠南渡」；《周書・薛善傳》說：「與兄忝是衣冠緒餘，荷國榮寵。」[1]我們就把名門之後稱為「衣冠緒餘」；唐代詩人楊炯〈司兵參軍隴西李宏贊〉有：「李宏門胄，衣冠赫奕。氣蘊風霜，心如鐵石。」我們就用「衣冠赫奕」來稱呼達官貴人。

如今仍然使用的一些詞就來自於古人的衣冠形制。比如，「領袖」就是指衣服上的領口和袖口，因為經常磨損，所以需要單獨用料並且鑲邊，後來就成了「領導者」的代名詞。

服裝發展到今天，已經和古代有了翻天覆地的變化，因此，為了更好理解唐代的服飾，我們需要對古代服裝做個簡單的知識普及。

古人無論男女穿衣都講究「上衣下裳」，上面是衣，下面是裙，裙叫做「裳」，現在用的「常」字其實本字就是「裳」，中國最早的字典——漢代的《說文解字》解釋：「常，下帬也。裳，常或從『衣』。」

「上衣下裳」這樣的形制從周朝一直延續到明代。衣裳之間有腰帶束縛，稱作「鞶帶」，一般男鞶革，女鞶絲。長不過膝的短衣叫做「襦」，男子穿的上下連屬式的服飾統稱為「深衣」，長衣有夾層的叫做「袍」，單層的叫做「衫」。

古人的褲子有兩種，一種叫「褌」，簡體字是「裈」，指有襠的長褲子。東漢劉熙撰的辭書《釋名．釋衣服》就說：「褌，貫也，貫兩腳，上繫要（腰）中也。」另外有一種「犢鼻褌」，相當於今天的短褲。

另一種褲子叫「袴」，和我們今天「褲」的讀音一樣，不過這是一種只有兩隻褲腿的開襠褲，穿時在脛上（小腿），古人又稱之為「脛衣」。因其只有兩隻褲管，所以，褲的計數與鞋襪相同，都以「雙」字來計。這種褲子，其目的是為了保暖的作用，如果外面不用其他服飾加以遮掩的話，就有點太不像話了。所以，我們看古畫上，古代男子在袴的外面，往往著有一條裙褌一樣的服飾，這就是前面提到的裳。西漢大將韓信在微末之時，曾經遭遇過「胯下之辱」，為什麼這是一種屈辱？或許不單純是從人胯下爬過，很可能，那個侮辱韓信的人就穿著開檔的「袴」。具體到唐代人來說，衣冠有非常強烈的隱喻性，代表唐人對禮法和秩序的理解。

官服承繼隋朝，皇帝正式服裝分十二等

唐人的官方服飾完全承繼了隋人的服飾。隋文帝繼承了北周服飾，並沒有進行大的改動。到開皇九年（五八九年）平陳後，隋朝部分採用南朝梁、陳服飾，因此隋唐時期的服飾其實是一種融合南北朝服飾文化的產物。隋煬帝繼位後，在中國歷史上第一次對服飾的等級做出了規定，他於大業元年（六〇五年）下詔：「憲章古制，創造衣冠，自天子逮於胥吏，服章皆有等差。」隋朝滅亡後，唐高祖李淵於武德四年（六二一年）「始著車輿、衣服之令，上得兼下，下不得擬上」。正式確立了百官朝服及公服制度，這一制度影響了此後千年間中國服裝中最有特點的「官服」，並且和科舉、文官制度一起影響了東亞及南亞的國家。

《舊唐書．輿服志》記載，皇帝的正式服裝有十二種：「唐制，天子衣服，有大裘之冕、衮冕、鷩冕、毳冕、繡冕、玄冕、通天冠、武弁、黑介幘、白紗帽、平巾幘、白帢，凡十二等。」[2]

大裘冕是天子祀天時所著之禮服，周代時便有了，大裘冕中戴的「冕」是無旒的，也就是沒有我們熟悉的前後兩排玉珠串。皇帝還要在外面穿一件為黑色羊皮製成的裘皮大衣，上面沒有紋飾，用來表示帝王的質樸。雖然大裘冕源自《周禮》尊貴無比，然而黑羊皮大衣太土了，況且如果是夏天祭天，穿皮襖有點二愣子。於是高宗顯慶年間就這個事情有了討論：「皇帝若遵古制，則應用大裘，若使於時，則袞冕為美。」高宗覺得大裘冕樸略，冕又無旒，而且還不能通用於寒暑，於是廢之不用。《舊唐書》記載了長孫無忌等人的奏章：「季夏迎氣，龍見而雩，炎熾方隆，如何可服？」[3]意思是，夏天皇帝求雨，龍看見雲氣才行雨，這玩意這麼捂，早把龍嚇跑了。

袞冕於是成為唐代皇帝使用最廣泛的禮服，這也一直傳承到明代。歷代皇帝的袞冕全部都是「玄衣纁裳」，也就是上黑下紅，其形制始終如一。這是各種日常祭祀和宮廷重大的儀式中皇帝的標準著裝，我們今天看到的帝王畫像中最常見的就是這種袞冕服造型。

皇帝袞冕的帽子叫「冕冠」，前後各垂下十二條由白珠串成的旒，冕的左右兩側懸掛著玉製的充耳，用意是提醒皇帝不輕信讒言。冕中插有玉簪，與髮髻固定在一起。上衣寬身大袖，底子是黑色的，上面繡了八種花紋，它們是：「日、月、星、龍、山、華蟲（錦雞）[4]、火、宗彝（酒器）[5]。」下裳是紅色的多褶大裙，上面繡四種花紋：「藻（水草）、粉米（大米）、黼（黑身白刃的斧子）、黻（黑青相間的『亞』形）。」這十二種花紋標誌著皇帝獨一無二的威嚴，被稱為「十二章紋」。清代皇帝不戴冠冕，但朝服的紋樣除了龍紋，還保有十二章紋。而日本自平安時代開始，「袞冕十二章紋」就作為日本天皇的禮服之一，一直持續到江戶時代。

《周禮．春官．司服》對十二種章紋的含義做了解釋：日月星辰，「取其明也」；山，「取其人所仰」；龍，「取其能變化」；華蟲，「取其紋理」（五彩的外貌）；宗彝，「取其忠孝」；藻，「取其潔淨」；火，「取其光明」；粉米，「取其養人」；黼，「取其割斷」（做事果斷之意）；黻，「取其背惡向善」。

至於鷩冕、毳冕、繡冕、玄冕，皇帝基本沒穿過，因為這幾種和袞冕比較起來，只是章紋的數量逐級減少，帽子有所不同，比如鷩冕，就是在冕上插上錦雞的尾巴，既繁瑣又沒必要，於是唐代皇帝直接就不用了。

通天冠是級位僅次於冕冠的冠帽，其形如山，正面直豎，以鐵為冠梁，黑色的纓，翠綠色的緌，配以用於裝飾的犀牛角簪子，是皇帝戴的一種帽子，我們經常會在演義小說中看到天子戴通天冠的描述。武弁是一種武官戴的帽子，漆紗材質，像一個圓柱體燈

歷代帝王圖卷（局部）

此圖繪製的十三位帝王，其中七位（上排：左2、左3；中排：左3；下排：左1、左2、左3、左4）穿著的是遵循《周禮》記載的袞冕服。

籠，皇帝其實戴的也不多。唐代的宰相也戴這種帽子。唐制中規定，若是侍中（門下省長官，宰相）、中書令（中書省長官，宰相），則在武弁上加「貂蟬」，就是以黃金製作成蟬形的金璫附於冠額正中，寓意清高、超拔之意，並且在冠上插貂尾，侍左者插左邊，侍右者插右邊。〈凌煙閣功臣圖〉中唐初四大名相之一王珪戴的就是這個帽子。

因此，雖然規定了皇帝的十二種服裝，但唐代皇帝正式穿著中最常見的還是袞冕和通天冠，其餘基本被廢除了。

重視皇帝衣冠與祭祀息息相關

唐人之所以重視皇帝的禮服，是因為祭祀在唐人的生活中有著非常重要的地位。作為一個農耕大國，唐帝國以傳統的「二十四節氣」為基準祭祀時間，大的節氣會舉行由皇帝主祭的國家祭祀大典：冬至，到城南的圓丘進行國家的祭天儀式——冬至祀，祭祀昊天上帝；立春，在城東郊祭祀春之神及百花之神青帝；立夏，在南郊祭祀太陽神炎帝；立秋，在西郊祭祀司秋之神白帝；立冬，在北郊祭祀掌管冬天的冬神黑帝顓頊。

在所有的祭祀中，祭奠祖先的儀式最為唐人看重，因為唐人相信宗廟是祖先亡靈的寄居之所，而祖先崇拜是中國人最基本的信仰，今天中國人除了孝道之外，仍然相信祭祀祖先可以獲得祖先的庇佑。對於皇室而言，祭祀祖先的太廟則是歷代皇帝、皇后的靈魂居住的場所，是帝國的國運所在。

武則天傳位中宗李顯的原因之一便是為了死後能夠進入唐帝國的太廟，受後世子孫的香火供奉。

《資治通鑑．唐紀》把這事說得很詳細：武承嗣、武三思謀求當太子，多次指使人勸武則天說：「自古以來的天子沒有以外姓人為繼承人的。」然而武則天其實是猶豫的。於是狄仁傑對她說：「太宗文皇帝不避風雨，親自冒著刀槍箭鏃，平定天下，傳給子孫。高宗將兩個兒子託付陛下。陛下現在卻想將國家移交給外姓，這不是不符合上天的意思嗎？而且姑侄與母子相比誰更親？陛下立兒子為太子，則千秋萬歲之後，配祭太廟，代代相承，沒有窮盡；立侄兒為太子，則未聽說過侄兒當了天子而合祭姑姑於太廟的。」武則天說：「這是朕家裡的事，你不要參與。」狄仁傑說：「君王以四海為家，四海之內，誰不是臣子，什麼事不是陛下家裡的事！君主是元首，臣下為四肢，都是一體。何況我任宰相，哪能不參與呢！」他勸武則天召回廬陵王李顯[6]。

狄仁傑的話顯然深深刺激了武則天。有一天，武則天對狄仁傑說：「我夢見大鸚鵡兩翼都折斷，這是什麼意思？」狄仁傑回答說：「武是陛下的姓，兩翼是兩個兒子。陛下起用兩個兒子，則兩翼便振作起來了。」武則天因此便打消了立武承嗣、武三思為太子的心思，召回兒子李顯立為太子[7]。因為這個原因，武則天得以在死後以皇后身分入葬乾陵，供奉太廟，後世唐帝國的皇帝也屢次為她加謚。

文官、武官、平民服飾各異其趣

和今天我們的正裝、休閒裝兩種區別不同，唐代的穿著根據場合之分複雜得多，尤其是「公務員」，唐代官員的衣服分為祭服、朝服、公服、常服幾種。而且每一種服飾，都並非只有一件衣服而已，至少包括首服、身服、足服、佩飾四大部分，單單其中的身服，依據不同情況又可能包括穿在外的衣裙，穿在內的中衣、內衣等層次，總數不少，都有其固定規範的全套層次。《明皇雜錄》卷上記載，唐代官員早朝：「五鼓初起，列火滿門，將欲趨朝，軒蓋如市。」五鼓就是五更，大概是凌晨四點半的時候，官員們起這麼早，估計一半時間都穿戴繁複的朝服。

為了鞏固文官體系，唐朝為官員設置了嚴格的官服來體現這套系統的威嚴：三品以上紫袍，佩金魚袋；四品、五品可以穿緋袍，佩銀魚袋；六品、七品穿綠袍，無魚袋；八品、九品穿青袍。

品級和官職很多時候是不一樣的，官吏有職務高而品級低的，仍按照原品級的服色穿官服，而不看官職。白居易〈琵琶行〉中曾經說：「座中泣下誰最多，江州司馬青衫濕。」白居易當時的官職江州司馬按品級換算是五品，可以穿緋袍，但白居易真實的品級只是將仕郎，在唐朝為最低級的從九品下的文散官，因此他只能穿青袍，這就是典型的職務高而品級低的例子。這種服色制度，一直延續到明代。只不過明代開始除了有服色，還在官員胸口用動物紋飾的「補子」來代表品級，人們便用「衣冠禽獸」來表示官員階層，但隨著明代晚期官員日益腐敗，「衣冠禽獸」便成了貶義詞。清代繼承了明代的補子，但放棄了服色，透過頂子以及補服的來區分品級。

至於平民衣服唐人用白色，而屠夫、工匠與商人只許用黑色，士兵在唐代穿黃色衣袍。有人可能會問，為什麼士兵可以穿黃色衣服，黃色難道不是皇帝才能穿的麼？唐高宗李治總章元年（六六八年），洛陽尉柳延穿黃衣夜行，被正在巡夜的下屬圍毆，原因史書沒有記載，令人充滿遐想。然而，此事卻作為了一個導火索「始一切不許著黃」，這個「黃」有人說是官民一律禁止穿黃，其實是強調皇帝專用的顏色「赤黃」，從此赤黃色就成為了皇帝的象徵。其他的土黃色、淺黃色等仍然是庶民的常用服色，並沒有禁止[8]。新疆吐魯番阿斯塔那二十九號墓就曾出土了一件〈唐咸亨三年新婦為阿公錄在生功德疏〉的文本，裡面登記了一位兒媳婦為公公修功德所布施的物品，其中男裝有：「黃綢綿袍一領、黃布衫一領。」按照中國傳統的五行學說，唐朝屬於土德，黃色是帝國的圖騰顏色，不可能禁止全民使用，否則國家的象徵就失去了顏色。《舊唐書．輿服志》就記載了唐人在顏色上遵從五行的例子：「天寶十載五月，改諸衛旗幡隊仗，先用緋色，並用赤黃色，以符土德。」

至於「赤黃」是什麼顏色，李時珍的《本草綱目．木三．柘》說：「其木染黃赤色，謂之柘黃，天子所服。」赤黃是柘樹染色出來的顏色。柘樹長得像桑樹，它的枝幹是做弓的好材料。

唐代男子日常的服裝以襴衫為主，皇帝的日常服也是這種服裝。襴衫源自於北周期，是在胡人服裝上改良而成的一種圓領、窄袖、衣襬左右開衩的長袍，不論官員或是平民都可以穿。劉禹錫的〈為京兆韋尹降誕日進衣狀〉寫得更清楚一些：「衣一副四事：黃折造衫一領，白吳綾汗衫一領，白花羅半臂一領，白花羅袴一腰。」降誕日實際上就是皇帝生日，劉禹錫這篇文章是代韋姓京兆尹在皇帝壽辰上禮時寫的清單賀詞，一套衣服共四件，分別是衫、汗衫、半臂及袴。

沒有進官的士子大都頭戴襆頭或席帽，身著白色圓領襴衫，有時外加半臂，繫腰帶，腳上穿著履。這些登科未授官的士子，雖然仍是一襲白衫，但不久飛黃騰達的可能性很大，因此進士及第的士人，被尊稱為「白衣公卿」或「一品白衫」[9]。而一般官吏平時或宴客時，也穿白色圓領襴衫。就男子而言，唐代是一個白衣飄飄的年代，這種感覺就像今天大學生畢業時穿著白襯衣那樣，有一種青春、陽光的味道瀰漫其間。

唐代武官除了作戰時穿盔甲外，日常的常服也和文官很相似。章懷太子墓中的壁畫裡，有大量侍衛軍官都穿著圓領窄袖襴衫，而且戴著紅色或白色的抹額。抹額是一塊短巾，從前額向後束緊，包住頭髮，露出髮髻，有點像今天NBA（美國職業籃球聯賽）球員戴的頭箍。《新唐書・卷一百八十・列傳第三十三・婁師德》中記載，當時招募猛士去征討吐蕃，武人們都戴著紅抹額來應召，看來紅抹額是當時武士的習慣裝束。

女裝風格絢麗多彩，開放風格多樣

相對於男性服裝充滿的儀式感和階層感，唐代的女裝則更具開放意識，絢麗多彩的唐代女子服裝，在中國古代史上獨一無二。《舊唐書》就說，造成唐代女裝風格多樣化的原因是：唐代風俗奢靡，女子們綺羅錦繡，隨時尚和個人愛好來穿衣。這樣上自宮掖下至民間，充分發揮時尚的聯動效應，貴賤無別全部都是時尚的追隨者[10]。

首先是皇后的服飾，唐代的皇后服有褘衣、鞠衣、鈿釵禮衣三種。

褘衣是皇后形制最高的禮服，也是皇后的嫁衣，《舊唐書・輿服志》記載這種禮服：「首飾花十二樹，並兩博鬢，其衣以深青織成為之，文為翬翟之形。」皇后的頭上是一種名為「花十二樹」的首飾，極有可能是周圍插滿如冠狀的金花釵。二〇〇一年十一月，在西安理工大學新校區建設工程中發現了唐代公主李倕墓，其中就有一件各種構件保存完好的公主頭冠，二〇一〇年二月，中、德兩國專家利用出土的佩飾實物修復了公主的頭冠，或許我們從中可以感受一下皇后頭冠的絢麗：這件唐代公主頭冠重量約為八百克，高度四十二公分。材質有金、銀、銅、鐵等，寶石類型主要有瑪瑙、珍珠、琥珀、綠松石、玻璃、螺鈿等。幾乎用盡了唐代可能用到的所有裝飾材料。冠上許多黃金部位的表面，都鑲滿了直徑一毫米至一・五毫米的金珠，這些金珠要在顯微鏡下才能完全看清，精美異常。

鞠衣，是黃色羅紗材質，其餘與褘衣一樣，是皇后主持祭祀蠶神嫘祖穿的禮服，也是皇后的日常服裝。自周朝始，在國家祀典中，就已確立了「天子親耕南郊，皇后親蠶北郊」的祭祀格局。鈿釵禮衣則是皇后宴見賓客的禮服。

皇后的衣服可以從另外一件文物感受其美麗。一九八七年四月三日，法門寺佛塔施工現場，考古人員無意間發現了一塊白玉石板。清掉石板上覆蓋的浮土，在地下沉睡一千一百一十三年的唐代皇家寺院法門寺地宮浮現出來。而地宮內的一塊「衣物帳碑」，羅列著地宮裡二千四百九十九件珍寶的目錄，其中有「武后繡裙一腰」，是迄今為止離武則天最近的實物，這件繡裙是武則天尚為高宗皇后時的衣飾，因此被稱為「武后裙」，可惜繡裙經過千年已經碳化。在中德聯合建立的陝西省考古所絲綢保護實驗室，考古專家試圖修復這些皇家服飾。在已經取得的成果裡，考古專家發現，唐代皇室服裝中採用了大量的纏金線——不是純金，而是含十五%左右的銀成分。纏金線就是將銀和金混合的金箔，裁成細條後，纏繞在芯線上形成縫製禮服的金線，它薄到了令人匪夷所思的地步，只有二・四微米至五・八微米。

普通女子的衣服在漢朝以前多為束裹的曲裾深衣，這是一種衣襟交疊於胸前的連體裙裝，寬大的袖子，衣長及地，喇叭狀的下襬可以讓女子行不露足。由於深衣的前襟被接出一段，因而穿時必須將衣裾下襬繞至身後，這樣就形成了「區裙」，和今天的魚尾裙極為相似，能夠襯托出女性優美的身段。

在今天，跟隨國際時尚不斷變化，是新潮流持續出現的原因，在唐朝也不例外。受南北、胡漢交融的影響，再加上外來的文明，唐代女裝在漢代女裝基礎上產生了重大變化：胡人的細袖窄裙，成為唐代初年不論貴賤的女裝風尚，並從一件式的連體裙變成了裙、衫（襦）、帔的三件式套裝，進而從長安開始匯聚成一種流行的風尚，風靡全國。

衫和襦類似於現在春秋時節常見的女式長袖開衫，窄袖、貼身，只是衫的材質較為輕軟，襦則是有夾層可以保暖，衫或襦往往敞開，下束於裙內。唐代婦女有時在小衫或襦子之外再加一「半臂」，看似一件短袖的小外套。帔則是恣意披在肩上或掛在臂上的長巾。唐代因為織布技術的限制，一條裙子往往由幾條布帛縫合，色彩相交的幾何條紋高腰裙是最常見的裙子。

最流行的顏色，則是紅色。唐代的紅裙又有「石榴裙」之稱，石榴原產波斯一帶，於前二世紀的西漢由張騫傳入中國。引種初期，石榴主要栽於京城長安附近御花園的上林苑和驪山的溫泉宮（今華清池）內，是供皇子后妃觀賞的。時至今日，臨潼已經是中國石榴的主要產地，而石榴花則是西安的市花。

石榴裙顏色鮮豔，甚至與石榴花的紅色堪有一比，唐詩中有許多記載石榴裙的詩句，比如盧象就有「少婦石榴裙，新妝白玉面」（〈戲贈邵使君張郎〉）的句子，而唐人萬楚在〈五日觀妓〉中更是說：「眉黛奪將萱草色，紅裙妒殺石榴花。」

貞觀二十三年（六四九年），李世民駕崩，他的才人武則天入長安感業寺為尼，在感業寺的青燈古佛下，武則天寫了一首〈如意娘〉的情詩給高宗李治：「看朱成碧思紛紛，憔悴支離為憶君。不信比來長下淚，開箱驗取石榴裙。」這首情意綿綿的詩講的是武則天相思李治，以致魂不守舍，恍惚中竟將紅色看成綠色，「如果你不相信我，那就開箱看看我石榴裙上，思念你而流下的那些淚」。可見，武則天也是極喜愛石榴裙的。據說李治因為這首情詩，以太宗忌日為藉口去感業寺見武則天，兩人執手潸然淚下[11]。武則天則自此登上了大唐帝國的舞臺。

在中國古代，植物顏色是服飾染色的主要來源，不過染「石榴裙」的主要顏料，並不是從石榴花中提取。古代染紅色的染色劑，主要是茜草、紅花、蘇木等，且須媒染劑助成紅色，中國古人常用的媒染劑是天然明礬和草木灰。儘管石榴裙不是石榴花染成，但如果用石榴皮來染色，可以染成一種「秋香色」。秋香色又稱「秋香黃」，是中國傳統色彩之一。

除了服裝，胡人的帽子也開始盛行。其中有一種叫羃䍦的帽子，本來是胡人女子防風沙的帽子，唐代女子作為出行時遮蔽面容，不讓路人窺視的帽子。這種帽子用透紗羅全幅綴於帽簷上，並使之下垂障蔽全身，有些類似於斗篷。但這種帽子顯然和唐代女性追求美麗的天性背道而馳，於是帷帽開始流行。這是一種高頂寬簷的笠帽，在帽簷一周帶上薄而透的面紗，十分神似二十世紀初風靡一時的歐洲女性所戴的網紗禮帽。

女性可以自在選擇男裝與袒胸裝

到了唐代中期，女著男裝盛行一時。據歷史學者榮新江先生〈女扮男裝——唐代前期婦女的性別意識〉一文統計，在目前考古發現的唐墓壁畫中，有女扮男裝出現的形象多達二十九幅，其中唐睿宗的駙馬薛儆墓石槨線刻的十九位侍女中，有七位著男裝，占三分之一強[12]。

這些身穿男裝的唐代女子甚至一度假扮男子而做官。宋人編撰的《太平廣記》記載了這麼一件事：

唐僖宗年間，一位叫黃崇嘏的女子，父親曾在蜀中為官，她溫文爾雅，工詩善文。她的父母相繼亡故後，黃崇嘏女扮男裝，遊歷川東、川西。有一次，臨邛縣城發生大火災，黃崇嘏路過現場，被誣為縱火人，後來擔任五代前蜀宰相的周庠彼時正擔任邛州（四川邛崍）刺史。黃崇嘏下獄後給周庠獻詩一首說：「**偶離幽隱住臨邛，行止堅貞比澗松。何事政清如水鏡，絆他野鶴向深籠。**」周庠讀完詩，就召見了扮做男子的黃崇嘏。見「他」回答問題詳細敏捷，周庠認為黃崇嘏不一般，把她召入學院，與各位讀書的子侄為伴。黃崇嘏善長下棋和彈琴，工於書畫，後來被周庠推薦代理府司戶參軍，她的案牘文書漂亮清楚。周庠既器重她的聰明，又讚美她的風采，就想要把女兒嫁給她為妻。黃崇嘏獻詩一首說：「一辭拾翠碧江涯，貧守蓬茅但賦詩。自服藍衫居掾掾，永拋鸞鏡畫蛾眉。立身卓爾青松操，挺志鏗然白璧姿。幕府若容為坦腹，願天速變作男兒。」周庠看完詩，驚駭不已，才知道她是女兒身[13]。黃崇嘏就是黃梅戲《女駙馬》的原型，而她寫的這兩首詩也在《全唐詩》中有收錄。

唐代女子裝束中最引人注目的還是「袒胸裝」，這種服裝並不是露出乳房，而是將胸部和頸部曲線裸露在外，類似於今天的露肩深V禮服，來凸顯女性的「倒三角」之美。在中國兩千餘年的帝國史中，沒有哪個朝代的女性著裝能夠如此性感。

袒胸裝的流行背後，是當時女性以皮膚白皙粉嫩為美的社會審美觀。〈簪花仕女圖〉和唐代壁畫中的仕女個個體態豐盈，半胸酥白，極具富貴之態。由於壁畫多出自唐代皇室和貴族墓葬，有人判斷袒胸裝主要是流行於宮中的時尚，其實這種風尚風靡大唐，無論貴賤。引領這種潮流的是唐代的歌妓，唐代詩人方幹寫給歌妓的〈贈美人〉一詩中就寫道：「粉胸半掩疑晴雪，醉眼斜回小樣刀。」歐陽詢〈南鄉子〉詩則寫了一位在江邊笑倚春風的妓女：「二八花鈿，胸前如雪臉如花。」

民間也有穿袒胸裝的，唐末廣西詩人周濆〈逢鄰女〉詩云：「日高鄰女笑相逢，慢束羅裙半露胸。莫向秋池照綠水，參差羞殺白芙蓉。」詩中正是對鄰家女子身著袒胸裝的描寫。學者任半塘歷數十年結撰的唐代歌辭總集《敦煌歌辭總編》中有很多唐代民間歌謠是講當時的袒胸裝的，比如一首叫〈鳳歸雲〉的歌曲就有這樣的唱詞：「目引橫波，素胸未消殘雪。」還有一首〈柳青娘〉的詩寫道：「青絲髻綰臉邊芳，淡紅衫子掩酥胸。」敦煌歌辭大都源自民間，據此可以看出袒胸裝的風靡一時。

今天我們對於唐代女子服裝中的袒胸裝如此關注，或許不僅僅是詫異於唐代的開放，更在於中國女性的胸部束縛才解放了九十年。

民國初年，中國社會除了沒有皇帝之外，其他一切照舊，風俗習氣依然延續著清代的傳統與保守。尤其是對於女子，即便是睡覺，她們也要穿著長過膝蓋的長背心，減少身體的裸露。一九二〇年上海政府發布布告禁止「一切所穿衣服或故為短小袒臂露脛，或模仿異式不倫不類」，並稱其「招搖過市恬不為怪，時髦爭誇，成何體統」。

有鑑於此，全國各地爆發解放婦女胸脯的「天乳運動」，到了一九二八年，國民政府發出公函，在全國範圍內通令禁止女性束胸：「婦女束胸實屬一種惡習，不但有害個人衛生，且與種族優盛有損。」至此，中國的女性才結束了自明清開始的束胸惡習。

祖胸裝還引發了現代人對於唐代「以胖為美」的審美討論，在唐代壁畫和類似於〈簪花仕女圖〉的畫作中，我們都可以看到肥胖或豐腴的唐代仕女形象，但如果據此來評判唐代全民審美向「胖」未免失之偏頗。可以肯定的是，唐朝人的美女標準中，也是有苗條一項的。《次柳氏舊聞》、《唐語林》等文獻記載，肅宗李亨還是太子的時候，被李林甫構陷，處境危險，愁得他鬚髮皆白，遠離一切聲色娛樂。唐明皇得知後，讓高力士派人「選人間女子細長白者五人，將以賜太子」。唐代狎妓第一的詩人白居易，我們從他的審美中亦能看出些許端倪。「櫻桃樊素口，楊柳小蠻腰」[14]，這是白居易說的，樊素、小蠻，都是白居易最為寵愛的家妓，小蠻的腰圍只有一尺六寸半，不盈一握。

唐代的女子不纏腳，不束胸，可以騎馬，也可以穿男裝，再加上社會富足，唯有豐腴矯健的女子形象，才配得上大唐帝國的風度，或許因為此種原因，才使得唐人對於女性的審美如此豐滿。

衣冠服飾的變化，也是唐代國運的體現

唐人對於女裝所持有的開放態度，另一方面則助長了女性在奢華時代的欲望，唐代女性對於華麗服裝的追求和今天的女性對於奢侈品的追逐非常類似，就如同著名心理

學家卡爾・榮格所說的：「人們無法告訴你為什麼他們所想所做，因為他們自己都不清楚。」

唐中宗的女兒安樂公主有條宮廷御製的百鳥裙，採百鳥羽毛織成。此裙的顏色鮮豔無比，令人眼花繚亂，不知其本色，從正面看是一種顏色，從旁看是另一種，在陽光下呈一種顏色，在陰影中又是另一種，裙上閃爍著百鳥圖案。後來益州獻單絲碧羅籠裙，縷金為花鳥，細如絲髮，大如黍米，眼鼻口甲皆備，神奇而不可思議。於是長安的貴族們競相效仿，「江嶺奇禽異獸毛羽，採之殆盡」。這樣的奢侈之風延續到了玄宗開元初年，玄宗讓人把宮中的這些名貴奢華的服裝全部焚燒殆盡，並不許士庶服錦繡珠翠之服[15]。而且玄宗在其統治時期內，密集頒布了〈禁奢侈服用敕〉、〈禁珠玉錦繡敕〉、〈禁斷錦繡珠玉敕〉等詔令來限制舉國的奢靡成風，可見唐人對於奢侈品的迷戀是如何誇張。

拿百白鳥羽毛做裙子或許真的存在。在中國傳統金銀首飾製作工藝中，就有一種工藝名為「點翠」。這種工藝是中國傳統金屬工藝和羽毛工藝的結合，先用金、銀等金屬做成不同圖案的底座，再把翠鳥的羽毛仔細地鑲嵌在底座上，以製成各種首飾器物。到了明、清兩代，「點翠」工藝發展到頂峰，其中最精美的莫過於明代皇后所戴的鳳冠。

但這種工藝的流行卻以犧牲大量翠鳥為代價，製作一支點翠金簪，大約要用數隻乃至數十隻翠鳥的羽毛，一頂鳳冠大約要用數百隻翠鳥。由於翠鳥是無法被繁殖、馴化的鳥類，「點翠」所用的翠鳥羽毛在清末的市場上幾乎絕跡，「點翠」工藝才被燒藍工藝所取代，退出了歷史舞臺。

然而，到了中晚唐，唐人的審美卻充滿了末世的放縱感。憲宗元和四年（八〇九年），白居易的〈時世妝〉寫了一種中唐著名的龐克妝「元和時世妝」：「時世妝，時世妝，出自城中傳四方。時世流行無遠近，腮不施朱面無粉。烏膏注唇唇似泥，雙眉畫作八字低。妍媸黑白失本態，妝成盡似含悲啼。」以黑灰色為主色調，這種妝容不禁讓人聯想起一九九四年王菲第一次站在香港紅磡體育館舞臺上的「淚滴妝」，冷豔的妝容，加上幾滴光芒閃爍的眼淚，襯托了歌曲中傷感婉約的氛圍，成為永恆的經典。

十年後的穆宗長慶年間（八二一～八二四年），女子們的頭飾不但愈加浮誇，金碧珠翠，又出現了更加怪異的「血暈妝」：將眉毛剃去，再在眼上下劃幾道血痕一般的裝飾。《唐語林．卷六．補遺》就記載：「長慶中，京城婦人首飾，有以金碧珠翠；笄櫛步搖，無不具美，謂之『百不知』。婦人去眉，以丹紫三四橫約於目上下，謂之『血暈妝』。」這種加倍的奢靡，伴隨著血色的妝容，散發著頹廢和及時行樂的末世心態。

到了唐末，唐人在服飾上已經完全沒有盛唐時的明亮和陽光，唐末的士人在衣色上開始普遍穿著黑色調的服裝，有紫綠，有墨紫。黃巢民變兵起，士庶的衣服全都成了皂黑色。女子的妝容也不再浮誇，而是梳一種叫「拔叢」的髮髻，這種髮型以亂髮垂在眼前，大概是為了避兵禍和便於逃難[16]。唐人在近三百年間，衣冠服飾的變幻，幾乎就是唐代國運的體現，服飾充滿的隱喻意味，我們反觀近一百年的中國近現代史，也可以找到參照。

唐亡後，到了宋代，宋人秉承「偃武修文」的基本國策，人們的美學觀念也相應發生變化，服飾開始崇尚儉樸，中國歷史上如唐代這般時尚、華麗、張揚的衣冠時代，一去不復返了。

注釋

1 見《周書・卷三十五・列傳第二十七・薛善》。
2 見《舊唐書・卷四十五・志第二十五・輿服》。
3 見《舊唐書・卷四十五・志第二十五・輿服》。

4「華蟲」是什麼動物，其實有爭議。因為最早記錄冕服十二章的古書都只記載了名字。東漢經學大師鄭玄注為「五色之蟲」，唐朝經學家孔穎達則注為「雉」，就是紅腹錦雞。後世都是沿用孔穎達的說法。一九一二年魯迅、錢稻孫、許壽裳合作設計當時中華民國國徽裡與龍相對的便是華蟲（錦雞）。

5「宗彝」是兩隻祭祀用的酒杯圖案，上面常以虎、蜼為圖飾。蜼，一種長尾猿猴，古人傳說其性孝。《舊唐書・卷一百九十上・列傳第一百四十上・文苑上・楊炯》說：「宗彝者，武蜼也，以剛猛制物，象聖王神武定亂。」

6見《資治通鑑・卷第二百六十・唐紀二十二》「則天聖曆元年」條。

7見《資治通鑑・卷第二百六十・唐紀二十二》「則天聖曆元年」條。

8《舊唐書・卷四十五・志第二十五・輿服》記載了黃色在唐代的演變過程：「武德初，因隋舊制，天子宴服，亦名常服，唯以黃袍及衫，後漸用赤黃，遂禁士庶不得以赤黃為衣服雜飾。」「雖有令，仍許通著黃。」

9唐末五代王定保所撰，記錄唐代科舉制度和掌故的唯一專著《唐摭言》卷一記載：「其（考進士）推重謂之『白衣公卿』，又曰『一品白衫』；其艱難謂之『三十老明經，五十少進士』。」

10《舊唐書・卷四十五・志第二十五・輿服》記載：「婦人宴服，准令各依夫色，上得兼下，下不得僭上。既不在公庭，而風俗奢靡，不依格令，綺羅錦繡，隨所好尚。上自宮掖，下至匹庶，遞相仿效，貴賤無別。」

11武則天也是唐代的女詩人，《全唐詩》存詩四十六首，《全唐詩續補》補詩三首，詩序一首。〈如意娘〉收入《全唐詩》卷五。《唐會要・卷三・皇后》「天后武氏」條記載：「上因忌日行香，見之。武氏泣，上亦潸然。」

12榮新江：〈女扮男裝——唐代前期婦女的性別意識〉，《隋唐長安：性別、記憶及其他》（上海：復旦大學出版社出版，二〇一〇年九月一日）。

13 見《太平廣記．卷三百六十七．妖怪九．黃崇嘏》。

14 語出孟棨《本事詩．事感第二》：「白尚書姬人樊素，善歌，妓人小蠻，善舞。嘗為詩曰：『櫻桃樊素口，楊柳小蠻腰。』」

15 《舊唐書．卷三十七．志第十七．五行》詳細記載了此事：「中宗女安樂公主，有尚方織成毛裙，合百鳥毛，正看為一色，旁看為一色，日中為一色，影中為一色，百鳥之狀，並見裙中。凡造兩腰，一獻韋氏，計價百萬。又令尚方取百獸毛為韉面，視之各見本獸形。韋后又集鳥毛為韉面。安樂初出降武延秀，蜀川獻單絲碧羅籠裙，縷金為花鳥，細如絲髮，鳥子大如黍米，眼鼻嘴甲俱成，明目者方見之。自安樂公主作毛裙，百官之家多效之。江嶺奇禽異獸毛羽，採之殆盡。開元初，姚、宋執政，屢以奢靡為諫，玄宗悉命宮中出奇服，焚之於殿廷，不許士庶服錦繡珠翠之服。自是採捕漸息，風教日淳。」

16 《唐語林．卷七．補遺（起武宗至昭宗）》記載：「唐末士人之衣色尚黑，故有紫綠，有墨紫。迨兵起，士庶之衣俱皂，此其讖也。唐末婦人梳髻，謂『拔叢』；以亂髮為胎，垂障於目。解者云：『群眾之計，目睹其亂髮也。』」

第三章 極樂之宴

唐代，
對於貴族們而言是放縱歡樂的時代，
他們希望這樣的日子永遠長存。
繁盛熱鬧的長街，
仕女雍容傾城的容顏，
華蓋遮天的遊宴，
奢靡荒淫的求道與修仙……
構成了一幅生動的歷史畫卷。

二〇一七年底，導演陳凱歌在其以白居易名詩〈長恨歌〉為背景的電影《妖貓傳》裡，塑造了一場名為「極樂之宴」的宮廷宴會，這場宴會幾乎就是安史之亂前夜的歷史濃縮：玄宗所建的皇家宴會場所「花萼相輝之樓」富麗堂皇，如夢如幻；帝國的貴族、女眷和各國使節觥籌交錯，往來穿梭；三位主角：一位醉生夢死的皇帝、一位滿腹心事的貴妃和一位野心勃勃會跳胡旋舞的胖子。

電影中「極樂之宴」的背景來源於一場皇家的宴會，唐人李濬的筆記《松窗雜錄》中留有詳細的記載：

開元年間，皇宮中把木芍藥稱之為「牡丹」，宮中培育了紅、紫、淺紅、通白各種顏色，玄宗讓人把這些牡丹移植於興慶宮池東的沉香亭前。適逢牡丹盛開，繁花似錦，玄宗騎著御馬「照夜白」[1]，楊貴妃乘著步輦來到沉香亭賞花。玄宗下詔在梨園弟子選了十六位中優秀的藝人來表演，其中領頭的是在唐代藝人中身價最高的李龜年。《明皇雜錄》卷下曾經說過李龜年的身價：「開元中，樂工李龜年……能歌，尤妙製〈渭川〉，特承顧遇，於東都大起第宅，僭侈之制，踰於公侯。宅在東都通遠里，中堂制度甲於天下。」

李龜年手捧檀板，正要上前歌唱的時候，玄宗擺手說道：「今天我們賞名花，要對得起貴妃，怎麼能夠用舊樂詞呢？」於是命李龜年持描繪有金花的宮廷書箋「金花箋」，讓翰林學士李白立刻新寫〈清平樂詞〉三篇。據說，李白承旨後，才從宿醉中醒來，起床氣比較大，於是藉著這股氣，馬上援筆賦之，留下了千古傳唱的三首詩，第一首：「雲想衣裳花想容，春風拂檻露華濃。若非群玉山頭見，會向瑤臺月下逢。」第二首：「一枝紅豔露凝香，雲雨巫山枉斷腸。借問漢宮誰得似？可憐飛燕倚新裝。」第三首：「名花傾國兩相歡，長得君王帶笑看。解釋春風無限恨，沉香亭北倚欄杆。」「雲想衣裳花想容」一句更是成為了後世形容女子百樣美麗的名句。

李白寫完後，李龜年馬上把三首詩進獻給玄宗。玄宗十分喜歡，於是讓梨園弟子大概調試了下絲竹音調，就讓李龜年獻歌。楊貴妃手持頗梨（玻璃）七寶杯，品著西涼蒲萄酒，沉醉其間。而玄宗更是親自吹玉笛合著曲子，每次曲調要換的時候，都要反覆演奏，回味無窮。此後，李龜年跟人聊起此事的時候經常感嘆，李白作詞、自己演唱、玄宗伴奏的這場音樂會是他一生最難忘的時刻。

飲酒作樂，唐人的最愛

對於唐代的貴族來說，「宴飲」是非常重要的生活方式。

宴飲也被稱作「燕飲」，顧名思義就是聚會歡飲。古代中國作為典型的農業社會，宴飲不僅僅是社交，更是一種權力和禮制的體現，宴飲的規模、座次的排序、具體的菜肴、烹飪的方法、香料的使用和餐桌上的禮儀等等，所有這一切都意味深長。它們在以後的幾個世紀不斷演化，一直流傳至今，比如今天的國宴、喜宴、壽宴甚至滿月酒宴都是宴飲文化的延續。

大唐到了開元、天寶年間，承平日久，物產達到前所未有的高峰，貴族的生活日漸放縱。《唐會要》就記載：「國家自天寶已後，風俗奢靡，宴處群飲，以喧譁沉湎為樂。」[2]

既然是宴飲，就要飲酒。唐人好酒在歷史上是出名的，除了唐詩中大量寫飲酒的詩句，唐代的皇室也非常喜歡喝酒，以至於皇帝都會在宮廷釀酒。太宗時，征服高昌後，唐太宗把馬乳葡萄的種子種在宮苑中，並引進西域葡萄酒釀造工藝，就曾在宮中釀製葡萄酒：「造酒成綠色，芳香酷烈，味兼醍醐。」太宗把葡萄酒賜給群臣，唐人才開始喝葡萄酒[3]。然而，葡萄酒在中國歷史上曇花一現，新疆儘管出產有優質的葡萄，但直到一九七六年，吐魯番鄯善才成立葡萄酒廠，這是新疆第一家葡萄酒企業。到了唐玄宗時代，他曾於宮中儲三辰酒一萬車以賜當制學士。憲宗還親自參與釀造，「採風李花，釀換骨醪」。元代宋伯仁《酒小史》曾把唐憲宗李花酒作為唐代名酒列出。

宮廷之外，唐代酒的種類很多，馳名全國的主要有十餘種，據《唐國史補》卷下記載：「酒則有郢州之富水，烏程之若下，滎陽之土窟春，富平之石凍春，劍南之燒春，河東之乾和蒲萄，嶺南之靈溪、博羅，宜城之九醞，潯陽之湓水，京城之西市腔，蝦蟆陵郎官清、阿婆清。又有三勒漿類酒，法出波斯。三勒者謂庵摩勒、毗梨勒、訶梨勒。」

其中的「郎官清」和「阿婆清」產自京城長安的「蝦蟆陵」，位於常樂坊內，唐代詩人白居易故居「東亭」就在此坊內，所以〈琵琶行〉一詩中，白居易和琵琶女一見如故，就是因為琵琶女「自言本是京城女，家在蝦蟆陵下住」。興慶宮勤政務本樓廣場也在這裡，今天這裡是西安交通大學。《唐國史補》卷下稱：「舊說：董仲舒墓門，人過皆下馬，故謂之『下馬陵』，後語訛為『蝦蟆陵』。」今天的西安，已經把「蝦蟆陵」改為下馬陵。

「三勒漿」其實是唐代從波斯傳入的一種果品酒飲料，本出自印度，由「三果」（庵摩勒、毗梨勒、訶梨勒）配製而成。庵摩勒其實就是現在中藥的「餘甘子」，也叫油柑，生吃呑汁可治河豚魚中毒；毗梨勒又叫三果，《本草綱目．果部．果之三》記載它樹像胡桃，果子形狀也像胡桃，番人以此做漿甚熱。訶梨勒也就是訶子，《南方草木狀・卷中・木類》記載：「訶梨勒，樹似木梡，花白，子形如橄欖，六路，皮肉相著，可作飲。」這種混雜三種果實的飲料，有著濃郁的異族情調，其獨特的口味瞬間征服了唐人，令人痴迷不已。

「能飲一杯無？」關於品酒的大小事

那麼，唐代的酒味道怎麼樣呢？唐代的釀酒技術與今天我們習慣的蒸餾不同。當時北方地區一般是採用大麴釀造，即以小麥為原料，或用生，或蒸熟，或炒熟，用水溲和、發酵，製成磚形麴餅，晒乾釀酒。南方則用小藥麴造酒，即以大米為原料，加入胡蔓草等藥汁，溲和成雞蛋大小的粉團，放在蓬蒿中陰蔽，一個月發酵成麴，釀酒時用其溲和糯米，壓製出酒。這種工藝下的酒品質不會很好，白居易有一首著名的〈問劉十九〉：「綠蟻新醅酒，紅泥小火爐。晚來天欲雪，能飲一杯無？」有學者說「綠蟻」二字繪酒色、摹酒狀，酒色流香，令人嘖嘖稱美。其實是新釀酒未濾清時，酒面浮起酒渣，色微綠，細如蟻，稱為「綠蟻」。為何要點紅泥小火爐呢？為了熱酒，加熱酒獲得更高的酒質和跟好的口感。我們經常聽到的「濁酒一杯」，所謂「濁酒」，就是這種工藝下的酒，帶著浮渣，渾濁不清亮。至於現代人喝的白酒是蒸餾酒，也叫「燒酒」，其工藝是元明之後才成熟，到了清代登頂，今天我們喝的絕大多數的蒸餾酒名牌都創始於清朝。

用酒麴加工出來的唐酒做法和現今做醪糟的流程極為相似，唐酒的味道應該是酸甜的，而不是我們今天喝的白酒那樣香醇。西安今天還有一種當地產的黃桂稠酒，用鄠邑區秦渡鎮的糯米加酒麴，然後調入黃桂、白糖發酵。喝前加熱，其酒色白如玉，加入桂花釀造成後酒色淡黃，酒精度只有〇・五度。西安雖然是中原城市，然而卻是有桂花的，今天西安大一點的公園都栽植有桂花，唐代詩人盧照鄰的〈長安古意〉就有「獨有南山桂花發，飛來飛去襲人裾」的句子。

關於唐代酒的價格，其實宋代人也很好奇。因為李白有「金樽清酒斗十千」，王維有「新豐美酒斗十千」，白樂天有「共把十千酤一斗」的詩句。十千就是一萬錢，貴得有點離譜，宋人感到很不可思議。

宋真宗趙恆有一次和群臣宴飲，一時興起，詢問起唐代的酒價。對於群臣而言，若非研讀過前朝經濟史，這的確是一個知識盲點，於是一時間群臣有點短路。此時，在北宋毀譽參半的才子丁謂回答說，唐代酒價「一升三十文」。真宗問：「你如何知道？」

丁謂說：「臣嘗讀杜甫詩曰：『蚤來就飲一斗酒，恰有三百青銅錢。』是知一升三十文。」而真宗聽了之後，稱讚杜詩為「一時之史」[4]。

那麼丁謂真的是在抖機靈麼？據《舊唐書．食貨志》記載：「建中三年初榷酒，天下悉令官釀，斛收直三千，米雖賤，不得減二千。」[5]意思是在唐德宗建中三年（七八二年），唐朝廷才把民間的釀酒權收歸國有，但要求官營的酒價只能在每斛三千到兩千之間浮動。唐制一斛為十斗，那麼一斗酒的售價就是兩百至三百文。一斗為十升，一升酒恰好二、三十文。或許丁謂知曉唐代酒價是有原因的，他作為權三司使（宋代財相）主編的《景德會計錄》是中國歷史上最早的會計著作。

以俗語入詩而著稱的一代詩僧王梵志，有四首「尊人」開頭的詩歌詳細記述了唐代貴族宴飲的禮儀，特別有意思，有些對於今天好酒的人仍然有啟發：「尊人立莫坐，賜坐莫背人。」是說首座的貴客站立的時候，是不能先坐下的。若是貴客賜座，要面向對方行禮，這是儀態；「尊人對客飲，卓立莫東西。」是說別人和你對飲的時候，要站立起來，不要顧左右而言他，這是禮貌。「尊人與酒吃，即把莫推辭。性少由方便，圓融莫遣知。」別人敬酒，酒巡來時必須飲，但如果酒量小的可以少飲，不必勉強。莫推辭是講酒品，圓融則是指不要逞強；最後一首是：「尊人同席飲，不問莫多言。縱有文章好，留將餘處宣。」很明顯，這是在提醒你，酒酣入耳則言多，言多必失。

唐代貴族酒宴上還會行酒令，一九八二年一月，江蘇丹徒丁卯橋唐代銀器窯藏出土了五十枚「銀塗金論語酒令籌」，酒令籌正面刻有酒令文字，上半段選自《論語》語句，下半段為酒令內容，記載了行酒令的六種飲酒方法：「自飲」、「伴飲」、「勸飲」、「指定人飲」、「放」、「處」；另外還有六種飲酒數量：「五分」（半杯）、「七分」、「十分」、「四十分」（四杯）、「隨意飲」、「放」。而且酒令籌中寫有觥錄事、律錄事、錄事和玉燭錄事，這些當為酒宴上的執事人。酒宴席次坐定，眾人公推觥錄事，由觥錄事決定抽籌次序，指定律錄事、錄事和玉燭錄事共同擔任酒宴的執事人。觥錄事掌管酒令旗和纛，負責決定對違規者的懲戒。

我們今天喝酒宴飲，除了一些農村還有划拳、猜碼的習俗，大多數時候就只剩下吹牛和灌酒了。唐代酒令的文物則有一種今天我們玩的推理類桌遊「狼人殺」的既視感，應該非常好玩。

然而，由於唐代酒令制度記載不詳，具體的玩法到了宋代就失傳了。宋人洪邁《容齋隨筆》的〈唐人酒令篇〉就有「今人不復曉其法矣，唯優伶家，猶用手打令以為戲云」的感慨。

飲茶成為貴族的生活方式

和今天的女性喜歡聚會吃飯一樣，唐代貴族女性也熱衷於宴會。晚唐佚名（名字佚失）畫家的絹本墨筆畫〈唐人宮樂圖〉就描繪了一場宮廷仕女的聚會，十二位宮廷美人環繞著緗竹席的長方案而坐，品茗、奏樂和行酒令。畫中人物的髮式，有的髮髻梳向一側，是為「墜馬髻」，有的把髮髻向兩邊梳開，在耳朵旁束成球形的「垂髻」，有的則頭戴「花冠」。還有一隻小狗安靜地蜷臥在桌底下，這樣熱鬧、慵懶的場景有一種令人似曾相識的感覺，讓人一下子把唐代的時空拉得很近[6]。

畫面中還有一位仕女，正專注地用茶杓從茶釜中盛茶湯，分入茶盞以備飲用。茶釜放置於桌案中間，茶杓的柄桿大約有一臂之長。茶盞為碗狀，有圈足，便於把持。

「茶興於唐，盛於宋」，在唐代中後期，飲茶已經成為貴族的一種生活方式。陸羽所著中國最早的茶學專著《茶經》便產生於唐代，《茶經》一共三卷十篇：〈一之源〉考證茶的起源和特性，〈二之具〉記載採茶所用的工具，〈三之造〉記錄了茶葉的採摘方法與種類，〈四之器〉講述烹茶飲茶所用的器皿物事，〈五之煮〉記載煮茶的手法，〈六之飲〉描述了各地飲茶、品茶的風俗習慣，〈七之事〉匯總了與茶道有關的諸多掌故，以及茶葉的各種藥效，〈八之出〉則列舉茶葉的產地和各種茶葉的優劣，〈九之略〉意在說明茶道的規矩可以因條件發生改變，不必拘泥一格，〈十之圖〉將採茶、加工和品飲的過程以絹圖的形式給出，直截明瞭。

如此詳盡的著述，可以看出飲茶在唐代是貴族非常普及的生活方式，而且水的品質、茶葉的等級、飲具的考究已經初步具有「茶道」的影子。

和我們今天喝清茶不一樣，唐人飲用的是茶餅，且放調味品。唐人有三種飲茶法。第一種是煎茶法，在水剛剛開始沸騰時，把茶末放入其中，然後再煮沸一次就可以進行飲用了，有時候也在裡面加入點鹽。第二種方法是庵茶法，和現今喝茶方式類似，在茶瓶中放入一些茶末，然後沖入開水，不過唐人認為這樣泡出來的茶不會全熟，只能喝而不能吃。第三中就是煮茶法，把茶葉和蔥、薑、棗、橘皮、薄荷等一起放入鍋中徹底地煮，這樣煮好的東西全部喝下去，這就是所謂的煮茶了。

唐代的「煮茶」今天還可以從廣西、貴州及湖南南部的「油茶」中窺得端倪。以廣西桂林的「打油茶」為例，其做法是把茶葉先用開水浸泡，然後在鍋內用豬油、薑、蒜及泡好的茶葉稍炒，隨即將其捶茸。捶好後加水燒開熬至出味，放入精鹽調味，用竹漏斗把茶水分別濾入碗中，撒入蔥花、香菜末，隨配用小碟裝好的米花、脆果（類似油炸的麵疙瘩）、酥花生、炒米、炒黃豆上桌即成。味道甘醇鮮香，令人回味。

曲江遊宴，大行其道

講究格調、翻著花樣宴飲的唐代貴族，並不能滿足於室內的宴席，於是「遊宴」這樣的室外聚會便大行其道。遊宴，亦作「遊燕」，《列子．周穆王》說：「遊燕宮觀，恣意所欲，其樂無比。」可見，這是一種比較輕鬆的宴會形式，邊遊玩便宴飲，類似於今天的春遊或秋遊。

唐代皇室舉行遊宴的地方，一般在長安城東南的曲江池，曲江池在秦代叫隑洲，是皇家苑囿。漢時，在此擴建離宮，稱作「宜春苑」。漢武帝劉徹十分喜愛曲江一帶的景色，疏浚曲江水域，使水面得以擴展，因其河岸曲折，形似廣陵（揚州）之江，曲江至此得名。隋初，建大興都城，曲江被擴充為都城的一部分，因為水盛芙蓉多，也稱芙蓉池。

到了開元年間皇室把曲江經營成了勝境，周圍有紫雲樓、芙蓉苑、杏園和慈恩寺。花卉環周，煙水明媚。長安城的人在中和節（農曆二月初二）和上巳節（農曆三月初三）的時候幾乎傾城出動來遊玩。「彩幄翠幬，匝於堤岸，鮮車健馬，比肩擊轂。」上巳節的時候最為盛大，皇帝會在此賜宴臣僚，由京兆府出面大陳筵席，並且讓平日百姓見不到的官方音樂機構太常寺和教坊表演聲樂。曲江池中還會備彩舟數隻，唯宰相、三使、北省官與翰林學士才能夠登船遊湖。曲江「入夏則菰蒲蔥翠，柳陰四合，碧波紅蕖，湛然可愛。好事者賞芳辰，翫清景，聯騎攜觴，亹亹不絕」[7]。

曲江遊宴的出名，還因為這裡是新科進士放榜時舉行進士及第遊宴的地方，這項遊宴活動始於唐中宗神龍年間（七〇五～七〇七年），一直延續到唐末唐僖宗乾符年間（八七四～八七九年），歷時一百七十多年。

來曲江遊宴的士子、官員多了，就容易鬧笑話。有一年夏天，後來成為宣宗朝宰相的裴休赴任宣城前，正值曲江池荷花盛開，便與同僚來遊宴。從慈恩寺起，他們丟下隨從，只帶著小僕，步行到紫雲樓。見有幾個人正坐在池水邊上，裴休便與同僚們也坐於他們旁邊休息。那幾個人中有個穿黃衣服人已酒至半醉，顯示出一種氣度不凡的神態，指責其他人，談笑輕佻。裴休心裡有些不平，拱手行禮問道：「請問你任什麼官職？」對方傲嬌地回答說：「喏，郎可不敢，郎是新任的宣州廣德縣令。」並反問裴休道：「押衙（對官員的尊稱）擔任什麼職務？」裴休仿效那人道：「喏，郎不敢，剛任宣州觀察使。」這就尷尬了，裴休剛好是此人的上官，那人於是掩面狼狽逃走，與他在一起的人也都四散而走[8]。

瘋馬球的狂熱王朝

在唐代，宴飲之外，唐代的貴族也非常熱衷於運動，其中從皇室到貴族風靡一時的是馬球，唐人將馬球稱為「擊鞠」或「打球」。

唐代皇室是馬球運動的狂熱粉絲，唐人封演所寫的《封氏聞見記》中記載了李隆基二十四歲時參加的一次與吐蕃的馬球賽，那時唐中宗在位，李隆基還是臨淄王。他往來奔馳如風回電激，揮動球杖，所向無敵，連連洞穿對手大門，大獲全勝[9]。

唐玄宗繼位之後，對馬球的熱衷絲毫不減。宋代詩人晁說之的〈題明王打球圖〉詩中說：「宮殿千門白晝開，三郎沉醉打球回。九齡已老韓休死，明日應無諫疏來。」說是開元名相張九齡老去，數次犯言直諫的韓休死去之後，唐玄宗開始放縱自己，沉迷馬球無法自拔。天寶六載（七四七年），唐玄宗登基三十五年後，又頒詔規定軍隊須練馬球。

唐穆宗李恆甚至因為馬球而死。長慶二年（八二二年）十一月，唐代著名的善於吃喝玩樂的皇帝穆宗有一次在禁中與宦官內臣等打馬球時發生了意外。當時，有一位內官突然墜馬，如同遭到外物打擊一般。由於事發緊急，穆宗十分恐慌，遂停下來到大殿休息。就在這一當口，穆宗突然雙腳不能履地，一陣頭暈目眩，結果是中風，臥病在床，最後不治而死。

穆宗之後，長慶四年（八二四年）四月，十六歲的唐敬宗李湛即位，他瘋狂地熱衷於馬球運動，晝夜不停歇，以至於宮城外的平民都知道皇帝志不在國。於是有兩個長安的黔首希望進入大明宮，睡一睡皇帝的臥榻。

《資治通鑑》記載了這一事件的全過程：長安卜術士蘇玄明和朝廷染坊的供役人張韶關系親近，蘇玄明對張韶說：「我為你占卜了吉凶，你將來應當進宮升殿而坐，和我同食，同享富貴。現在皇上晝夜踢球遊獵，大多數時間不在宮中，可以趁機而圖大事。」張韶認為言之有理，於是，他和蘇玄明在暗地裡交結染坊工匠、無賴者一百多人。他們把兵器藏在柴草中，裝在車上，打算運進銀臺門，趁夜黑時作亂。在宮門安檢時，有人懷疑他們的車超重，加以盤問。張韶著急，立即殺死盤問者，然後，和他的同黨直衝宮中。

敬宗這時正在清思殿打馬球。清思殿，本來是供皇上清思的地方，李湛卻把它當成馬球場用。宦官們發覺有人向宮中衝來，大為吃驚，急忙跑進來關閉宮門，然後跑去向敬宗報告。頃刻間，張韶等人攻破宮門，衝入宮中。敬宗寵愛右神策軍護軍中尉梁守謙，每次左、右神策軍比試武藝，敬宗常常為右軍助威。這時，敬宗狼狽不堪，想到右神策軍營中避難，左右侍從說：「右軍路近，恐怕半路遇上盜賊，不如到左軍。」敬宗同意。左神策軍護軍中尉河中人馬存亮聽說敬宗駕臨，急忙跑出軍營迎接，他兩手捧住敬宗的雙腳哭泣不已，親自把敬宗背到軍中，然後，命大將康藝全率騎兵入宮討伐亂黨。敬宗擔心太皇太后和皇太后隔在宮中有危險，馬存亮又派五百騎兵把兩位太后接到軍中。

這時候，張韶等人已經衝入清思殿，張韶坐在皇帝的御榻上，弄了些吃食和蘇玄明一同吃飯，說：「果然像你說的那樣！」蘇玄明大驚，說：「難道你所企求的就是吃嗎？」張韶聽了這話，才意識到自己是在造反，於是畏懼不堪，轉身而逃。然而為時已晚，兵士已經到達，他們殺了張韶、蘇玄明及其同黨，屍體狼藉遍地。直到夜裡，宮中方才安定。張韶的餘黨仍有人散藏在大明宮龐大的禁苑中，第二天才被全部擒獲[10]。

寶曆二年（八二六年），敬宗登基的第二年，這年十二月初八日敬宗與宦官劉克明及馬球擊球軍將蘇佐明等二十八人飲酒。敬宗酒酣耳熱，入室更衣，此時大殿上燈燭忽然熄滅，劉克明與馬球將蘇佐明等將其殺死，年僅十八歲。除了唐末代亡國之君——唐哀帝是在十七歲被害以外，唐敬宗是唐朝皇帝中享國最短的。

連接兩位皇帝死於和馬球有關，這在中國歷史上也算是奇葩。然而，後續的唐代皇帝仍然繼續沉迷馬球無法自拔。宣宗李忱的球技數一數二，據說他擊球時：「每持鞠杖乘勢奔躍，運鞠於空中，連擊數百而馬馳不止，迅若流電，兩軍老手咸服其能。」[11]後來唐僖宗還玩出了「擊球賭三川」：「以先得球而擊過球門者為勝，先勝者得第一籌。」把三川節度使的職位輸給了大臣陳敬瑄[12]。他還很自負地對身邊的優伶石野豬說：「朕若參加擊球進士科考試，應該中個狀元。」唐代最後一個有廟號的皇帝唐昭宗李曄，甚至在被逼遷都洛陽，六軍都已逃散的情況下，仍將十幾個馬球選手帶在身邊，不忍捨棄。

今天我們觀看現代馬球比賽，儘管出於保護運動員和騎乘馬匹的安全考慮，比賽規則限制了很多危險動作，但仍然能感受到馬匹奔騰時候的激烈和危險程度。在唐代，皇家馬球不但危險，而且充滿了血腥和暴力，《舊唐書》記載，唐敬宗的時候：「上（敬宗）御三殿，觀兩軍、教坊、內園分朋驢鞠、角抵。戲酣，有碎首折臂者，至一更二更方罷。」[13]這些馬球手，很像古羅馬時代的角鬥士，在競技場裡用性命的搏殺來娛樂皇帝和貴族。

「為歡幾何？」貴族四季輪迴享樂，豪奢無度

唐代，對於貴族們而言是放縱歡樂的時代，史籍記載的唐代生活方式也大都是貴族們的生活場景，他們希望這樣的日子永遠長存。

春天的時候，貴族女子們流行「鬥百草」，也就是鬥花，比誰的花草種類多、品種新奇。王仁裕的《開元天寶遺事》卷下記載：「長安士（仕）女，春時鬥花，戴插以奇花多者為勝，皆用千金市名花植於庭苑中，以備春時之鬥也。」[14] 長安的仕女們，為了能夠在鬥花比賽中獲勝，不惜一擲千金買來名花種在花園中，鬥花的形式則是把花戴插到頭上，比誰的花「奇」，也就是比稀罕。唐人劉餗的筆記《隋唐嘉話》卷下記載，為了鬥花，唐代的貴女們無所不用其極。說是東晉謝靈運是個美髯公，且對佛學有很深的造詣。臨刑前，他自願把自己的長鬚施捨給廣州祇洹寺，用做寺中佛像的鬍鬚，這束美鬚為僧人所珍視，到了唐代已經保存了二百七十多年，唐中宗的女兒樂安公主，因為五月鬥百草，廣招天下奇異花草，謝靈運的美髯不知道怎麼傳到她耳中，於是派人快馬去取。取了主要的部分「又恐他人所得，因剪棄其餘」。不知道安樂公主怎麼想的，大概她覺得蓬鬆的物體，都是花草。

春天的夜晚，氣候溫潤，貴族們便會在別業或莊園舉行夜宴，李白有一篇駢文〈春夜宴從弟桃花園序〉就講了自己和堂兄弟們在春夜宴飲的場景：「開瓊筵以坐花，飛羽觴而醉月。」在這樣大好的時光裡，李白發出了「夫天地者，萬物之逆旅也；光陰者，百代之過客也。而浮生若夢，為歡幾何」之感嘆。死生的差異，就好像夢與醒的不同，人一生得到的歡樂，又能有多少呢？對於生命流逝的惆悵，也代表了唐代的貴族的一種精神指向。

夏天，酷熱難耐的長安貴族們便會把地窖的冰塊拿出來防暑。這些冰塊採自流經長安北郊的渭水，權貴人家動用家奴、佃客去河面鑿冰，把冰凌鑿成長方形的冰塊運回城中，放在宅院附近的地窖裡。地窖深廣，底部鋪上柴草，四周立有木樁，把冰塊一層層碼好之後，再用厚厚的柴草和泥土封頂，風絲不透，裡面的冰塊不會融化。到了盛夏，挖開窖口，把冰塊取出來，放在房間裡，用冷氣驅除暑氣。王仁裕《開元天寶遺事》卷二記載：「楊氏（國忠）子弟，每至伏中，取大冰，使匠琢為山，周圍於宴席間。座客雖酒酣而各有寒色，亦有挾纊者。其驕貴如此也。」把冰塊雕琢成冰山模樣，頗能引發人們的聯想，心理上增加了寒冷的感覺。難怪賓客們各有寒色，甚至還有人蓋上絲綿了。楊氏的子弟還用這些冰塊交結朝臣，「每至伏日，取堅冰，令工人鏤為鳳獸之形，或飾以金環彩帶，置之雕盤中，送與王公大臣」[15]。

皇帝則不須如此消暑，因為唐代皇室在京畿修建有九成宮、翠微宮、玉華宮等數座消夏的離宮。其中位於寶雞市麟游縣的九成宮，繼承自隋文帝所修建的仁壽宮，是隋、唐兩代的皇家避暑勝地。貞觀六年（六三二年）四月十六日，唐太宗和長孫皇后在九成宮避暑散步，沿途觀賞樓臺亭榭，信步走到西城的背面，在高聳的樓閣下徘徊，往下看到這裡的土地，略顯濕潤，於是用手杖掘地並加以導引，結果泉水隨之流湧出來。於是太宗命人在泉水下邊砌上石檻，引來水流入石砌的溝渠。泉水清澈如鏡，水味甘甜如醴酒。而後由魏徵撰文，歐陽詢書寫來記載此事，立下了書法史上非常有名的〈九成宮醴泉銘〉碑。

秋天，長安一年中短暫但又最愜意的季節，穿薄衫蓋薄被，終南山的秋色清爽怡人。這是秋高馬肥的季節，貴族們三三兩兩出長安去狩獵遊玩，章懷太子李賢墓有一幅〈狩獵出行圖〉，便記載了唐人狩獵的場景。方以兩名探路隨從為先導，兩側是執旗的衛士，稍後左右數十騎緊緊跟隨。有的攜帶獵犬，有的臂上架鷹，中間簇擁著一位騎高頭大馬，身著藍色長袍的騎者，這可能就是狩獵出行中的章懷太子。最後是兩匹輜重駱駝和馬隊奔馳在山石和樹林相間的大道上。

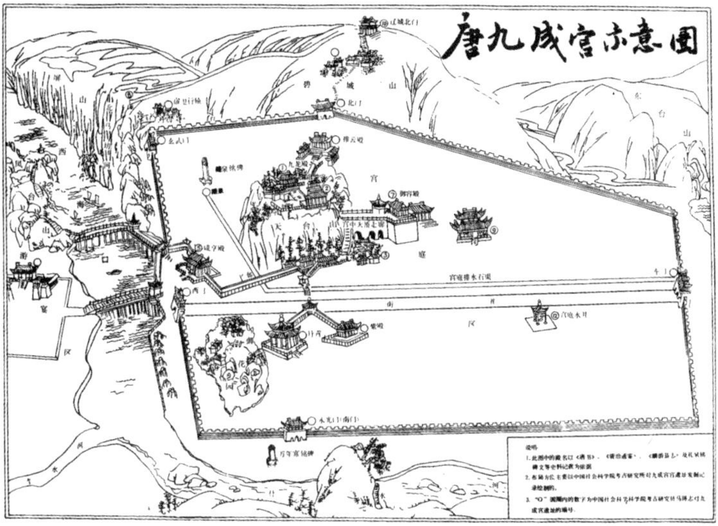

唐九成宮示意圖

隋命名仁壽宮，唐太宗貞觀五年（631年）更名為九成宮，其建築秀麗壯觀，是不被人所知的隋唐離宮之冠。

太子馬前奔跑的狩獵犬是中國古老的狩獵犬種——細犬，也叫「細狗」，是唐代皇室御用的狩獵犬種。這種獵犬頭長而狹窄，頸部有足夠的長度，結實而圓拱，美麗靈活呈弓形，唐人〈園陵犬賦〉稱讚這種狗「嘉彼御犬，即良且馴。蒙先朝之乃眷，向宮室而托身」。這種身形優美的犬類，今天在關中平原的東部，仍然還在，民間每年都會有細狗攆兔的比賽。而中國傳說中二郎神的「哮天犬」，《封神演義》中說牠「仙犬修成號細腰」[16]，其原型便是細犬。

冬天，皇室和貴族會用木炭取暖。《開元天寶遺事》記述著唐代皇宮中取暖的場面：「西涼國進炭百條，各長尺餘。其炭青色，堅硬如鐵，名之曰瑞炭。燒於爐中，無焰而有光。每條可燒十日，其熱氣逼人而不可近也。」[17]至於豪門，則多會在大雪的時節呼朋喚友，賞雪吃酒。女眷們則一般用手爐取暖，這些銀質的手爐呈橢圓形，裡面放火炭，爐外有罩，可以放在袖子裡面暖手。

與詩人杜甫生於同時代的岐王李範，每年冬天凍手時他不去烤火，而是叫來年輕美貌的妓女，把手伸進她的懷裡貼身取暖，美其名曰「香肌暖手」。申王李成義則發明「妓圍取暖」法：「每至冬月有風雪苦寒之際，使宮妓密圍於坐側以禦寒氣。」所謂荒淫，不過如此啊[18]。

皇帝在冬天的時候，會去長安東約三十公里的華清池洗御湯，這個位於臨潼驪山腳下北麓的皇家溫泉宮殿有一個飛霜殿，冬天溫泉噴水，在寒冷的空氣中，水氣凝成無數個美麗的霜蝶在殿宇間飛舞，異常美麗。皇帝的蓮花湯是用瑩澈如玉的范陽白石所砌建，並以石梁為頂橫亙湯上，與古羅馬沐浴石構建築極其相似。在長安的周邊遍布著大小的溫泉，知名的有眉縣西湯峪、藍田東湯峪和臨潼華清池。唐代還有溫泉監，在京兆府昭應縣之西，也就是華清池所在的地方，宮監為正七品下，官不小，當年在祕書省任正字的李商隱也不過是正九品下。除了掌湯池宮禁之事，溫泉監還要負責種大棚早熟水果，「把凡近湯之地，潤澤所及，瓜果之屬先時而毓者，必苞匭而進之，以薦陵廟」[19]。

如此的四季輪迴裡，沉迷聲色、醉生夢死的皇室和貴族，希望能夠永遠沉醉其間不醒來，於是求道和問仙成了唐代貴族重要的精神追求。

唐朝皇室自認為是老子李聃的後裔，於是崇奉道教，以道教為儒、釋、道三教之首，把老子尊為「玄元皇帝」和「天皇大帝」，道教成為「國教」，從皇族到平民，唐人的求仙向道之風極盛。清代歷史學者趙翼《二十二史箚記》卷十九「唐諸帝多餌丹藥」一條載，唐太宗、憲宗、穆宗、敬宗、武宗、宣宗皆服丹藥中毒致死。

到了唐代中後期，唐代貴族服食丹藥愈加浮誇，對於此事記載最詳細的是白居易，或許是因為白氏配紫金魚袋，換穿紫色朝服（三品以上官員所用的服色），有足夠的資格知曉這些事情。白居易的〈思歸〉詩就曾經寫過服食丹藥而死的詩人們：「退之（韓愈）服硫黃，一病訖不痊。微之（元稹）煉秋石，未老身溘然。杜子（杜牧）得丹訣，終日斷腥膻。崔君（崔玄亮）誇藥力，終冬不衣棉。或疾或暴夭，悉不過中年。」

白居易另外一首〈酬思黯戲贈〉則記載了「牛李黨爭」時牛黨首領牛僧孺藉助丹藥當春藥，沉迷性事的故事，「思黯」即是牛僧孺的字。詩曰：「鐘乳三千兩，金釵十二行。妒他心似火，欺我鬢如霜。」自注：「思黯自誇前後服鐘乳三千兩，甚得力，而歌舞之伎頗多。來詩謔予羸老，姑戲答之。」說的是牛僧孺熱衷服藥，前後服了三千兩的鐘乳，感覺自己雄風煥發，還洋洋得意地寫詩告訴鬢如霜的白居易。

繁盛熱鬧的長街，仕女雍容傾城的容顏，華蓋遮天的遊宴，奢靡荒淫的修仙……唐代貴族的生活構成了一幅生動的歷史畫卷，那些或風雅、或清新、或蒼老、或雍容華貴的面孔，那些希望永遠沉醉的貴族們，最終在一千多年前的時空煙消雲散，如同王菲的〈紅豆〉唱的：「沒有什麼會永垂不朽。」

注釋

1 「照夜白」是玄宗御馬的名字，因其全身雪白，能夠照亮黑夜而得名。唐代畫馬大師韓幹有一幅〈照夜白圖〉，現藏於紐約大都會藝術博物館。

2 見《唐會要．卷五十四．省號上．中書省．給事中》。

3 《唐會要．卷一百．雜錄》記載：「葡萄酒，西域有之，前世或有貢獻，及破高昌，收馬乳葡萄實，於苑中種之，並得其酒法，自損益造酒，酒成，凡有八色，芳香酷烈，味兼醍醐，既頒賜羣臣，京中始識其味。」

4 此事出自北宋僧人釋文瑩撰寫的一部野史筆記《玉壺清話》第一卷：上（真宗）遽問近臣曰：「唐酒價幾

何？」無能對者，唯丁晉公奏曰：「唐酒每升三十。」上曰：「安知？」丁曰：「臣嘗讀杜甫詩曰：『蚤來就飲一斗酒，恰有三百青銅錢。』是知一升三十文。」上大喜曰：「甫之詩自可為一時之史。」

5 見《舊唐書・卷四十九・志第二十九・食貨下》。

6 〈唐人宮樂圖〉是一幅圖軸的絹本設色畫，為唐代一位佚名的畫家所做，現藏於臺北故宮博物院。其流傳不得而知，最早出現於清代乾隆、嘉慶兩朝編纂的記錄宮廷收藏的大型著錄文獻《欽定石渠寶笈續編》中。

7 引文出自晚唐康駢撰《劇談錄》卷下。該書是一本唐代軼事集，共有二卷，四十條，被認為是唐人小說由傳奇向軼事過渡的標誌作品之一。《四庫全書總目》根據作者自序，將此書斷為昭宗乾寧二年（八九五年），作者避黃巢亂於池陽山中所作。

8 此事亦出自康駢撰《劇談錄》卷下。

9 見《封氏聞見記・第一卷・打球》。

10《舊唐書・卷三十七・志第十七・五行》對此事的記載較為簡單：「長慶四年四月十七日，染坊作人張韶與卜者蘇玄明，於柴草車內藏兵仗，入宮作亂，二人對食於清思殿。是日，禁軍誅張韶等三十七人。」《資治通鑑・卷第二百四十三・唐紀五十九》則有非常生動的記述。

11 出自《唐語林・卷七・補遺（起武宗至昭宗）》。

12《資治通鑑・卷第二百五十三・唐紀六十九》記載：「令孜（宦官田令孜）見關東群盜日熾，陰為幸蜀之計，奏以敬瑄及其腹心左神策大將軍楊師立、牛勖、羅元杲鎮三川，上（僖宗）令四人擊球賭三川，敬瑄得第一籌，即以為西川節度使，代安潛。」

13 見《舊唐書・卷十七上・本紀第十七上・敬宗》。

14 見《開元天寶遺事．卷三．鬥花》。

15 見《開元天寶遺事．卷四．冰獸贈王公》。

16 見《封神演義．第十卷．第四十七回．公明輔佐聞太師》。

17 見《開元天寶遺事．卷一．瑞炭》。

18 兩則故事皆出自五代王仁裕筆記小說《開元天寶遺事》（見卷二「香肌暖手」條和「妓圍」條）。李範是唐睿宗李旦的兒子，唐玄宗李隆基的弟弟，本名李隆範，後為避李隆基的名諱改為李範。杜甫名詩〈江南逢李龜年〉裡的「岐王宅裡尋常見」，岐王就是指李範。申王李成義是唐睿宗李旦第二子，唐玄宗李隆基的異母兄，李成義和大哥李成器放棄皇位爭奪，李隆基才順位登基，李隆基被稱為「三郎」便是因為有兩個哥哥。

19 見《舊唐書．卷四十四．志第二十四．職官三》。

第四章 田居

唐代承繼了北魏、隋以來的均田制，
將土地分為永業田和口分田，按人口授予。
人們生活在自己的田園裡，
傳承著祖先耕作稼穡的傳統，
日出而作，日落而息，
遠離喧囂、戰亂的平和田園生活是心靈的信仰，
讓唐人寫下了大量的田園詩
來表達對於田園的眷戀。

已逝的作家木心的詩集《雲雀叫了一整天》，收錄了他一首叫〈從前慢〉的詩歌，因為被譜曲成為民謠而廣為傳唱，詩裡寫道：「從前的日色變得慢／車、馬、郵件都慢／一生只夠愛一個人。」這種淡雅、雋永且從容的感覺，也是很多人在唐詩裡讀到的唐代田園的味道。

唐代承繼了北魏、隋以來的均田制，將土地分為永業田和口分田按人口授予。永業田也叫「世業田」，是國家承認的個人私有土地，可以傳給子孫，即便死亡也不用還給國家。口分田則是國家給你使用權的土地，你可以在有生之年耕種，但如果你死亡了，這些田地需要交還國家。

唐代的平民百姓可以獲得多少田地呢？唐代政治家、史學家杜佑所撰的中國歷史上第一部體例完備的政書《通典》記載，唐代並不是每個人都有授田資格，只有十八歲以上的男子才有授田的資格，一個成年的唐代男子可以獲得永業田二十畝，口分田八十畝，合計一百畝。按照唐代的度量衡，寬一步、長二百四十步為一畝，一百畝為一頃。也就是說，每一個唐代的成年男子都可以獲得唐制的一頃土地。

但如果是老男、長期患病或殘廢的人，口分田只有四十畝，女子雖然沒有授田的權利，但如果是寡婦，則可以獲得口分田三十畝。如果以上這些人是戶主，那麼田地的性質會做調整：各給永業田二十畝，口分田二十畝[1]。按照天寶年間的規定，唐代人對於年齡劃分是：男女始生者為黃，四歲為小，十八為中，二十二為丁，六十為老。陶淵明〈桃花源記〉裡說「黃髮垂髫」，其中「黃髮」就是四歲以下的小孩子，那麼所謂的「老男」也就是指六十歲以上的男子。

不要小看唐代成人男子這一百畝田地，它可能承載了一戶普通農家從扎根到繁衍、從繁衍到鼎盛的夢想，甚至成為歷史產生的土壤。

白居易有一首〈朱陳村〉的樂府詩，講了自己路過徐州古豐縣一個叫朱陳村的村莊時，看到村莊中的人：「家家守村業，頭白不出門。生為村之民，死為村之塵。田中老與幼，相見何欣欣。」村民們世代守著自己的永業田，「女汲澗中水，男採山上薪」。過著安穩自足的生活，白居易想到自己數年江南江北飄零，今天已經雙鬢半白，不禁悲從中來：「一生苦如此，長羨村中民。」

與此相對應的是，美國女作家珍・斯邁利（Jane Smiley）一九九一年出版了一部非常著名的小說《一千英畝》（*A Thousand Acres*），講的是美國西部一個農民老庫克祖上從白手起家開始、苦心經營三代後傳下來一千英畝的田地。有一天，老庫克宣布要把一千英畝分成三份給自己的三個女兒，三姊妹各懷心事，早已暗藏多年的家庭矛盾陡然升級，從而引發了時代背景下家族、命運、歷史和土地非常動人心魄的故事。

古往今來，東方與西方，土地所承載的權利與價值，並無不同。

由均田制構築的農村風光

初唐和盛唐，得益於均田制，儘管物質文明遠不如今天這般豐富，然而，人們的生活和狀態卻豐滿無比，因為他們生活在自己的田園裡，傳承著祖先耕作稼穡的傳統，日出而作，日落而息，如同一幅靜止的畫面，留存於歷史。

以寫宮詞名聞的唐代詩人王建，其關於鄉村的詩歌寫得也非常好，他有一首〈雨過山村〉寫了自己一次雨中經過一個小山村的情景：「雨裡雞鳴一兩家，竹溪村路板橋斜。婦姑相喚浴蠶去，閒看中庭梔子花。」朦朧的雨中，村子裡傳來農家的雞鳴。竹林邊的溪水旁，有小路連著小橋。山裡女子互相呼喚去選蠶種，只有王建這樣的路人才有閒情看庭院裡的梔子花開得正好。在詩中，唐代的小村莊自然、靜謐，如同水粉畫般呈現在我們眼前。

王維的〈渭川田家〉則寫了他在京畿渭水邊所看到的農村：「斜光照墟落，窮巷牛羊歸。野老念牧童，倚杖候荊扉。雉雊麥苗秀，蠶眠桑葉稀。田夫荷鋤至，相見語依

彩繪胡人陶俑

這是一組胡人手持勞動工具的彩繪陶俑，兩種農具分別是鏟和鋤。其穿著和唐代詩僧王梵志〈貧窮田舍漢〉頗為契合：「襆頭巾子露，衫破肚皮開。體上無言啞，足下複無鞋。」

依。**即此羡閒逸，悵然吟〈式微〉。**」夕陽的餘暉映照著村莊，歸牧的牛羊湧進村巷中。老人惦念著去放牧的孫兒，拄著拐杖在柴門外望他歸來。在野雞的叫聲裡，小麥已經抽穗，蠶即將吐絲。陸續荷鋤歸來的村民彼此打著招呼，說著家常。和今天很多城市人對鄉村的鄉愁一樣，王維對於這樣的閒逸鄉村生活也十分羨慕，惆悵之餘不禁吟起《詩經．邶風》中「**式微，式微，胡不歸**」的詩句。

在南方，農人們則忙於下田種稻，採桑養蠶。唐代詩人張籍的〈江村行〉就寫了江南一個「**南塘水深蘆筍齊，下田種稻不作畦**」的小村莊，辛苦的農人們「水淹手足盡有瘡，山虻繞身飛颺颺」。再加上「江南熱旱天氣毒，雨中移秧顏色鮮」。儘管如此，「一年耕種長苦辛，田熟家家將賽神」。所謂「賽神」，就是迎神出廟，在街巷漫遊。可以想見，農人們收穫之後，抬著農神、蠶神等神祇在村莊漫遊的場景。

以上這些唐詩中的田居生活，構成了我們對於唐代農村生活想像力的一部分。那麼史籍中記載的唐代農村是什麼樣子呢？

在唐代，官方對「村」做了定義：「在邑居者為坊，在田野者為村。」意思是，城市裡的人居住的地方叫「坊」，城市之外的人居住的地方叫「村」。今天我們經常說「鄰居」，唐代「四家為鄰」也就是說四戶人家就叫一鄰，是鄰居。五戶為一保，一百戶為一里，五里被稱為一鄉[2]。「村」在唐代還不是正式的行政單位，由於「聚族而居」的村落是當時最常見的村民居住形態，「村」在唐代更多是一個社區的概念，而管理一百戶的「里」才是行政單位。

之所以說唐代的村莊像「社區」，是因為唐代村莊有圍牆、大門，和我們今天的社區極為相似。《太平廣記》記載了一個男女在村莊門口一見鍾情的故事，說是臨汝郡（河南汝州）李家莊有個王乙「因赴集，從莊門過」，結果在莊門遇到了一位十五、六歲的女子與他一見鍾情，女子讓侍婢傳話給他，王乙便不去趕集了，「徘徊槐陰，便至日暮，因詣莊求宿」。在人家村莊前的大槐樹下徘徊到傍晚，進去借宿。晚上的時候，女子「適出門閉，逾垣而來」。女子晚上翻牆來與王乙相會[3]。

綠樹村邊合——合院式的民居

今天我們把北京的四合院稱為「明清四合院」，很多人都以為合院這種建築是明清才有的，其實「明清」表示的是北京四合院這種傳統民居的建築年代是明、清二代。合院式的建築是中國非常古老的建築形式，唐代的民居就是類似的形式。

一九九四年西安市長安縣（今長安區）靈沼鄉一唐墓出土過一套唐代三彩邸宅模型，從中可以看出唐代的民居由院門、中室、後門、左右三廂房組成一座長方形兩進院落，和現在的四合院很像。不過唐代的合院是廊院式院落，也就是院子中軸線為主體建築，周圍為迴廊連接，或左右有屋，而非四面都是房。

這樣的宅邸雖然是民居，但還不是一般普通人的房子。在唐代，民居是不能隨便蓋的，不同的階層住宅的規模、房屋數量、大小都要遵守一定的形制要求，《唐會要》記載，唐文宗時代規定：「又庶人所造堂舍，不得過三間四架，門屋一間兩架。」平房的梁與梁之間叫「架」，檁與檁之間叫「間」，三間四架就是房子正面有三間房，進去之後每間房的進深只允許採用四根檁子，所謂「門屋」就是有屋頂的門[4]。

透過這個規定可以想像一下唐代一般人家的民居樣子：一間小小的門屋，周圍是一堵有頂的牆圍起來的迴廊，進門之後是院子，正對面是一座有三間房的懸山式平房。院子裡安置著豬圈、雞圈和牲口棚，農具擺放在廊院臺上，迴廊的下面種著唐人喜愛的牡丹、芍藥和菊花，院子四角或許是桑樹、槐樹或棗樹。

中國古人稱房屋為「戶庭」，《周易・繫辭上》就說：「不出戶庭，無咎。」意思是待在家裡最安全，這大概是最早支持宅男宅女的文字了。「戶庭」就是由庭院和居室兩部分組成的家，唐代詩人李頎〈贈張旭〉一詩說書法大家張旭：「下舍風蕭條，寒草滿戶庭。問家何所有，生事如浮萍。左手持蟹螯，右手執丹經。」張旭家的房子都在漏風，庭院長滿了野草，但他卻仍然和古人一樣，邊吃螃蟹邊讀經書。這個古人就是東晉著名的酒徒畢卓，《晉書・列傳第十九・畢卓》記載：「卓嘗謂人曰：『得酒滿數百斛船，四時甘味置兩頭，右手持酒杯，左手持蟹螯，拍浮酒船中，便足了一生矣。』」當真是瀟脫。

史籍中記載的唐代村莊，可以從一首很多現代人都熟悉的唐詩中得到一一印證，那

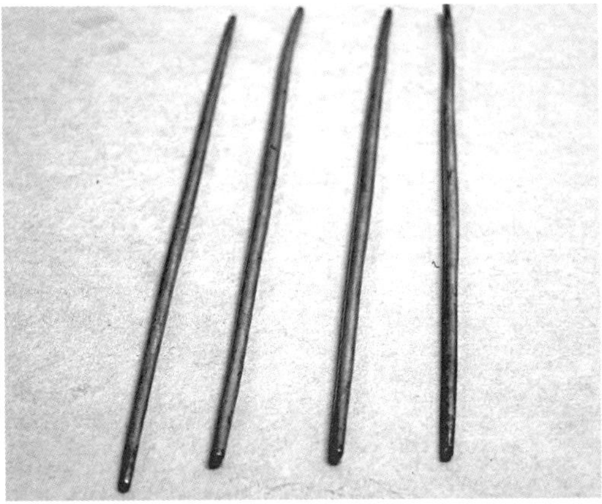

唐代銀筷子

唐人把筷子稱為「箸」，湯匙稱為「匕」，銀質筷子一般是貴族使用，民間則多用竹筷子。

黃褐釉絞胎瓷枕

隋唐興起陶瓷工藝，陶瓷枕成為了人們的主要臥具之一。所謂絞胎是將深淺不同的兩種胎泥相間絞合在一起，按坯成型，出現粗細不等的紋絲狀花紋。

就是孟浩然的〈過故人莊〉：「故人具雞黍，邀我至田家。綠樹村邊合，青山郭外斜。開軒面場圃，把酒話桑麻。待到重陽日，還來就菊花。」老實說，這首據說「具有強烈的藝術感染力」的詩歌其實相當平庸，但從歷史學的角度出發，這首只有四十個字的五言律詩，卻能夠帶我們回到唐朝，了解唐代的農村。

從詩中可以看到，唐代殷實的農家，可以吃到雞肉和黍米；唐人也和我們一樣把村莊稱之為「村」，不同的是，唐代的村莊有「郭」環繞——極有可能是一種夯土築就的矮牆。此外，在莊園的屋舍外面，有「軒」，也就是有窗的長廊，打開窗可以看到「場圃」，也就是菜地和打麥場。唐人種植有桑麻，而且從陶淵明開始的「採菊東籬下」的傳統在唐朝深入民間，農莊常種的花草中，菊花占有極其重要的地位，每年重陽，會有賞菊的節日。這種傳統後來被傳播到日本，菊花因此成為日本人文化中重要的精神因素。

這就是詩歌的迷人之處，四十個字可以讓你夢回唐朝。

在另一首柳宗元的詩歌中，詩人「孤舟蓑笠翁，獨釣寒江雪」（〈江雪〉），另一位詩人張志和則「青箬笠，綠蓑衣，斜風細雨不須歸」（〈漁歌子〉）。唐代的江南，和今日的江南村莊幾乎一樣延續著蓑衣、青燈、插秧的日常農家生活。當你在有雨的傍晚走過那些沉默的稻田以及勞作的農人時，你極有可能看到的和唐代詩人一樣的場景。

和人民密切相關的農業稅與兵制

唐代的農民在享受平和生活的同時，亦需要繳納農業稅——唐代前期均田制下農民需要繳納的是租、庸、調三種，所謂「租」就是納糧，「庸」就是勞役，「調」是指本地織品。《舊唐書．食貨志》記載，在「租」的規定上，全國都以粟為納糧對象，嶺南則是納米；「庸」，是指成年男丁每年要為官府服役二十天，遇閏年加二天，但如果你不想服役，可以納絹代役，每天交三尺絹；「調」，每戶每年交絹二丈，棉三兩，如果是產布的地方，納布二丈五尺，麻三斤。那些內附的胡人則需要拿羊抵稅：「**上戶丁輸羊二口，……下戶三戶共一口。**」富足的胡人每個成年人交二隻羊，貧窮的三戶人家交一隻羊。如果遇到「水旱蟲霜」的自然災害，唐政府會根據災害的危及程度減免稅收：「**十分損四以上免租，損六以上免租調，損七以上課役俱免。**」

均田制是中國古代最後一次政府頒布實行於全國的田制，自安史之亂後，均田制開始崩潰，貴族和富豪、寺院兼併了大量土地，唐政府能夠收到的租庸調急劇減少，政府財政面臨破產。建中元年（七八〇年），宰相楊炎上疏唐德宗，建議改革賦稅制度，創行兩稅法。兩稅法不是指收兩種稅，而是因為這種稅分夏秋（農曆六月及十一月）兩次徵收，所以叫兩稅。

兩稅法具體是什麼意思呢？其實就是取消租庸調這種按人頭收稅的方式，由國家定出總稅額，各地依照國家分配的數目向當地人按每戶收稅。

這中間就涉及到兩個問題，一個是要把全國有多少戶人理清楚，於是唐政府就把土著戶和客居戶都按照他們實際居住地編入現居州縣的戶籍。第二個是每戶人家情況不一樣，要如何量稅？唐政府依照每戶人家丁壯人數、財產多少（包括田地、動產不動產）、田地肥瘠定出三等九級的戶等，每戶人家按照自己所處的等級繳稅。那些沒有固定住處四處經商的商人，他們經商所在州縣按照其收入徵收他們財產三十分之一的稅[5]。

兩稅法以財產的多少為徵稅標準，開闢了中國以貨幣計稅的歷史先河，這項制度影響了此後一千多年中國歷代政府的稅收機制，而中國的農業稅直到二〇〇六年才正式取消。

在唐代，由於稅收和人結合得非常緊密，所以唐政府對於戶籍的管理非常嚴格。唐代每三年舉行一次名為「定戶」的全國農戶等級評定，每年要進行一次「貌閱」，「閱其貌以驗老小之實」，就是通過一對一檢閱人的樣子，來查核有無低報年齡及偽報老病的種種情況。有多嚴格呢？北宋編撰的百科全書性質的史學類書《冊府元龜》記載：「若一人不實則官司解職，鄉正里長皆遠流配。」[6]二〇一〇年，中央民族大學民族博物館入藏十餘件吐魯番地區出土的唐代文書，其中有一件是交河縣要求鹽城民眾在指定日期接受縣令貌閱的帖文，這是目前見到的唯一一件有關唐代貌閱的官方文書。其中有「若將小替代，影名假代，察獲一人以上，所由各先決重杖卌，然後依法推科」，就佐證了唐代「貌閱」的嚴格：如果發現有虛報年齡，冒名頂替的，不管三七二十一先打四十杖，然後再依法定罪[7]。

和唐代農民息息相關的還有唐代的兵役，唐代並不是很多人以為的強制兵役，而是和今天中國的兵役很類似的「義務兵役制和志願兵役制相結合」的方式。錢穆先生的演講合集《中國歷代政治得失》一書就對唐代的兵役有詳盡解讀，唐代前期實行的是延續自隋代的府兵制，當時平民的戶口劃分為九等，並不是什麼人都能夠具有當兵資格，政府從中選取上等、中等之家中願意當兵的民戶（當時下三等民戶，是沒有當兵資格的）單獨編入折衝府，稱為「府兵」。府兵平時務農，政府豁免其租庸調，農閒時接受軍事訓練；二十歲開始服役，服役時自備兵器資糧，分番輪流宿衛京師，防守邊境。折衝府，又叫「軍府」，唐代全盛時有六百三十四個，其中關內地區有二百六十一個，其餘軍府分布在全國，山西和邊疆比較多一些。府兵也是到了二十歲成丁才開始服役，每個府兵須到中央首都宿衛一年。此外都在本府，耕田為生，而於農隙操練。

替代府兵制的是募兵制，募兵制就是由政府出錢，招募社會上願意當兵的人從軍。這些人以當兵為職業，長期在軍隊服役，由政府負責職業軍人的軍器和供養，有的還發給軍餉，由此而形成的軍隊是一種職業傭兵[8]。募兵制是基於唐帝國中前期國力強盛，國家有財力來支持一支全職軍隊。到了安史之亂後，國家板蕩，財政入不敷出，只能由地方節度使通過地方財政來募兵，這導致數個節度鎮長期擁兵自重，也是導致唐朝後期藩鎮割據的重要原因。

發揮中國人的天賦：種菜

在〈大唐衣冠〉一章裡，我們講過唐代衣冠人家，也就是富人階層的穿著，其材質大都是綾、羅、綢、緞。唐代的平民穿的衣服秋冬是用麻、毛織成的「粗褐」，春夏是布衫。前文提到的詩僧王梵志，他有一首〈貧窮田舍漢〉就提到了唐代自耕農之外打工的農民的生活：「貧窮田舍漢，庵子極孤淒。……婦即客舂搗，夫即客扶犁。……襆頭巾子露，衫破肚皮開。體上無褌袴，足下復無鞋。」這對夫妻，女的在人家負責舂米，男的負責耕田，衣不蔽體，也置辦不起鞋。唐人一般戴襆頭巾子，穿布衫，唐代有專門做襆頭的羅，稱為「襆頭羅」。褌就是合襠褲，一般當內褲穿，顏師古注：「袴合襠謂之褌，最親身者也。」

自耕農的人家，襆頭、汗衫、外袍、褌袴，再配一雙皮靴，這就是典型的普通唐人男子裝束了。新疆阿斯塔那唐墓出土的皮靴，鞋面用皮革，鞋內襯氈，麻線縫綴，顯得非常結實。唐人說鞋子用「量」計數，敦煌文書裡就有「春衣長袖一領、襴袴一腰、皮鞋一量」這樣的紀錄，從中可以看到唐人對於衣服、鞋子量詞的稱呼。

唐代平民女子穿著衫（襦）、裙、褲，這與唐代貴族女子穿衫（襦）、長裙、披帔子有一些差異，因為平民女子要勞作，要為生計奔波，所以她們的裝束比起貴族婦女的裝束要緊窄、簡單。女子的鞋多為麻布或麻線的鞋。此外，南方的平民不管男女都常穿木屐，木屐為圓頭，人字形鉤攀繫帶，下有齒防滑，今天中國人已經不穿木屐了，但日本人仍然在穿。

世界上很多民族都有著自己的天賦，比如猶太人善於經商，日本人有工匠精神，德國人科學嚴謹，拉美人有足球天賦。有人說，中國人的民族天賦是：種菜。我們經常會在新聞裡看到，中國人把菜種到了非洲大陸、杜拜沙漠、南極中山站……無論環境如何，中國人都能在世界的各個角落種出水靈靈的蔬菜。二〇一四年，美國一家叫「園藝夾」（GardenClips）的種植網站發布了時長三分五十二秒的影片，引爆了華人圈，影片題為「都市菜園」（*Urban Chinese Vegetable Garden in New Haven, CT*），講述的是康乃狄克州紐哈芬市一群來自中國的老人在耶魯大學所屬荒廢多年的幾塊地上開墾種菜的故事，老人們的子女都是耶魯的碩博生、博士後、訪問學者或科研人員，多已在美國成家立業，結婚生子。菜地裡常能看到老人們懷抱幼小的孫兒，甚至有時候一家三代人會一起出現在這一畝三分地，其樂融融。

其實在一千三百年前的唐代，中國農民已經表現出了種菜的天賦。唐代的醫學家孫思邈《備急千金要方．卷七十九．食治》「菜蔬第三」條中，所列的食用蔬菜的就有四十多種以上。唐代開元年間的飲食家、創造食療學的孟詵所著的《食療本草》整理的唐人蔬菜名錄就有四十四種，很多菜今天也還繼續在吃，比如：稨豆（扁豆）、葵（冬葵）、莧（莧菜）、菘（白菜）、胡荽（香菜）、同蒿（茼蒿）、冬瓜、胡瓜（黃瓜）、萊菔（蘿蔔）、薺、蕨、韭、薤（蕗蕎）、紫蘇、瓠子（葫蘆）、蓴菜、水芹、馬齒莧、落蘇（茄子）、白苣（萵苣）、蕺菜（魚腥草）、芸薹（油菜）、蕹菜（空心菜）、菠薐（菠菜）。

其中，葵、韭、芹、蔥、蒜、薤是唐代的主要蔬菜，並且在當時的飲食界占有重要地位。其中的葵就是冬葵，成書於先秦時期的《黃帝內經》中提出五菜的概念，列出五種最常用的蔬菜，其中葵菜位居首位。西漢時成書的《急就篇》裡列出了十多種蔬菜，葵菜也位居首位。葵菜幾乎在中國從先秦到元代近一千五百年間都是中國蔬菜的王者，直到元代以後，中國進入了小冰河時期，白菜抗旱耐寒且產量大，才逐漸取代葵菜成為中國蔬菜的新王者。明代著名的醫學家李時珍就說：「葵菜古人種為常食，今之種者頗鮮。」9

唐代的水果也已經很豐富，歐陽詢等人編撰的唐代類書《藝文類聚》記錄了李、桃、梅、梨、甘、橘、櫻桃、石榴、柿、楂、柰（蘋果的一個品種，史籍中也常稱為「林檎」）、棗、杏、栗、胡桃、沙棠、椰、枇杷、燕奧、遂、蘗子、枳棋、柚、木瓜、杜梨、楊梅、葡萄、檳榔、荔枝、益智、椹、芭蕉、甘蔗、瓜等三十五種水果。

根據唐代阿拉伯商人蘇萊曼（Sulaymān）等人的見聞所撰的《中國印度見聞錄》10也記載了唐人的水果：「水果有蘋果、桃子、枸櫞果實、百子石榴、榲桲、丫梨、香蕉、甘蔗、西瓜、無花果、葡萄、黃瓜、睡蓮、核桃仁、扁桃、榛子、黃連木、李子、黃杏、花楸核，還有甘露椰子果。」

其中一些水果，我們今天已經不再食用。枸櫞，《本草圖經》曾經記載：枸櫞，如小瓜狀，皮若橙，而光澤可愛，肉甚厚，切如蘿蔔，雖味短而香氛，大勝柑橘之類[11]。今天很少人知道枸櫞可以食用了，更多的是知道它作為一種藥物提取枸櫞酸。唐人劉恂《嶺表錄異》卷中記載：「枸櫞子形如瓜，皮似橙而金色，故人重之，愛其香氣。京輦豪貴家釘盤筵，憐其遠方異果。肉甚厚，白如蘿蔔。南中女工競取其肉，雕鏤花鳥，浸之蜂蜜，點以胭脂，擅其妙巧，亦不讓湘中人鏤木瓜也。」枸櫞有一股誘人的清香味，但是味道很酸，不好食用。然而，經過巧妙加工之後，枸櫞子馬上身價倍增，立刻變為京城豪貴宴席上的名食。歷史上的「南中」指今天的雲南、貴州和四川西南部。南中女工用蜂蜜降低了水果的酸味，雕鏤水果的外形，使其成為色彩絢麗、酸甜可口、香氣襲人的美食，因此成為京城豪貴的珍品。

榅桲，也就是木梨，鮮食時具有特殊的清香味，原產自於中亞。唐人陳藏器《本草拾遺》記載：「榅桲，樹如林檎（今沙果），花白綠色。」一九六七年吐魯番阿斯塔那三七七號墓出土的唐代文書《高昌乙酉、丙戌歲某寺條列日用斛斗帳曆》曾經記載了僧侶冬季作為副食品的乾果消耗量，其中一條「榅桲五十顆，四十五文」，今天新疆人仍然把榅桲作為「抓飯」的佐料，而在內陸，榅桲則一般不食用，而是作為嫁接西洋梨的砧木，但用它的果實做成的蜜餞榲桲則十分香甜。

花楸今天也是作為一種藥用植物存在，但這種植物非常的美麗，果實是一串一串紅色的晶瑩小果子，俄羅斯人便非常喜愛花楸。普希金在《葉甫蓋尼·奧涅金》中寫道：「我渴望見到另一番景象：我喜歡沙丘、小木屋前的兩株花楸樹、小門和破殘的籬笆。」

這麼多的水果，到底哪些是唐人常吃的水果呢？我們可以透過大數據檢索來驗證一下。如果把《藝文類聚》提到的三十五種水果放到《全唐詩》四萬二千八百六十三首詩歌中去檢索內容（不含標題），會發現排名前十的是：含「桃」的唐詩共一千四百七十六條、含「李」九百六十二條、含「梅」九百四十八條、含「杏」四百五十六條、含「梨」三百零六條、含「橘」二百七十二條、含「櫻桃」八十五條、含「棗」七十三條、含「石榴」六十一條、含「荔枝」的唐詩共四十七條。即便我們刨去「李」可能會是姓氏、「梅」可能是梅花而做數據減半處理，前十的水果也差不多就是這些了[12]。

跟隨歲時祭儀的農事

和所有傳統中國應有的生活狀態一樣，唐代的飲食男女也延續著古老的男耕女織生活，日復一日進行枯燥的生產勞作。今日之白領，或許對田園有著割捨不斷的鄉愁，但若真的回歸那種生活，十有八九會逃離——因為勞作，是一件極其辛苦的事情。

唐末的韓鄂有一部《四時纂要》的農書，逐月列舉了唐代的農民要做的農事[13]。

每年農曆正月初一的元日是一年的開始，唐代農家會準備新的曆書，並且於庭前燃放爆竹以避邪，並且要喝屠蘇酒。屠蘇酒從晉朝產生，以前有人住在草庵，每年除夕，將藥囊丟到井中。到元日取水出來放在酒樽中，全家的人一起喝就不怕生病了。屠，就是割；蘇，就是藥草，砍了藥草來泡酒，泡成的酒就是屠蘇酒了。

春天，唐人主要來耕地，除了春麥外，桑、瓜、藕、葵、瓠、芋、蔥、蒜、苜蓿、薔薇等作物都可在正月中栽種。正月還是種植竹、柳、榆、白楊、松柏等樹木的好季節。二月上旬種穀、種瓜，中旬是種大豆、早稻的「上時」，二月末則要種牛蒡、紅花。除此之外二月還是種茶、種胡麻的最好季節，芋頭、韭、薤、茄、薯蕷、蒼朮、黃菁也應該在此月栽種。三月是種穀、黍稷、胡麻、水稻、蘭香、荏、蓼、石榴、冬瓜、萵苣、薏苡等作物的「上時」。各種果樹如桃、杏也應在三月種植、移栽。

夏天自立夏開始，唐人叫「四月節」。四月要對田地進行除草、上肥等管理，五月要收麥，六月還要耕地以備八月種麥。

秋天自立秋開始，唐人叫「七月節」。七月要開荒以待來年耕墾，種麥是八月的頭等大事。

冬天自立冬開始，唐人叫「十月節」。十月要「收諸穀種、大小豆種」，還要到城中買驢馬。十一月要「儲雪水」以備溲種之用。溲種法是古老的種子處理方法，將種子用斫碎的馬骨加水煮，再用蠶糞和羊糞攪拌，使之成為糊狀。播種前二十天，就把種子放在裡面攪拌，使稠汁附在種子上，隨即晒乾，妥善貯藏。經過這樣處理的種子，不僅可使莊稼免於蝗蟲等的為害，而且還可以使莊稼更加耐旱。十二月則需要「造農器，修連加（連枷，一種農具，今天仍然在使用）、犁、耬、磨、鏵鑿、鋤、鐮、刀、斧」以備來年耕種。

在古老的唐代，沒有天氣預報，人們對世界和自然充滿了敬畏，在立春、春分、立夏、夏至、立秋、秋分、立冬、冬至這八個節氣，他們通過頻繁占卜來祈求收成，《四時纂要》有一大半的內容都是講在這些節氣如何占卜並且如何來根據結果做出判斷。

每年最隆重的敬神活動是對「社神」的祭祀，重要程度類似於今天的中秋或元宵節。社神其實就是土地神的總稱，唐代的土地神包括黃天、后土、社稷、五穀之神。

如此四季輪迴裡，唐人日復一日耕種收穫，一代一代繁衍。

教育事業發達，農村兒童也能上學去

男耕女織之外，唐代的兒童在做什麼呢？和現代農村的孩子一樣，他們在上學、放牛和玩耍。

崔道融〈牧豎〉一詩就講了一個牧童：「牧豎持蓑笠，逢人氣傲然。臥牛吹短笛，耕卻傍溪田。」牧童身穿蓑衣、頭戴斗笠，碰見人故意裝得很神氣。年輕時以修補鍋碗盆缸為生，人稱「胡釘鉸」的唐代詩人胡令能的〈小兒垂釣〉詩則更為人熟悉：「蓬頭稚子學垂綸，側坐莓苔草映身。路人借問遙招手，怕得魚驚不應人。」一個「蓬頭稚子」斜身在野草中釣魚，路人向他問路，他卻怕驚動了魚兒連忙招手而不敢回應。這兩首詩，把唐代兒童頑皮可愛的形象表現得淋漓盡致，即便千年後，我們仍然能夠在詩裡行間感受到滿滿的童趣。

至於說到兒童上學，很多人可能會懷疑：唐代那麼遙遠的古代，農村孩子也能上學麼？唐代的教育當然沒有像今天這麼普及和完善，但唐代稍大一點的村落有學校還是很普及的。科舉制度的確立促進了唐代教育事業的發達，政府也很重視鄉村學校的設立，開元二十一年（七三三年）唐玄宗明令「許百姓任立私學」，開元二十六年正月十九日

三彩童子牽馬俑

唐代兒童題材的圖像數量並不太多，從這尊雕塑可以看到，唐代大齡的兒童，其穿著和成人無異。

三彩陶碗

唐代三彩釉陶器，是盛行於唐代的低溫釉陶器，釉彩有黃、綠、白、褐、藍、黑等色，而以黃、綠、白三色為主，人們習慣稱之為「唐三彩」。

敕：「其天下州縣，每鄉之內，各里置一學，仍擇師資，令其教授。」[14]天下州縣每個鄉內，一個村設置一個學校，選擇老師來教授學生。

元稹《元稹集》記載，擔任越州刺史的他曾在平水市（今天的紹興市柯橋區平水鎮）中「見村校諸童，競習歌詠，召而問之，皆對曰：『先生教我樂天（白居易字樂天）、微之（元稹字微之）詩』。」[15]可見唐代村校的兒童已經學習詩歌，而且老師還教他們讀當時最有名的白居易和元稹的詩。唐穆宗時的宰相竇易直幼年時家中貧困，在村學受業；晚唐著名詩人皮日休幼年曾於鄉校內抄寫他喜歡的杜牧的詩歌。

唐代兒童啟蒙的書籍是南北朝時期周興嗣編纂的一千個漢字組成的韻文《千字文》和唐朝天寶年間李翰編著的兒童識字課本《蒙求》，《三字經》中很多的典故取材就是來源於《蒙求》。日本有一首非常著名的兒童歌曲〈螢之光〉，為〈友誼地久天長〉的日文版，日本中小學畢業典禮上，經常唱〈螢之光〉。一九六四年東京奧運會的閉幕式上，透過大合唱齊唱〈螢之光〉結束了奧運盛典。其第一句歌詞「螢之光，窗之雪」就取自《蒙求》所載「孫康映雪，車胤聚螢」一句。

對於唐朝人來說，遠離喧囂、戰亂的平和田園生活是一種心靈的信仰，唐人寫下了大量的田園詩來表達他們對於田園的眷戀。中國人對於田園、小舟、流水和農人的情

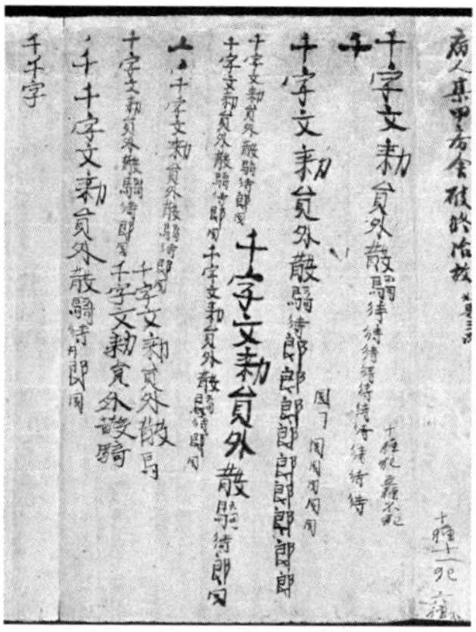

敦煌出土的無名氏《千字文》練字本草稿

《千字文》是用來教授兒童基本漢字的一首長韻文，由一千個不重複的漢字組成的文章，唐代開始，成為中國兒童的啟蒙書。

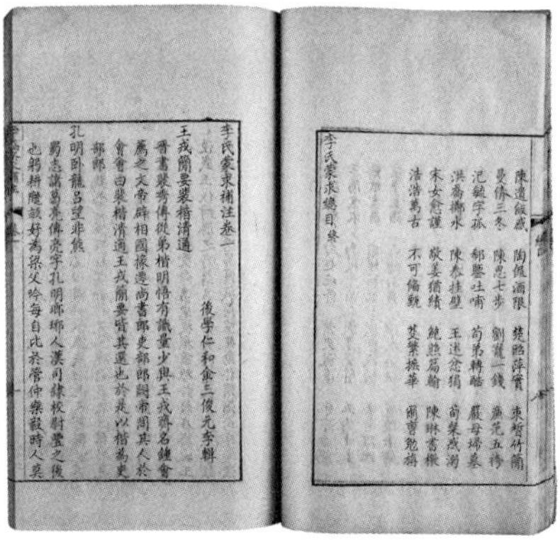

《蒙求》書影

成書於唐玄宗天寶年間，是唐朝李翰編著的以介紹掌故和各科知識為主要內容的兒童識字課本。

感眷戀，一方面是由於我們是一個數千年農業傳統的國家，另一方面，田園安放著一種浸透心靈的靜。即便是在嘈雜如今日的二十一世紀，相信很多人仍然懷有歸園田居的夢想。這種滲透在骨子裡的文化基因，來源於對安定生活的嚮往，更來源於人對自由的渴望。

注釋

1 唐代杜佑編撰的《通典．卷二．食貨志．田制》記載：「丁男給永業田二十畝，口分田八十畝，其中男年十八以上亦依丁男給，老男、篤疾、廢疾各給口分田四十畝，寡妻妾各給口分田三十畝，先永業者，通充口分之數。黃、小、中、丁男女及老男、篤疾、廢疾、寡妻妾當戶者，各給永業田二十畝，口分田二十畝。」

2《舊唐書．卷四十八．志第二十八．食貨上》記載：「百戶為里，五里為鄉。四家為鄰，五家為保。在邑居者為坊，在田野者為村。」

3 見《太平廣記．卷三百三十四．編鬼十九．王乙》。

4 宋代王溥編纂的《唐會要．卷三十一．雜錄》記載，唐文宗時代規定：「又庶人所造堂舍，不得過三間四架，門屋一間兩架，仍不得輒施裝飾。又準律，諸營造舍宅，於令有違者，杖一百。」

5《舊唐書．卷一百一十八．列傳第六十八．楊炎》記載：「炎因奏對，懇言其弊，乃請作兩稅法，以一其名，曰：凡百役之費，一錢之斂，先度其數而賦於人，量出以制入。戶無主客，以見居為簿；人無丁中，以貧富為差。不居處而行商者，在所郡縣稅三十之一，度所與居者均，使無僥利。居人之稅，秋夏兩徵之，俗有不便者正之。其租庸雜傜悉省，而丁額不廢，申報出入如舊式。其田畝之稅，率以大曆十四年墾田之數為準而均徵之。夏稅無過六月，秋稅無過十一月。逾歲之後，有戶增而稅減輕，及人散而失均者，進退長吏，而以尚書度支總統焉。」

6 見《冊府元龜．卷四百六十七．臺省部．舉職》。

7 所引原文出自北京：《文物》雜誌二〇一六年六月刊〈新疆吐魯番新出唐代貌閱文書〉一文，作者張榮強、張慧芬經中央民族大學民族博物館授權，將文書過錄並標點。

8《中國歷代政治得失》（上海：三聯書店，二〇〇一年），為歷史學家錢穆先生的專題演講合集，分別就中國漢、唐、宋、明、清五代的政府組織、百官職權、考試監察、財經賦稅、兵役義務等種種政治制度做了提要勾玄的概觀與比照，敘述因革演變，指陳利害得失。

9 見《本草綱目．卷十六．草之五．葵．集解》。

10《中國印度見聞錄》（北京：中華書局，二〇〇一），穆根來、汶江、黃倬漢譯，原著為阿拉伯文抄本，係根據唐代來華的阿拉伯商人蘇萊曼等人的見聞所撰，八五一年彙集，八八〇年續成，成書時的中國正值黃巢之亂。該書是先於《馬可．波羅遊記》約四個半世紀問世、關於遠東的一部最重要的著作，是古代中外交通史上重要的文獻之一。

11 見《本草綱目・果之二・枸櫞・集解》引陳藏器曰：「枸櫞生嶺南，柑、橘之屬也。其葉大，其實大如盞，味辛酸。」又引蘇頌曰：「今閩廣、江南皆有之，彼人呼為香櫞子。形長如小瓜狀，其皮若橙而光澤可愛，肉甚濃，白如蘿蔔而鬆虛。雖味短而香芬大勝，置衣笥中，則數日香不歇。」

12 作者採用的數據庫是由鄭州大學開放使用的免費全唐詩庫，共收錄唐代詩人二千五百二十九人，詩作四萬二千八百六十三首，共計九百卷。可透過四種方式檢索，兩種方式流覽。網址是http://www16.zzu.edu.cn/qts/，如果有看到這條注釋且對此感興趣的朋友，可以自己去檢索你想要的資料。

13《四時纂要》是唐末、五代初期韓鄂所著的一部農書。原書本來在中國已經佚失。一九六一年，在日本發現了一五九〇年朝鮮慶尚左兵營刊本的重刻本，才使得此書重見天日並成為研究唐代農業、種植與生活方式的重要資料。二〇一七年六月十五日韓國發現了約為一四〇三至一四二〇年之間的金屬活字印刷《四時纂要》，為目前發現的最早版本。

14《唐會要・卷三十五・學校》記載：「(開元）二十六年正月十九日敕：古者鄉有序，黨有塾，將以弘長儒教，誘進學徒，化人成俗，率由於是，其天下州縣，每鄉之內，各增置一學，仍擇師資，令其教授。」

15 見元稹《元氏長慶集・卷五十一・序・白氏長慶集序》。

第五章 粟與稻

作為農業立國的大國，
唐代三百年的國運和農業息息相關。
如果沒有大量的糧食做物質基礎，
唐代的軍隊進取、詩歌天下、文藝復興，
以及手工業的繁榮不可能出現。
而其中粟與稻的此消彼長、小麥的異軍突起，
也影響了今天我們的生活方式。

二〇〇七年，德國波茲坦地學研究中心的一項研究引發了中國歷史地理學界的大討論。這篇發表於英國《自然》（*Nature*）雜誌的文章稱：「在過去一萬五千年裡，有三個時期的冬季季風很強，而夏季季風很弱。前兩個時期是在冰河紀，而後一個時期大約在七〇〇至九〇〇年間。唐朝自六一八年至九〇七年延續近三百年。由七〇〇至九〇〇年間冬季風的加強而推知此時中國夏季降雨量的減少，連年乾旱造成穀物欠收，激起農民起義，和七五一年唐朝軍隊與阿拉伯大軍激戰於中亞重鎮怛羅斯，唐軍大敗後退。這兩個原因導致了唐朝（六一八～九〇六年）的衰落，最終於九〇七年滅亡。」[1]

透過同樣的方法，他們還發現了另一個驚人的祕密：在唐朝滅亡的同時，同樣的氣候變化也曾在中美洲出現，九世紀左右，加勒比海地區出現了持續一百多年的乾旱，著名的馬雅文明也因此消亡。

儘管中國的史學家們此前早就對唐代氣候冷暖產生過學術爭論，但這一次德國人如此果斷的論斷，還是讓他們產生了震動。

中國氣象局國家氣候中心首席科學專家張德二女士隨後和中國氣象科學研究院研究員陸龍驊在《自然》撰文反駁了這個觀點，他們根據中國史書中三萬六千七百五十條歷史氣候紀錄的統計，計算出過去二千年的濕潤指數資料序列表，該表表明，在七〇〇至九〇〇年間，中國呈現的是乾時段與濕時段相互交替出現：其中七一一至七七〇年、七七一至八一〇年是乾期、八一一至一〇五〇年是濕期。很清楚，唐朝滅亡前的最後三十年（八七七～九〇七年）正是處於多雨時段而不是乾旱時段[2]。

學者們的學術爭論各有出發點，但從中可以發現：作為農業立國的大國，唐代三百年的國運和農業息息相關。

氣候影響隋唐帝國興敗

王維〈和賈舍人早朝大明宮之作〉的詩句：「九天閶闔開宮殿，萬國衣冠拜冕流」，經常會被人拿來當作唐代鼎盛氣象的標誌，但支撐唐代強盛的基礎是什麼？杜甫的〈憶昔〉一詩其實說得很清楚：「憶昔開元全盛日，小邑猶藏萬家室。稻米流脂粟米白，公私倉廩俱豐實。」唐代的全盛是建立在農業豐收的基礎上，如果沒有大量的糧食作為物質基礎，唐代的軍隊進取、詩歌天下、文藝復興以及手工業的繁榮是不可能出現的。

氣候對於唐代的影響從隋朝時候便已經開始。隋文帝立國後，關中作為四戰之地已經破敗不堪，而且乾旱斷斷續續沒有停過。《隋書．高祖紀》記載：隋文帝嘗遇關中饑，遣左右視百姓所食，有得豆屑雜糠[3]。到了開皇十四年（五九四年）八月，關中大旱，人飢，立國已經將近十五年的隋王朝，仍然無法解決關中的饑荒問題，楊堅沒有辦法，率大興（長安）的戶口就食於洛陽[4]。

從隋文帝開始，一直到唐太宗貞觀年間，將近半個世紀的時間，關中一直都處在乾旱中。六二七年，也就是貞觀元年，關中大旱，災民賣兒賣女以求生，李世民雖然沒有和隋文帝一樣率民就食洛陽，但仍然打開長安西門，放飢民出城，玄奘就是跟著這股人流偷偷溜出長安，奔西域、天竺求學而去。

貞觀二年（六二八年）夏四月，天少雨，蝗蟲成災。《資治通鑑》記載，當時太宗到上林苑視察災情，看見了蝗蟲，便捉起幾隻在手，向上天禱祝道：「百姓視穀子如生命，而你們卻吃了它們。現在如果要吃的話，寧肯讓你們吃我的肺腸吧！」說罷，舉起手中的蝗蟲即欲吞掉。身邊的臣僚們勸諫道：「吃了這個髒東西是會得病的。」太宗霸氣回覆：「朕為百姓承受災難，怕什麼疾病？」於是吞掉蝗蟲。《資治通鑑》說：因為太宗這個舉動「是歲，蝗不為災」[5]。我們知道這是不可能的，但從中可以看出蝗災的嚴重程度。

貞觀三年（六二九年），乾旱仍然在持續，太宗派遣長孫無忌、房玄齡等人分頭到名山大川中祈雨。

到了貞觀四年（六三〇年），旱災才有所緩解，同時定襄道行軍總管李靖大破突厥，李世民才穩固了自己的皇位。

李世民向上天祈禱時說：「民以穀為命」，所謂的穀就是「粟」。「粟」這種長得像大型狗尾巴草的糧食，在明代以前的歷史中有著非常重要的意義，可以說，這種糧食養活了中國數千年的人口，甚至決定了歷史的一些走向。

中國糧食演化史

中國古人對於糧食最早有「五穀」的說法，五穀所指為何說法卻不一而足，最主要的有兩種：一種指稻、黍、稷、麥、菽；另一種指麻、黍、稷、麥、菽。稻就是稻米，麻就是苧麻和亞麻，菽就是大豆——我們也叫「黃豆」，這些都沒有問題。但稷、黍到底是什麼，古人其實也搞不清楚，以至於學術界到現在還在爭論。北魏賈思勰《齊民要術》中曾經說：「穀，粟也。名粟穀者，五穀之總名，非止謂粟也。然今人專以稷為穀，望俗名之耳。」[6]意思很清楚：「穀」本是五穀的總名，但南北朝時，人們卻習以「穀」作為「稷」的專稱。李時珍的《本草綱目》也說：「稷與黍，一類二種也。黏者為黍，不黏者為稷。稷可作飯，黍可釀酒。猶稻之有粳與糯也。」7

現在北方各地雖然對於類似小米這樣的作物叫法仍然不同，但其實其形態就兩種：一種大顆粒黃米，一種小顆粒小米。「黍」指的是今天的黃米，又被稱為「糜子、穀子、黃粱」；「稷」又被稱為「禾」，指的是小米。黃米與小米的植物形態幾乎一模一樣，沒種過的人肯定分不出來，遠遠望去，就像是巨型的狗尾巴草，沉甸甸的穗子非常有收穫感。只不過脫皮後的黃米顆粒比小米略大，顏色偏淡，這是容易混淆的主要原因，而「粟」則是小米和黃米的統稱。

粟這種植物也的確是由中國先民馴化了野生的狗尾巴草而來的，它是原產於中國最古老的糧食。

中國人在唐以前主要是吃粟米飯，《舊唐書．食貨志》記載，在唐代的中前期，「租」的規定上，全國都以粟為納糧對象，嶺南則是納米。當時長江以南還是粟米和水稻都種。到了唐代後期，小麥異軍突起，成為了北方的主糧，稻米則在宋代逐漸種遍了江南，成為了主要的糧食。到了明清時代，美洲高產作物馬鈴薯、番薯和玉米成為中國農民套種的粗糧和抵禦災荒的糧食作物。二〇一五年，中國啟動馬鈴薯主糧化戰略，讓馬鈴薯逐漸成為繼水稻、小麥、玉米之後中國第四大主糧作物。這就是中國人糧食的演化史。

粟米如此重要，以至於漢武帝的時代還設置過「治粟都尉」這樣的官職，一直到唐代，仍然有「搜粟都尉」的官職執掌農耕及屯田事宜，雖然這個官職在唐代之後即廢置不行，但從中可以看出粟米的重要性。

粟米唐人熟悉的稱呼還有黃粱。唐人沈既濟的筆記《枕中記》載，有一個盧生在邯鄲旅店中晝寢入夢，歷盡富貴榮華，一覺醒來，主人黃粱尚未熟。日本作家芥川龍之介據此寫過短篇小說《黃粱夢》：「道士呂翁依然坐於枕畔，店家煮的黃米飯尚未熟。盧生揉揉眼睛，大大打個哈欠，離開青瓷枕。太陽照在木葉盡脫的禿枝上，邯鄲的秋日傍晚，畢竟有些涼意。」在日本，有個姓氏就叫「粟田」，日本古派往大唐的第八任遣唐使就叫粟田真人。

水利灌溉效率提升讓糧食產量大增

唐代農業的繁榮離不開水利，據史載，在唐前期一百三十多年中，興修的水利工程達一百六十多項，分布於全國廣大地區[8]。隨著水利的發展，唐代的灌溉工具也有相應的進步。當時，除了以前已有的桔槔、轆轤、翻車還在普遍使用外，人們又創造了連筒、筒車和水輪等灌溉新工具，都大大提高了灌溉效率。

筒車是一種自動提水工具，把它安裝在有流水的河邊上，因為挖有地槽，被引入地槽的急流推動木葉輪不停轉動，將地槽裡的水透過竹筒提升到高處，倒入天槽流進農田中，今天在西南和陝西南部，筒車這種工具仍然被農民使用。

曲轅犁則是由唐朝人創造並開始在農業中使用的「利器」，在此之前，中國人採用的是「二牛抬槓」式的耕地方法，其操作需要三個人：一人牽牛，一人掌犁轅，以調節耕地的深淺，一人扶犁。曲轅犁則是今天我們熟悉的農耕樣子：一個人、一頭牛，一架犁，因為其輕便且只需一頭牛協助拉犁，直到今天中國沒有農業機械的農村地區，這種農具還在沿用。

這樣的舉措重新啟動了被戰亂紛擾數年的黃河流域的中原，使得粟米的產量大量增加。

唐玄宗李隆基在位的天寶八載（七四九年）[9]，唐帝國的農民全年繳納的糧食是七百四十餘萬石粟，江北的郡縣就有五百二十餘萬石，占到了七分之五[10]。由此可見，安史之亂前中國的糧食主要是由北方產出，粟米供養了整個國家。

那麼唐代的粟一畝地的畝產有多少呢？所謂「畝產」是指一種作物一個生育季節內

每畝地的產量，這個和年產量不同，因為有一年兩季的作物。唐代李翺的輕稅主張的文章〈平賦書〉說：「一畝之田，以強并弱，水旱之不時，雖不能盡地力者，歲不下粟一石。」唐制一石約合現在的一百二十斤。

畝產一石粟也是中國史學界比較公認的說法，但唐代糧食的畝產量是在唐史研究中到現在還有爭論的問題，幾乎每年都會有學者就此問題撰文。這是因為學者們對唐代的「畝」有爭議，唐制「寬一步、長二百四十步為一畝」，這是當時普遍的畝數度量衡，但唐代還有一種小畝，長只有一百步，如果按照小畝計算的話，一畝地畝產就會到三百斤。此外，「唐代的畝產」看似簡單，但實際上要考慮多種作物產量，米、麥、粟……各地栽種穀物品種不同，產量迥異，很難一概而論。關於這個問題，隋唐五代史學者金寶祥就曾經給他的弟子張邦煒說：「古代某些數字是算不清楚的，如糧食平均畝產量之類。」[11]

儘管畝產量具體數據有爭論，但我們從中可以看出粟米的畝產其實不高，這就造成了一個嚴重的後果：長安城周邊收穫的粟米養活不了長安城的人。唐代長安城常駐加流動人口約為一百萬，而全國人口在五、六千萬，也就是說每五十個人中就有一個唐人居住在長安，糧食的消耗非常大，所以必須依賴東部和江南的糧食輸送。

造就「逐糧天子」的水路與陸路運輸

五八四年，隋文帝楊堅命宇文愷率水工鑿渠，修建從大興城東至潼關三百餘里的廣通渠，廣通渠解決了從潼關到長安的運糧問題，糧食中轉的大本營——東都洛陽到潼關也有黃河可以通行，似乎沒有什麼毛病。然而在洛陽與潼關之間的是黃河三門峽，黃河流到這裡後進入了狹窄的峽谷，水流湍急，行船是可以的，要靠縴夫，但如果要進行大規模運輸，效率會非常低下，供應遠遠跟不上消耗。

有人說，那為什麼不用陸路運輸呢？答案是，運不起。有學者根據唐代的糧價、腳直（運輸費）算過這樣一筆帳：貞觀十五年（六四一年），米每斗值二錢；貞觀十六年（六四二年），米斗值五錢，尤賤處，計斗值三錢。因斗米約重六．二五斤，百斗米重六百二十五斤。假定販運百斗米，以法定腳直為準，則其車載腳直約為百斗每里六文，水路沿流約為三．七五、三．一三和二．五文；在兩地糧價差僅為三文時，即在糧價相差三文的情況下，要保證有所贏利，糧食水陸販運的最長距離均不過百里。其中，購買糧食成本占四十%，陸路運輸費用約占四十三．二%，水路運輸費用約占二十一．九%[12]。

一百斗米一百里的陸運，糧食成本加運費就高達八十三．二%，即便官府運輸的糧食沒有購買成本，不為賺錢，那麼從洛陽陸路到長安，按照《元和郡縣圖志》記載長安「東至東都八百三十五里」，車載腳直約為百斗每里六文，一百斗米洛陽到長安運費高達五千零一十文，一百斗米我們往高裡算，按照十文一斗也才值一千文。

水路雖然也不是最好的選擇，但在那樣的時代，水路能比陸路稍微好一點。《新唐書．食貨志》就驗證了洛陽到陝州（三門峽）運糧的艱難：「初，江淮漕租米至東都輸含嘉倉，以車或馱陸運至陝。而水行來遠，多風波覆溺之患，其失常十七八，故其率一斛得八斗為成勞。而陸運至陝，才三百里，率兩斛計傭錢千。」[13]唐制一斛十斗，水路從洛陽運十斗米到三門峽，其中二斗都是要翻船掉水裡的，這是固定損耗；陸運洛陽到三門峽才三百里，二十斗米運費一千文，一斗一里運費就要五十文。不好意思打擾了，確實運不起。

《舊唐書．食貨志》也驗證了情況的嚴重性：「始者，漕米歲四十萬斛，其能至渭倉者，十不三四。漕吏狡蠹，敗溺百端，官舟之沉，多者歲至七十餘只。」[14]漕米能夠運到潼關渭水倉的不到三、四成，而且漕吏為了從中獲利，虛報運糧船沉溺，最多的一年要沉七十多艘。

基本上，在唐代那樣的運輸水準下，超過一百里，不管水運還是陸運，運輸成本基本要占總成本的一半，就洛陽到長安的運輸艱難而言，還會更高。好比皇帝讓你從洛陽運十車米到長安，最終你只能給皇帝三車，其他的人吃馬嚼翻船全消耗在路上了。

巨大的運輸成本使得隋、唐兩代皇帝不得不成為了「逐糧天子」——迫於巨大的運糧壓力，必須要帶著文武百官和部分百姓就食於洛陽，緩解大興城的壓力。前文提到的隋文帝是第一個採取這種方式的皇帝，隋煬帝即位後，令宇文愷營建東都洛陽，並於六〇六年頒布詔書遷都洛陽。隋煬帝還在大運河洛陽段附近修建了洛口倉（洛河入黃河口）和回洛倉（洛陽城東邙山上）。其中的回洛倉倉城相當於五十個國際標準的足球場，有七百座倉窖，每個倉窖可以儲存約五十萬斤糧食，整個倉城可以儲糧三．五五億斤。

到了唐代，太宗之後，唐高宗把洛陽升為東都，繼續上演逐糧天子。永淳元年（六八二年）的春天關中又是大旱，這年四月唐高宗留太子李顯守長安，自己率百官去洛陽就食，這是李治最後一次到達洛陽，因倉促出幸洛陽，扈從之士有餓死於道中者。第二年，唐高宗病逝於洛陽皇宮紫微宮貞觀殿。武則天當政後，長期住在洛陽城，當皇帝後索性定都洛陽。

武則天之後，唐中宗在即位後又把長安改回了都城，第二年護送武則天靈駕還京。

不久關中再次饑荒，從山東、江淮運糧的牛車，十有八九都累死了，京師大臣們請求唐中宗再次臨幸洛陽，遭到唐中宗的拒絕，他說：「豈有逐糧天子邪？」[15]「逐糧天子」一詞便是出自於此。

戰爭中的糧食儲備危機

安史之亂是一個很令人玩味的轉捩點。

唐代隋煬帝所建的洛口倉、回洛倉被隋末戰爭破壞得幾乎不能用了，唐代就把隋朝在洛陽建的另一個叫含嘉倉的倉儲基地重新建設，成為帝國重要的糧倉，《唐六典》卷三說：「都之東租納於都之含嘉倉，自含嘉倉轉運以實京之太倉。」長安以東的糧食全部都存在含嘉倉，然後才慢慢從含嘉倉往長安的太倉轉運。唐玄宗天寶八載（七四九年），全國主要大型糧倉儲糧總數為一千二百六十六萬石，而含嘉倉就儲糧五百八十三萬石，占近二分之一，是當時規模最大的一座糧倉，被稱為「天下第一糧倉」，楊國忠就擔任過含嘉倉的出納使。

在三門峽存糧的是太原倉，《通典》記載：「從含嘉倉至太原倉，置八遞場，相去每長四十里。每歲冬初起，運八十萬石，後至一百萬石。每遞用車八百乘，分為前後，交兩月而畢。」[16]洛陽到三門峽之間，有八個轉運站，每個轉運站有八百輛牛車待命，兩個月時間從洛陽往三門峽運一百萬石糧食。

天寶十四載十一月初九（七五五年十二月十六日）安祿山起兵，安史之亂開始，同年十二月十二日就攻入洛陽。遍查史書，都沒有記載當時含嘉倉的糧食是怎麼處理的，看來是落入到了安史亂軍手中，倒是曾經擔任過安西節度使的大將高仙芝果斷燒掉了三門峽太原倉的糧食，《舊唐書》記載：「常清、仙芝乃率見兵取太原倉錢絹，分給將士，餘皆焚之。」[17]

安祿山之所以起兵後一路直奔洛陽，或許也是為了糧食，那裡存著帝國一半的糧食，以其在范陽那種苦寒之地所得糧食，根本無法維持大軍。洛陽的糧食應該也是落入安祿山之手，否則，安史之亂不可能維持了長達八年之久。

持續八年之久的安史之亂是唐朝由盛到衰的分水嶺，其中重要的原因是，這場大戰消耗掉了唐帝國的戰略糧食儲備，而在一個農業社會裡，糧食是生命的本源。這個判斷從安史後期就可以看得出來。

乾元元年（七五八年）九月至二年三月，安史之亂最後一場大戰「鄴城之戰」開始，唐軍二十萬圍困安史五萬大軍，卻因為糧秣不濟而大潰退。被圍的安慶緒也是非常慘，《舊唐書》記載：「慶緒自十月被圍至二月，城中人相食，米斗錢七萬餘，鼠一頭直數千，馬食隤牆麥䴬及馬糞濯而飼之。」[18]城中開始人吃人，一斗米七萬錢，一隻老鼠都值幾千錢，馬吃的是倒塌的牆壁裡和泥的麥草，馬糞拿水和一下又繼續當飼料。

史學家說安史之亂消耗掉了唐帝國的元氣，這個元氣如果實物化，那就是糧食。安史之亂後，諸鎮割據，長安的糧荒一度讓皇帝感到害怕。唐德宗貞元二年（七八六年）四月的時候，因連年災荒，關中倉庫已竭，禁軍士卒有人把頭巾抹下來扔地上說：「把老子們拘在軍營中而不給糧，難道我們是罪人嗎！」一時間軍隊躁動不已，德宗知道了這事慌亂無比。就在風雨飄搖之際，宰相韓滉從揚州運來了三萬斛米到陝州，德宗大喜，跑到東宮對太子（即後來的順宗李誦）告知這一喜訊，《資治通鑑》對此的記錄非常生動：「上喜，遽至東宮，謂太子曰：『米已至陝，吾父子得生矣！』」[19]激動之情溢於言表。

當時的情況已經糟糕到什麼程度了呢？德宗想慶祝有糧這件事，結果發現因為沒有糧食，皇宮中連釀的酒都沒有，於是派人到長安街上去買酒慶祝；又派人告訴軍隊糧來了，軍士皆呼萬歲。因為缺糧，長安的兵民都沒有人樣了，熬過這段青黃不接的時間，到了新麥熟時，長安人把街道上有醉漢當作祥瑞。而且有人因為餓慌了就吃得很飽，結果撐死者達五分之一。過了數月，長安人的膚色才漸漸有了人樣。

安史之亂後，南方主食「稻米」地位提升

我們注意到，韓滉運來解圍的是「三萬斛米」，安史之亂之後，南風壓倒了北風，由於安史之亂爆發和波及的都是北方，黃河流域失去了作為國家糧食產地的基礎，粟的地位也因此下降，從一枝獨秀變成和南方的水稻一起持平，到了兩宋，稻米成為了帝國最重要的糧食。

從《全唐詩》中索引數據看，唐人所吃的地方水稻品種主要有蟬鳴稻、玉粒、江米、白稻、香稻（香粳）、紅蓮、紅稻、黃稻、獐牙稻、長槍、珠稻、霜稻、罷亞、黃稑、烏節等十五種。

《新唐書．地理志》列有水稻貢品的八個州，即京兆府、絳州、常州、蘇州、婺州、湖州、揚州和郢州。其中京兆府就是長安，得益於關中地區的完備水利，長安周邊也有稻米種植；絳州就是山西運城，今天的運城則完全是小麥產地了；郢州就是湖北武漢，其餘五個則全來自江浙地區。而且，唐代的南人熱衷於吃一種大米做的青精飯，用杜鵑花科的灌木南燭枝葉，搗碎出汁後，用來浸泡大米，蒸熟後又晒乾，米便成了青

色。道士們說這種飯是滋補養氣的，以至於人人搶食，使青精飯成為當時的常備食品。今天長江以南的很多省分，在夏至要吃的「烏米飯」便是來自青精飯。

漢字裡面有兩個字是和稻米的買賣有關的，或者說是特定來指代稻米買賣的，一個字是「糶」指賣米，一個字是「糴」指買米，出米、入米的過程是中國古人非常重要的生活方式，以至於都有專門的字來指代這種行為。

唐宣宗年間，揚州江北有一個叫李玨的人「世居城市，販糴自業」，十五歲時他父親轉行搞其他生意，李玨就從父親手中接過賣米的生意。有人來買米了，李玨就將升、斗拿給買米的人自己量，他不按當時糧食的貴賤計價，一斗糧只賺兩文錢的利，用來資助父母。時間長了，他家的衣食卻很豐足。他的父親感到奇怪，就問他是怎麼回事，他全都如實告訴父親。父親說：「我做糧食生意的時候，同行中都是用升斗出入，出的時候用小斗，入的時候用大斗，用來賺取大利。雖然官吏年年春、秋兩季都要檢查校正升斗的準確，但始終不能制止弊病。我還算好的，只是用同一個升和斗出入，時間已很久了，自以為沒有什麼偏差了。你現在改為出入自己量，我不如你。但是自己量還能衣食豐足，難道是神明幫助你嗎？」後來，李玨一直到八十多歲仍然從事大米生意[20]。

李玨之所以能夠從事賣米這行六十五年，在於稻米的畝產量要比粟米高好幾倍。

《唐會要．卷八十九．磑碾》一節就記載說：唐代宗廣德二年（七六四年）的時候，幾位大臣「奏請拆京城北白渠上王公寺觀磑碾七十餘所，以廣水田之利，計歲收粳稻三百萬石」。白渠周邊大概有一萬頃的土地，約合一百萬畝，那麼一畝地可以收粳米三石，幾乎是粟米產量的三倍。

然而，稻子雖然產量高，需要的人力也比種粟多。《唐六典．卷七．尚書工部》「屯田郎中、員外郎」條為我們保留下了極為寶貴的數據：「凡營稻一頃（一百畝），料單功九百四十八日；禾（粟），二百八十三日；……麥，一百七十七日。」單功就是一個人勞動一天的工作量，據此可以看出，當時種稻一畝須單功九．四八個，種粟一畝須單功二．八三個，種麥一畝須單功一．七七個。

這些數據表明，儘管稻米產量很高，但需要的人力也是最多的。有人從中可能看出了端倪：種小麥需要的人力最少啊，為什麼唐人不大量種小麥呢？

小麥異軍突起，北麵南米的由來

小麥不是中國原產的作物，而是發源於西亞，但很早就傳入了中國，唐代之前並沒有大量種植。原因之一是小麥傳入以後，中國人並沒有像其他民族那樣，把麥粒磨成麵粉，做成麵包，而是採用我們所習慣食用小米和稻子的方法來食用小麥：將小麥蒸熟或者煮熟，做成「麥飯」或「麥粥」。時間證明，這並不好吃，至少口感不能和小米飯、大米飯相提並論。有一個成語叫「麥飯豆羹」，麥飯就是食品粗劣的代名詞，用來比喻生活水準低下。

到了漢代，石磨的產生讓小麥作為一種糧食開始量產，到了唐代，由於水利的發展，小麥能夠被大量磨成粉。唐人發現，麥飯雖然難吃，但麵粉做成的麵食和點心非常美味，小麥才一躍而成為主糧之一，並和粟套種。考古專家陳文華先生就說過：「小麥種植經過了一、二千年才得以大面積推廣成為主糧之一，其中一個重要原因是小麥生長期長，不大耐旱，它的需水量比粟大一倍。所以古歌中說：『高田種小麥，終久不成穗。』」[21]這是唐代雖然小麥開始大面積種植，但仍然沒有取代粟成為主糧之一的原因。

其實小麥很嬌貴：拔節育穗時節需要澆水，不然就沒有產量；灌漿時節遇到陰雨，還會黴變。我們下意識都會認為小麥北方種植多，那麼它肯定耐旱，但其實儘管不停地在做小麥抗旱的育種，小麥仍然是不大耐旱的作物。如果大家關注農業的話會發現，幾乎每年開春農業部都會向北方的產麥大省發「抗旱保收」的動員通知來確保夏糧的收成。

小麥正式成為中國人的主糧是在明代玉米從美洲傳過來之後，冬小麥、夏玉米輪作種植栽培方法一舉奠定了小麥在中國人心目中的地位，並且延續至今。而小麥在這樣的過程中改變了中國人傳統的食物習慣，發展成為位居稻米之下、百穀之上的重要糧食作物，直至今天在中國形成了「北麵南米」的局面。

黃河氾濫，重創農業與國運

在旱災之外，水災也困擾著唐人的生活。首當其衝的就是「黃災」——黃河氾濫。在唐代存在的三個世紀裡，很少人注意黃河氾濫對國家產生的深遠影響，歷史地理學家陳可畏就曾統計，唐朝存在的三百年裡，其中七世紀黃河決溢六次，八世紀為十九次，九世紀為十三次[22]。

如果說黃災是自然災害無法抗拒，那麼人為挖掘黃河就是人神共憤的事情了。

唐肅宗乾元二年（七五九年），史思明侵入河南道，當時守衛黃河的防河招討使李銑，在今天濟南的長清縣邊家口挖開黃河大堤來阻擋史思明大軍。這個惡劣的做法在一百五十年後，被朱溫和他的兒子朱友貞用到極致。

唐昭宗乾寧三年（八九六年）的夏四月，為了攻打滑州城，朱溫決黃河堤，把黃河分成為兩條河，把滑州城夾在二河之中成為孤城。到了後梁末帝朱友貞的時代，掘黃河退敵簡直成為常態，先是貞明四年（九一八年）梁將謝彥章為阻李克用的唐兵，決河堤，大水瀰漫曹、濮二州。龍德三年（九二三年），梁將段凝又在酸棗（今河南延津）決黃河口。如此頻繁地挖掘河堤，到了後晉，滑州的黃河就成了脫韁野馬，後晉出帝開運元年（九四四年），滑州黃河大堤全面決口，大水漫溢汴、曹、單、濮、鄆五州。這次河決，大水環繞鄆州城西南的梁山，成為著名的梁山泊。

旱災河患使農業生態受到了嚴重破壞，農業經濟衰敗，國計民生困苦；戰爭則使唐王朝疲於奔命，國力耗竭。一個農業王朝對環境的依賴性遠遠超出我們的想像：一遇災年或戰禍，小農家庭不堪一擊，難以為繼。

從這個角度看，唐代也並非一直是安穩的朝代。尤其是安史之亂後，一個半世紀內北方人口的南遷幾乎沒有中止，從根本上改變了中國人口分布以黃河流域為重心的格局，使得中國南北人口分布比例第一次達到均衡。年幼時適逢安史之亂的文學家梁肅在其〈吳縣令廳壁記〉一文記載：「自京口南，被於河，望縣十數，而吳為大。國家當上元之際，中夏多難，衣冠南避，寓於茲土，三編戶之一。」北方來的人竟占吳縣（今天的蘇州吳中區）當地編戶的三分之一，數量之多可想而知。

唐代三百年國運和農業以及糧食有著如此緊密之關係，可能是現代人很少關注的；在政治、文化和審美之外，唐代的粟與稻的此消彼長，以及小麥的異軍突起，也影響了今天的生活方式。在這個意義上，我們重新審視「糧食是關係國計民生和國家經濟安全的重要戰略物資」這一個定義，或許會更有感觸。

注釋

1 原文發表於二〇〇七年一月四日的《自然》雜誌，文章標題為〈熱帶輻合帶對東亞季風的影響〉（Influence of the intertropical convergence zone on the East-Asian monsoon）。

2 數據來自北京：《科學時報》二〇〇七年十一月十九日，文章標題為：〈季風帶給唐朝的命運之爭又有新解——張德二回應〈東亞冬季風與夏季風強度變化的關係〉〉。

3 見《隋書・卷二・帝紀第二・高祖下》：「嘗遇關中饑，遣左右視百姓所食。有得豆屑雜糠而奏之者，上流涕以示群臣，深自咎責，為之撤膳，不御酒肉者殆將一期。」

4 見《隋書・卷二帝紀第二・高祖下》：「八月辛未，關中大旱，人飢。上率戶口就食於洛陽。」

5 見《資治通鑑・卷一百九十二・唐紀八》。

6 見《齊民要術・卷一・種穀第三》。

7 見《本草綱目・卷二十三・穀之二・稷》。

8 數據出自復旦大學、上海財經學院合編：《中國古代經濟簡史》（上海：上海人民出版社，一九八二年），第四章〈封建社會北朝隋唐（前期）的經濟〉。

9 天寶（七四二年正月至七五六年七月）是唐玄宗李隆基的年號，共計十五年。天寶三年李隆基改「年」為「載」，於是天寶三年至天寶十五年，我們稱之為天寶三載到天寶十五載。

10《通典・卷六・食貨六・賦稅下》記載：「（天寶中）租粟則七百四十餘萬石，……其租：江北郡縣，納粟約五百二十餘萬石。」

11 張邦煒：〈歷史學如何算起來？——從北宋耕地面積、糧食畝產量等數字說起〉，《唐宋史評論》第三輯（北京：社會科學文獻出版社，二〇一七年）。

12 孫彩紅：〈唐代糧食陸路長途販運距離的量化研究〉，北京：《中國經濟史研究》二〇〇七年第四期。

13 見《新唐書・卷五十三・志第四十三・食貨三》。

14 見《舊唐書・卷四十九・志第二十九・食貨下》。

15《資治通鑑・卷第二百九・唐紀二十五》：中宗景龍三年（七〇九年）「是歲，關中饑，米斗百錢。運山東、江、淮穀輸京師，牛死什（十）八九。群臣多請車駕復幸東都，韋后家本杜陵，不樂東遷，乃使巫覡彭君卿等說上云：「今歲不利東行。」後復有言者，上怒曰：『豈有逐糧天子邪！』乃止」。

16 見《通典・卷十・食貨十・漕運》。

17 見《舊唐書・卷一百四・列傳第五十四・高仙芝》。

18 見《舊唐書・卷二百・列傳第一百五十・安祿山・安祿山子慶緒》。
19 見《資治通鑑・卷第二百三十二・唐紀四十八》。
20 此事出於《太平廣記・卷第三十一・神仙三十一》。
21 陳文華：〈中國古代農業科技史講話（一）〉，南昌：《農業考古》雜誌一九八一年第一期。
22 見陳可畏〈唐代河患頻繁之研究〉一文，刊於《史念海先生八十壽辰學術文集》（西安：陝西師範大學出版社，一九九六年）。

走進唐人的日常

第六章

南方的氣味和感覺

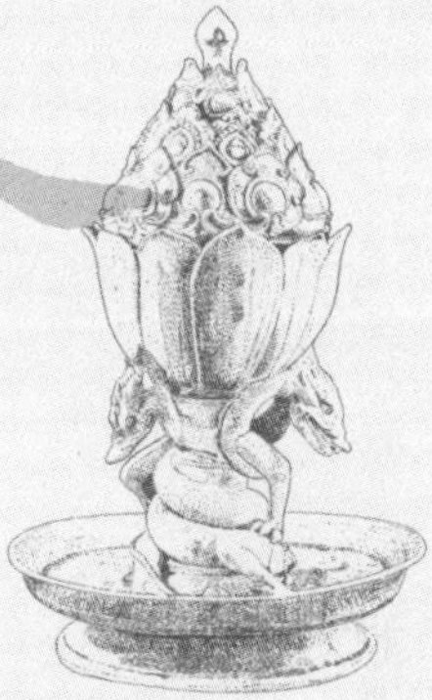

江南是六朝故地，
在唐人的筆下，
江南的意象不斷被呈現與讚美，
使江南變為一種文化的象徵，
成為唐人心中的桃花源。
比江南更南的南疆和嶺南，
因為是帝國流放官員的目的地，
也進入到詩人、士子遠遊的行程。

南北朝的時期，中國歷史上進行了歷時二百七十多年的「南北戰爭」。在南北朝兩百多年的動亂後，隋朝短暫地統一了南北，在隋朝三十八年的國祚中，又有一半時間是在征伐和內亂。

我們常說，唐代是中國融合的時代，這不僅僅是少數民族的融合，還包括南北方漢族之間的融合。畢竟，近三百年的刀光劍影、恩怨情仇，儘管國家統一了，人們之間的諒解還需要經歷時間的打磨。

到了唐代中期，南北經過近百年的休養生息，終於有了和平的盛世。於是唐代旅行蔚然成風，唐人的腳步遍布帝國的東西南北。唐代人旅行有兩個熱門的區域，一個是「功名只向馬上取」的西域，另一個便是江南。為什麼唐代人熱衷南下呢？

南北朝時期，以長江為界，中國南北方的文化有了鮮明的特色，也是從此時開始，有了南方、北方文化的論爭。《世說新語》就記載：東晉名士褚季野語孫安國云：「北人學問，淵綜廣博。」孫答曰：「南人學問，清通簡要。」[1]於是，沿著隋人剛開通的運河南下，去北人近三百年都沒有近距離接觸的南方，變成了一種時尚。

唐人眼中的南方，和今天北方人認知的南方幾乎是一樣的。貞觀元年（六二七年），唐政府透過「山河形便」也就是以自然的山脈、河流走向為分界依據，把全國分為十道：關內道、河南道、河東道、河北道、山南道、隴右道、淮南道、江南道、劍南道、嶺南道。

「道」這個概念和法國的行政區劃很相似，法國起初把八十多個省分按歷史地理淵源劃分為十幾個「大區」，只不過唐代的「道」有行政區劃的意義，但不行使行政功能，屬於中央派員巡視的監察區。

唐代的北方是以關中為核心的關內道、以西隴山以西為隴右道、黃河與太行山之間的河東道、太行山以東以黃河為界的河南道、河北道組成。南方則由除過河南道之外的五個名字中帶「南」的道組成，恰好就是秦嶺、淮河一線的南方，這和今天我們對於中國南北的劃分是一致的。

唐代的江南則是一個很大的範圍，包含了今天中國的中南和江南兩部分，而現今江南的概念則更多是指江浙，在唐代，江浙一般被稱為「吳越」，後期才逐漸用「江南」指代。

有意思的是，今天的中央電視臺天氣預報，我們經常會聽到「江南中南部」、「江南大部」這樣的說法，這個江南地區，指的就是唐代江南道的範圍，包括湖南、湖北的長江南部、江西、安徽的皖南、江蘇的蘇南、浙江北部都在江南的範圍之內。

大量文人雅士沿著運河南下

唐代宗大曆四年（七六九年）的春天，詩人杜甫在潭州（今長沙），和流落長沙的著名音樂家李龜年重逢，回憶起在岐王和崔九的府第頻繁相見和聽歌的情景，感慨萬千，於是寫下了〈江南逢李龜年〉：「岐王宅裡尋常見，崔九堂前幾度聞。正是江南好風景，落花時節又逢君。」杜甫詩中的江南，就是湖南。

當時唐帝國的政治中心在以長安、洛陽為主的黃河流域，江南是六朝故地，六朝時期赫赫有名的詩人謝靈運、陶淵明、鮑照、謝朓、陰鏗、何遜、庾信等詩人的生活和創作活動都主要在江南一帶，這些詩人的作品對唐代的詩歌創作曾產生過很大影響，他們作品中寫到的江南旖旎秀美的山水和各種動人的故事，對唐代的詩人們有著極大的吸引力。要知道《隋書．經籍志》所著錄的南北朝文學家，北朝作家僅十六位，而南朝作家入錄者三百零六位，江南文采之盛可見一斑。而大運河的開通，讓北方關中和關東的門閥子弟、士子有了南下一領南朝瑰麗風景的機會。

唐人南下最主要是去吳越之地，也就是今天的江南，唐代，幾乎知名的詩人都有沿著運河自北而下漫遊吳越的經歷。

王勃二十五歲時，在上元二年（六七五年）的秋天從洛陽出發沿運河南下，漫遊江南，甚至一度南到交趾；杜甫二十歲，開元十九年（七三一年）漫遊吳越，在此之前的開元十七年（七二九年），四十一歲的孟浩然離開長安，輾轉於襄陽、洛陽，夏季遊吳越；開元十三年（七二五年），李白出蜀，「仗劍去國，辭親遠遊」[2]第一次漫遊吳越，此後開元二十七年（七三九年），李白在三十八歲時又南下金陵、揚州，過了十七年，李白五十五歲第三次東去吳越。

大量文人士子沿著運河向南漫遊過程中，為唐詩提供了「江行詩」這一種重要的詩歌內容，而且常年的遠遊，讓「漂泊」這個意向和精神成了唐詩中和「送別」並行的文學母題。

遠行不易，好在旅店業發達

之所以是北人南下來遊歷，而不是南人北上，很大一部分原因是唐代的士子大都是關東及關隴士族，一個例子可以說明，據《新唐書．宰相世系表》統計，若以秦嶺、淮河一線為界，以唐玄宗時期的南北十五道為準（開元年間在貞觀十道的基礎上增加為十五道），則此線以北的北方七道共出宰相三百零八人，占宰相總數的八十五．一％，而以南的南方八道總共才有五十四位宰相，僅占總數的十四．九%，可見，南、北方的差異是非常懸殊的，北方占絕對優勢，南方宰相數的總和還不及河北一道之數[3]。

在另一個方面唐代戶籍管理嚴格，禁止人們沒有原因長期離開戶口所在地，這種行為稱為「逃亡」、「浮浪」，是違法行為，但負笈從師出門求學或棄儒求仕卻是例外[4]。於是，大部分的唐朝文人為了寫出語不驚人死不休的好詩，開始了遍布帝國的遠行和旅遊。

即便如此，唐人出門遠行也不是一件容易的事情。出發之前需要去官府辦理過所和公驗，這是唐人出行的憑證，類似於現代的通行證。其中「過所」是遠行的通行證，唐代的過所通常繕寫兩份，一份是正本，由官方加蓋官印，發給申請過所之人；一份是副本，形式和正本一樣，留作檔案加以保存。唐代過所的申請程序複雜，據《唐六典．卷六．尚書刑部》「司門郎中」條記載：「凡度關者，先經本部本司請過所，在京，則省給之；在外，州給之。雖非所部，有來文者，所在給之。」

好在唐代的旅店業非常發達，《通典．卷七．食貨七》「歷代盛衰戶口」條中記載，以長安、洛陽為中心的陸路交通：「東至宋、汴，西至岐州，夾路列店肆待客，酒饌豐溢。每店皆有驢賃客乘，倏忽數十里，謂之驛驢。南詣荊、襄，北至太原、范陽，西至蜀川、涼府，皆有店肆，以供商旅。」

當時天下最有名的驛館數褒城驛。這座驛館，廳堂庭廊極其宏麗，廳外有池沼，可以泛舟，也可垂釣，閒來還可憑欄賞月，景色迷人。在唐人李肇的《唐國史補》卷下記有這樣一個故事：江南有一個驛吏，主動請新到的刺史去參觀一處驛館。他先帶刺史去參觀酒庫，看到那裡備有各色美酒，又帶刺史到茶庫，則各地名茶應有盡有，最後又到個醬菜庫，則醃製好的各種蔬菜，香味撲鼻。看完後，這位刺史讚口不絕，十分滿意。

在驛站中除了有供官人騎行的驛馬還有大量的驛驢，騎驢在唐代又稱「策蹇」，是普通唐人出行的陸路主要交通工具，唐朝的租車業——「賃驢」是很普遍的，日本僧人記載是「五十文一天」[5]。

江南送別成為惆悵的文化象徵

在唐代遠行是一件令人惆悵的事情。儘管唐代驛路和水運發達，但旅行仍然是依靠雙腳丈量大地的過程，長途的旅行和宦遊一去數月甚至經年，等到遠行的人回到故鄉，或許已經是物是人非了。龐大的帝國、完善的交通體系以及大量喜歡壯遊的文人，構成了帝國旅途最主要的場景，因此唐人的詩歌中，往往都有著一種深深的寂寞，這種寂寞便是鄉愁。而送別，則成了帝國最惆悵的禮儀。

長安的唐人送別，東至三十里灞橋，西至四十里渭城，折柳依依，舉杯戚戚，曲終人散，別意無窮。出了渭城向西是絲綢之路，路上要經過吐番人的領地，穿過沙漠和戈壁；過了灞橋向東是潼關，沿著黃河東去汴州，南下江南，一路漂泊。

據統計，在唐代二千多位詩人中，幾乎每一位詩人都寫過送別詩。在那些傳唱不衰的唐詩中，有許多都是別離之作。南宋嚴羽在《滄浪詩話》中說：「唐人好詩，多是征戍、遷謫、行旅、離別之作，往往能感動激發人意。」武周時代，則天女皇召見了一位善於賦詩的七歲南海女孩子，命她賦詩，女孩子「應聲而就」一首送別詩：「別路雲初起，離亭葉正飛。所嗟人異雁，不作一行歸。」[6]連一個小小的女孩子都有如此惆悵的送別之情，可見唐人的鄉愁是多麼綿長。

能夠進行遊歷的士人，一般都要有比較好的家世，「窮遊」是不太現實的事情。李白〈上安州裴長史書〉就說：「曩昔東遊維揚，不逾一年，散金三十餘萬，有落魄公子，悉皆濟之，此則是白之輕財好施也。」不到一年，就花了三十多萬錢，李白的家境應該非常不錯。

前往江南的唐人一般都是乘船，晚唐詩人李涉有一次前往九江，看望自己做江州刺史的弟弟詩人李渤。

船行至一處浣洗衣服的浣口，忽然遇到大風逆吹而停，數十名賊人手執兵器而來，問：「船上何人？」隨從答道：「這是李博士的船。」匪首聽說後，命令部下停止搶劫，說：「如果真是李博士，我們就不劫他的財了。不過我輩早就聽說他的詩名，金帛我們不稀罕，希望他能給我們寫一首詩。」李涉於是贈給匪首一首七言絕句：「暮雨瀟瀟江上村，綠林豪客夜知聞。他時不用逃名姓，世上於今半是君。」匪首得詩後反而送了許多財物給李涉。7

檢索《全唐詩》數據庫，題目包含「江南」的唐詩共二百四十四首，以〈憶江南〉直接為題的唐詩有二十五首，在唐人的筆下，江南的意象不斷被呈現與讚美，使江南變為一種文化的象徵，成為唐人心中的桃花源。杜牧說：「何事明朝獨惆悵，杏花時節在江南。」

白居易的〈憶江南〉三首被稱為「江南三疊」，成為後世對江南最經典的印象。就連著名的邊塞詩人岑參也說：「枕上片時春夢中，行盡江南數千里。」唐詩中江南的美好，對後世產生了極大的影響，臺灣詩人余光中有一首著名的詩〈春天，遂想起〉，首句是這樣的：「春天，遂想起／江南／唐詩裡的江南」。

流放未知的嶺南令唐人心生畏懼

江南之外，龐大的帝國版圖讓唐人的世界地理觀比起之前的時代都豐富得多，比江南更南的南疆和嶺南，因為是帝國流放官員的目的地，也進入到詩人、士子遠遊的行程。根據新舊《唐書》所載，唐代有名有姓且有具體流放地者共二百一十一人，流放嶺南道的就有一百三十八人。

對於唐人來說，嶺南是不祥之地，充滿了悲劇的色彩：唐人認為嶺南瘴氣、毒草、毒蛇、蠱毒、鱷魚等毒物遍地。八〇三年，唐代大文豪韓愈被貶廣東清遠市陽山縣任縣令，他的〈縣齋讀書〉一詩就代表了唐人對於嶺南的感受：「南方本多毒，北客恆懼侵。」

唐人對於嶺南畏懼到何種程度呢？有人寧願不要命也不去嶺南。《舊唐書・卷六十九・列傳第十九・盧祖尚》就記載唐初大臣盧祖尚的「英勇事蹟」。

貞觀初年，宗室、交州都督、遂安公李壽因為貪汙挪用公款獲罪，太宗皇帝想尋找一個好的州牧，朝廷大臣說盧祖尚文武全才，廉潔正直，可以為任。於是把盧祖尚徵召到京城，皇帝在朝堂上對他說：「交州是個大地方，離京師很遠，需要賢能的州牧安撫。以前的都督都不稱職，你有安撫邊疆的才略，為我鎮守邊境，請不要因為路遠而推辭。」

盧祖尚跪拜稱謝，出朝不久就後悔了，以舊病復發為藉口推辭出任。唐太宗也知道這差事人難找，就派杜如晦正式傳皇帝的旨意，盧祖尚堅決推辭。唐太宗沒法子，就派盧尚祖的大舅哥左屯衛大將軍周範去勸他，並傳達了李世民的補償：「普通人許諾了尚且有信用，你當面許諾於我，怎麼能後來反悔呢？你最好早早上路，三年之後一定召還你，你不要推辭，我一定守信。」

盧祖尚讓大舅哥給李世民帶話：「嶺南瘴癘，皆日飲酒，臣不便酒，去無還理。」意思是嶺南瘴氣很重，需要整天喝酒才能夠抵抗瘴氣的侵蝕，我不能喝酒，去了可能就回不來了。太宗皇帝大怒道：「我安排一個人做事他都不聽從，怎麼能號令天下呢！」於是上朝時候當著朝廷官員的面把盧祖尚斬了，當時盧尚祖才三十多歲。不久太宗後悔了，又下令恢復他身前的官爵。

還有人透過行賄而不去嶺南。唐代宗永泰二年（七六六年），陳少游被任命為桂州刺史、桂管觀察使，當陳少游得知自己要去廣西當官，慌亂無比，於是決定不惜一切代價給自己換個地方。《舊唐書．卷一百二十六．陳少游傳》中，罕見的對此事做了詳細的記載。

當時唐代宗寵信的中官（宦官）董秀掌樞密用事，也就是接受朝臣以及四方表奏並宣達帝命，是個實權派。陳少游半夜就住到董秀所住的裡坊，等著第二天董秀下班後，在傍晚去拜見他。陳少游問董秀：「七郎（董秀行七）家裡有幾口人？每月花費多少？」

董秀一聽，肉戲來了，就說：「我一直都在內廷任職，家裡負擔很重啊，現在物價又貴，一個月要花一千多貫呢！」陳少游就說：「這個花費，你的俸錢就只能撐幾天啊，其餘的錢就要找人接濟才成。要是有人能夠幫你一把，能省很多力氣啊。少游不才，願意一個人來供奉七郎的花費，我每年獻上五萬貫。這裡有一大半，請您笑納。剩餘的等我到職後就送來。這樣免去了貴人的憂慮，豈不美哉？」董秀聽了，覺得美滋滋，當下就對陳少游刮目相看。

陳少游一看，也覺得肉戲來了，立刻就哭著對董秀說：「南方有炎瘴，我這一去恐怕這輩子就看不到貴人了，想想真是傷感啊！」董秀一聽，這還了得，好不容易有了一個「錢袋子」，於是乎馬上正色說道：「先生美才，不該當這麼遠的官，你且從容等待，要不了幾天就有好消息。」

陳少游為了保險起見，已經賄賂了宰相元載的兒子元仲武，於是董秀和元載內外運作，數日後，陳少游被任命為宣州刺史、宣歙池都團練觀察使。宣州就是現在的安徽宣城，是唐代的國家級冶金基地，是個大肥缺。此事《舊唐書》記載非常生動，值得大家一讀。8

到了德宗朝，宰相韋執誼則素來不喜歡嶺南，他擔任郎官時曾與同僚到兵部職方司觀看地圖。每當他看到嶺南地圖，便會閉眼不看，命人將地圖拿走。升任宰相後，韋執誼在官衙牆壁上看到一幅地圖，馬上回頭不敢直視。幾天之後，他才發現那是一幅崖州（海南）地圖，心中十分反感，認為不祥。人生大概是怕什麼來什麼，後來，韋執誼果然被貶到崖州，最終死在那裡。

冒險家前仆後繼，掀開嶺南神祕面紗

儘管嶺南在唐人心中如此恐怖，唐人對於嶺南仍然非常好奇，在唐人的世界裡，嶺南充滿了瑰麗的想像和未知的刺激，以至於唐代出現了《北戶錄》、《桂林風土記》、《嶺表錄異》三部書寫嶺南的筆記，這在唐代的地理類筆記裡是絕無僅有的。

在唐人眼中，嶺南就如同十九世紀初美國的西進運動「淘金熱」那樣，適合冒險家去建功立業。劉恂所著的《嶺表錄異》就記載了和嶺南黃金有關的一些傳聞。

曾任廣州司馬的劉恂記載，在嶺南的五嶺[9]內，富州（今廣西昭平縣）、賓州（今廣西賓陽縣）、澄州（今廣西上林縣）江溪間，都產金子，在那些地方居住的人都以淘金為業。有人自旦及暮都在淘金，但往往連一星半點都淘不到。其中產自廣西上林的澄州金最優質。有一年，有人去長安拜訪親友，送了澄金二十兩，親友驚訝於這種金子的金色異常鮮豔，這人就說：「我送你的金子雖然少，但這種金子不是普通黃金，到夜間會閃閃發光。」於是晚上試驗，果然如此。[10]

在廣州浛洭縣（今廣東英德市浛洸鎮）有一個金池，周邊住的居民也不知道此事，有一次有戶人家養了一些鵝、鴨，結果在鵝、鴨糞中見到薄薄的麩金片，這戶人家於是養了非常多的鵝、鴨，「收屎淘之，日得一兩或半兩」，因此而致富。[11]

嶺南還產玳瑁。玳瑁是一種海龜，玳瑁的甲殼上有美麗而又色彩斑斕的花紋，是一種名貴的寶石。

《嶺表錄異》卷上記載了一件和玳瑁有關的事情：玳瑁的形狀像龜，只是腹部和背部的甲殼上有烘烤的斑點。《本草》上說：玳瑁能解毒，其中的大玳瑁還能避邪。廣南靠海的一個叫盧亭的人，活捉了一隻玳瑁龜獻給邊帥的兒子薛王，薛王命令取下龜的二片背甲，帶在左臂上用來避毒。龜被活著揭下牠的甲殼，痛苦達到了極點。然後把龜放到住宅後面的池子裡養著，等到牠被揭去甲殼的地方漸漸長好，再派盧亭把牠送到海邊去。據說，被揭下甲殼的玳瑁龜如果活著，帶著牠的甲殼就有靈驗，你吃的飯菜中如果有毒，玳瑁的甲殼就會自行搖晃起來；被揭下甲殼後如果玳瑁龜死了，就沒有這種靈驗了。

嶺南還有孔雀，用牠的金翠毛做成的扇子，是長安貴女追捧的藝術品；嶺表所產的犀牛，頭頂的角上有奇異的花紋，做成的腰帶也是貴族所喜愛的奢侈品。在嶺南南部的大海裡，有著被唐人稱之為「海鰌」的鯨魚，牠們噴氣的時候，水散於空中，風勢吹來，像下雨一般。

唐代最著名的志怪小說家、《酉陽雜俎》的作者段成式，他的兒子段公路也是一個志怪作者。段公路的《北戶錄》專記嶺南的異物奇事，他說嶺南多鸚鵡，而且鸚鵡有三種，一種青色的鸚鵡和烏臼差不多大，還有一種白鸚鵡大如鴞，更大的是五色鸚鵡[12]。烏臼就是黑卷尾，咱們中國人把牠叫做「黎雞」，養鳥的人知道這種鳥，是和百靈鳥齊名叫聲悅耳的鳥類。

其中的「五色鸚鵡」是唐代非常著名的貢品，古人認為鸚鵡能言，有慧性，所以把

韋浩墓《鸚鵡侍女》

《酉陽雜俎續集．卷五》載：「孔雀為經，鸚鵡語偈。」唐人喜愛鸚鵡，還和佛教有關係，在印度的佛經故事中，鸚鵡是神鳥。

牠視作吉祥的鳥，武則天就曾經做夢夢到自己變成了一隻鸚鵡。而在新舊《唐書》中，南亞及東南亞的林邑、吐火羅、陀洹、訶陵國等國都進貢過五色鸚鵡。段成式在《酉陽雜俎》中就記載，開元年間，宮中有一隻五色鸚鵡，能言而惠，唐玄宗李隆基令左右侍從幫自己試穿御衣，這隻五色鸚鵡看到了，於是瞋目叱責侍從失禮[13]。到了宋代，宋徽宗的代表作就有一幅《五色鸚鵡圖》，現收藏於波士頓美術館。

五色鸚鵡究竟是什麼品種，不見歷史學家考證。就段公路的記載來看，體型那麼大的鸚鵡，在亞洲應該

何家村鎏金鸚鵡紋提梁銀罐
在唐代，無論宮廷還是民間都盛行馴養鸚鵡，白居易、杜甫等詩人都寫過題為「鸚鵡」的詩。

就是亞歷山大鸚鵡（學名 **Psittacula eupatria**），這種鸚鵡身長約六十公分，是亞洲最大的長尾鸚鵡，而且分布於阿富汗、巴基斯坦、印度、尼泊爾、不丹、斯里蘭卡、緬甸、泰國、柬埔寨、越南等國，恰恰和新舊《唐書》中記載進貢五色鸚鵡的國家所處的地理是吻合的。這種鸚鵡鳥喙紅色，鳥體為綠色，臉頰為灰藍色，腹部黃色，頸部有很寬的黑色環狀羽毛，主體顏色恰為五色構成。

閃閃發光的黃金、金翠色的孔雀、游弋於大海的鯨魚、作為貢品的五色鸚鵡……構成了一幅「異域」的奇異圖景，一種熱帶的氣息撲面而來。在唐人的印象裡，嶺南似乎永遠是潮熱、茂盛和色彩豔麗的。

嶺南除了傳奇，在文化上也頗為不俗，其中嶺南重鎮桂林即是其中的重要代表。八九九年，唐昭宗光化二年，辭官退居桂林的廣東人莫休符寫成《桂林風土記》一書。今天，這部書籍已經難以看到全貌，全書本來有三卷，卻在歷史中佚失了兩卷，存世只有一萬多字。

這是第一本關於桂林歷史人文的書籍，也是桂林有史料記載的最早的地方誌。在這本書中，我們可以發現，唐代，桂林逐漸因為風景秀麗而成為詩人筆下的作品，來往桂林的詩人和宦遊的名士，有張固、盧順之、張叢、元晦、路單、韋瓘、歐陽膑、李渤、陸宏休等人，桂林山水開始進入世人自覺的審美視域。這時，桂林已不再被畏如地獄般的瘴癘之地，以至於沒有到過桂林的唐太宗李世民也稱讚其為「碧桂之林，蒼梧之野，大舜隱真之地，達人遁跡之鄉」。

往來桂林的詩人不但在文學史中留下了關於桂林璀璨的詩篇，還讓桂林開始在山水中孕育起一種濃厚的文化覺醒意識。廣西作為邊疆，到大中四年（八五〇年），桂林出現了廣西第一個進士曹鄴，過了四十年，桂林又出現了廣西的第一個狀元趙觀文，天祐三年（九〇六年）又出了狀元裴說。至此，詩書傳家成為桂林的文化傳統，而桂林也在後世一直以嶺南文化的中心之一（其一為廣州）而更具文化色彩。而在整個科舉制度實行的一千三百年間，廣西一共出了十二名狀元，桂林占了八名，這一數字，內陸很多省分比不上。

在唐代，桂林米粉還沒有名聞的時候，唐人最喜愛的桂林特產則是桂布。桂布實際上就是今天桂林市臨桂區的六塘麻布，唐代筆記《玉泉子》就記載，唐代宗的左拾遺夏侯孜，經常穿著桂管布衫朝謁，文宗問他為什麼穿這麼粗澀的衣服，夏侯孜說，這是桂管產的布，雖然便宜，但此布厚可以禦寒。文宗嗟嘆萬分，也效仿他穿桂管布，於是滿朝官員又都模仿文宗開始穿桂管布衣服，長安城的人看了，皆著桂布，一時間把這種本來普通的粗布搞得「洛陽紙貴」。

其中，最喜歡桂布的則是白居易，在〈新製布裘〉一詩中，白居易讚歎自己新作的衣服：「桂布白似雪，吳綿軟於雲。布重綿且厚，為裘有餘溫。朝擁坐至暮，夜覆眠達晨。誰知嚴冬月，支體暖如春。中夕忽有念，撫裘起逡巡。丈夫貴兼濟，豈獨善一身。安得萬里裘，蓋裹周四垠。穩暖皆如我，天下無寒人。」而且，桂布所做的衣服已經成了他生活中的最愛，在〈枕上作〉一詩中，白居易「腹空先進松花酒，膝冷重裝桂布裘」。

南詔以南的魔幻色彩

江南、嶺南之外，西南因為唐與南詔國在八世紀、九世紀進行的三次戰爭而備受關注。南詔國（七三八～九〇二年），是開元二十六年（七三八年）崛起於雲貴高原的古代王國，幾乎和唐帝國同時滅亡。在安史之亂前一年，唐人有兩次對外戰爭的失利，其中之一是和白衣大食的怛羅斯之戰，另一次就是和南詔的戰爭。

唐懿宗時的安南都護府從事樊綽，曾在南詔實地考察，根據史料和自己的調查資料撰寫了一部和雲南有關的地理筆記《蠻書》，著有《唐代長安與西域文明》的著名敦煌學家、中外交通史家的向達先生曾為此書做有《蠻書校注》。

南詔國的政治中心是羊苴咩城，也就是今天的大理。南詔沒有桑樹，人們都是種植柘樹，這是一種桑科柘屬樹木，人們把蠶放養在樹上。村邑人家，柘林多者有數十頃，這些柘樹聳幹數丈，非常壯觀。三月初，蠶已生，三月中，繭出。南詔人用抽絲法把蠶絲取出來紡成絲綾或織成錦、絹，織出來的錦文密緻、華麗。人們交易不用錢幣，而是用布帛來交易。實際上，不只是南詔，在唐代絲織品的價值非常高，唐代很長一段時間內，絲帛和貨幣的流通價值是相等的。

當時的四川南部和雲南有著非常多的大象，南詔人養象的很多，用大象來耕田。南詔的水田每年一熟，八月收穫稻穀，十一月下旬在稻田輪種大麥，三月末大麥就熟了，收大麥後，還種粳稻。

在南詔的南方，是唐人眼中有著魔幻色彩的國度：有以藤為甲的林邑國人，那裡出產能解人語的「結遼鳥」；有馴象的真臘國人和人性懦弱的烏萇國人；有把國君稱呼為「壽」的海邊國家彌諾國、彌臣國；有產檀香、紫檀香等香藥和珍寶、犀牛的崑崙國；有不吃牛肉的小婆羅門國；還有彪悍的女王國，南詔曾經派二萬人攻伐這個國家，被女王國的人用毒箭射殺大敗。

對立消弭，歷史上第一次的大融合

在唐帝國的政治層面，南北的交融更加深刻。陳寅恪先生在《隋唐制度淵源略論稿》之七〈財政〉篇中就說：「中央財政制度之漸次江南地方化，易言之，即南朝化。」他的意思是，隋唐的財政制度本來是屬於北朝系統的，到後來，唐朝放棄了這一系統，轉而採用了當年南朝曾經採用過的舊制度。

唐史學家唐長孺先生在一九九三年出版的《魏晉南北朝隋唐史三論》一書中，對陳寅恪先生的觀點做了進一步的論述。他說：「唐代經濟、政治、軍事以及文化諸方面都發生了顯著的變化，它標誌著中國封建社會由前期向後期的轉變。但這些變化，或者說這些變化中的最重要部分，乃是對東晉南朝的繼承，我們姑且稱之為『南朝化』。」

唐長孺先生認為唐朝逐漸「南朝化」的原因在於：（一）唐代均田制承自北朝，但後來破壞了。中唐德宗時始實行兩稅法，莊田制大為發展，這個變化與南朝銜接（他曾著有《三至六世紀江南大土地所有制的發展》）。（二）唐代府兵制承於北朝的部落兵制和徵兵制，後來也趨於瓦解，高宗、玄宗以募兵制代替徵兵制，這是對南朝兵制的繼承（南朝兵制發展的趨向是由世襲兵轉向募兵）。（三）兩稅法中的計畝徵稅和田畝列於戶資，原是南朝成法，而北朝的均田制禁止土地買賣，自然沒有計畝徵稅之法。（四）折納，將田租折以布帛錢幣，罕見於商品經濟不發達的北朝，卻見於南朝。（五）力役，唐代和雇之法，此前僅見於南朝。（六）科舉制以文學取士，這一點上承與南朝風氣。（七）唐代經學、文學、書法，均承於南朝[14]。

藉賴大運河的暢通和唐代驛站制度的完備，唐代南北方在生活、經濟和文化上的交流融合潛移默化，而歷史學者們關於「唐朝是否『南朝化』」的論爭，恰恰在另一個層面說明了唐朝時期南北在政治層面的融合，而這些則是常人難以察覺的方面。

南北朝的對立，讓中國的歷史格局從秦漢的「關中—關東」東西格局變為南北的格局，而隋唐則是中國歷史上第一次南北大融合。自此以後，南北的對立和融合成為了中國歷史的常態和基本格局，從而在性格、飲食、文化、生活方式上塑造了現在的南方人和北方人，直到今天我們仍然會在網路上為南北差異的文化進行大討論，諸如「粽子的南鹹北甜之爭」、「豆腐腦的南北戰爭」，從而還造成了「甜黨」、「鹹黨」之爭，這些其實都是南北方文化差異的表現。

注釋

1 見《世說新語．卷中．文學第四》。

2 語出李白〈上安州裴長史書〉。

3 見華林甫：〈論唐代宰相籍貫的地理分布〉，開封：《史學月刊》一九九五年第三期。

4《唐律疏議》卷二十八，第四六二條「浮浪他所」記載：「諸非亡而浮浪他所者，十日笞十，二十日加一等，罪止杖一百；即有官事在他所，事了留住不還者，亦如之。若營求資財及學宦者，各勿論。」

5 見日本僧人圓仁所著《入唐求法巡禮行記》卷一載：唐文宗開成四年（八三九年）四月七日，與國寺（今江蘇興化市朝陽鎮境內）寺主為圓仁「雇驢三頭，騎之發去。驢一頭行二十里，功錢五十文，三頭計百五十文」。

6 見《御定全唐詩》卷七百九十九。

7 晚唐范攄所撰《雲溪友議》卷下「江客仁」條記載：「李博士涉，諫議渤海之兄。嘗適九江看牧弟，……至浣口之西，忽逢大風，鼓其征帆，數十人皆馳兵仗，而問是何人。從者曰：『李博士船也。』其間豪首曰：『若是李涉博士，吾輩不須剽他金帛。自聞詩名日久，但希一篇，金帛非貴也。』李乃贈一絕句。豪首餞賂且厚，李亦不敢卻。而睹斯人神情復異，而義氣備焉。」

8《舊唐書．卷一百二十六．列傳第七十六．陳少游》：「時中官董秀掌樞密用事，少游乃宿於其裡，候其下直，際晚謁之，從容曰：『七郎家中人數幾何？每月所費復幾何？』秀曰：『久忝近職，家累甚重，又屬時物騰貴，一月過千餘貫。』少游曰：『據此之費，俸錢不足支數日，其餘常須數求外人，方可取濟。倘有輸誠供億者，但留心庇覆之，固易為力耳。少游雖不才，請以一身獨供七郎之費，每歲請獻錢五萬貫。今見有大半，請即受納，餘到官續送。免貴人勞慮，不亦可乎？』秀既逾於始望，欣愜頗甚，因與之厚相結。少游言訖，泣曰：『南方炎瘴，深愴違辭，但恐不生還再睹顏色矣。』秀遽曰：『中丞美才，不當遠官，請從容旬日，冀竭蹇分。』時少游又已納賄於元載子仲武矣。秀、載內外引薦，數日，拜宣州刺史、宣歙池都團練觀察使。」

9 五嶺是長江與珠江流域的分水嶺，我們所說的「嶺南」就是指五嶺之南。五嶺由西到東指越城嶺（湘桂間）、都龐嶺（湘桂間）、萌渚嶺（湘桂間）、騎田嶺（湘南）、大庾嶺（贛粵間），橫亙在湖南、兩廣、江西之間。

10 見《嶺表錄異》卷上。

11 見《嶺表錄異》卷上。

12 見《北戶錄》卷一。

13 見《酉陽雜俎・卷十六・廣動植之一》。

14 來自於二〇〇三年閻步克、胡寶國、陳爽三位學者在「象牙塔」國史論壇的一次關於「唐朝是否『南朝化』」的學術討論中，胡寶國先生的總結。

第七章

騎鶴下揚州

在「三京」之外，
唐代的城市「揚一益二」，
揚州第一，益州第二。
揚州的街道上酒樓、飯館林立，浮華昌盛。
如果說宋以後江南的代表是蘇杭，
那麼在唐代，
江南的代名詞便是揚州。

在今天，城市已經是人類最普遍的一種生活方式，甚至有人估計，到二十一世紀末，人類將徹底成為生活在城市裡的物種。

臺灣經濟史學家趙岡先生的經典著作《中國城市發展史論集》中，曾對中國古代城市化率進行了統計，唐朝天寶年間，城市總人口達到一千一百萬人，全國總人口約為五千三百萬，城市化率達到二十．八%。宋朝的城市化率，則達到了古代歷史最高的二十二%的水準。明清以後，城市化率則一直未突破十%。在改革開放前夕的一九七八年，中國城市化率也只有不到十八%。到了一九八三至一九八四年間，城市化率才達到唐時期的二十%的水準。

一個國家最重要的城市就是首都，和今天的中國只有一個首都不一樣，唐帝國的首都最多的時候有五個。

「五京」首都形制確立

最初唐設首都於長安，隨後又設陪都東京洛陽和北京太原，與西京長安合稱「三京」。天寶十五載（七五六年）安史之亂開啟，玄宗幸蜀，駐蹕成都。其後，肅宗致力於收復東、西兩京，並隨軍進至陝西寶雞鳳翔。肅宗至德二載（七五七年）十月，唐肅宗進入西京，玄宗從蜀郡成都出發，十二月回到長安，唐肅宗下詔改西京長安為中京，以鳳翔為「中興駐蹕之所」，建為西京鳳翔府，蜀郡為「上皇南巡之地」，建為南京成都府。唐帝國形成「五京」的五個首都形制：西京（鳳翔府）、中京（京兆府長安）、東京（河南府洛陽）、北京（太原府）、南京（成都府）[1]。

三年後，肅宗上元二年（七六一年），唐肅宗為了消除玄宗的政治影響力，以湖北荊州取代成都成為南京江陵府。唐代宗寶應元年（七六二年），又把「京」改為「都」，長安為上都，洛陽為東都，鳳翔為西都，江陵為南都，太原為北都。「五京」盡改為「五都」[2]。

長安、洛陽、太原、成都、鳳翔、荊州這六個做過唐代都城的城市中，只有長安、洛陽、太原是貫穿唐代的真正的都城，成都、鳳翔、荊州這三個城市則更多是政治意義的建都設置，設置不久就撤銷了。時至今日，除了長安、洛陽、太原、成都仍然是省會城市，荊州成了湖北的一個地級市，而鳳翔則是寶雞市下屬的一個縣。

長安、洛陽、太原三京中，長安是政治意義上的首都，太原作為李氏家族的龍興之地，被奉為「**王業所基，國之根本**」，在帝國雖然不具備行政功能，但是地位超然。值得注意的是洛陽，儘管是陪都，但其實在唐帝國的中前期，洛陽一直和長安並行行使首都的政治功能。

從東都到神都——洛陽城的興與衰

唐朝雖然定都長安，但仍很重視洛陽。其中最主要的原因是洛陽因為交通的便利，是帝國東部和南部物資轉運長安的大本營，帝國最大的糧倉和最多的糧食儲備就在洛陽。

和唐長安繼承之隋大興城一樣，洛陽城也繼承了隋代的洛陽城，有意味的是，大興城和洛陽城的規劃設計師都是隋代傑出的建築大師宇文愷。據《隋書·煬帝紀》記載，大業元年（六〇五年）三月丁未，隋煬帝「詔尚書令楊素、納言楊達、將作大匠宇文愷營建東京，徙豫州郭下居人以實之」[3]。作為負責人中唯一的建築規劃專業人員，宇文愷實際上是洛陽城的主要營造者。

大業二年（六〇六年）春正月辛酉，洛陽城建成，其營建過程前後僅歷經十個月，是九個月建成大興城之後，又一座在短時間內經周密規劃、設計、建造而成的大型城市。施工過程中，每月役使二百萬人，至於耗費之物力、財力更是驚人。

到了唐朝，從太宗李世民開始，便著手恢復洛陽的政治地位，李世民下令重修了隋代的洛陽宮。

到顯慶二年（六五七年），高宗李治重設洛陽為「東都」，正式賦予洛陽以國家政治副中心的陪都地位。弘道元年（六八三年），高宗崩於洛陽貞觀殿，在最後的歲月裡他十分想念都城長安以及母親靈魂的寓所大慈恩寺，然而他終未能如願。武則天代唐自立後，洛陽的政治地位又一次被提升，她將其易名為「神都」。此後在武則天掌權期間，除了長安元年（七〇一年）十月至長安三年（七〇三年）十月住在長安外，一直居住在洛陽。

武則天按照天上七個星座的位置在洛陽城中軸上修建了「七天」建築，從南到北依次為：天闕（伊闕）、天街、天門（應天門）、天津（天津橋）、天樞、天宮（明堂，又叫「萬象神宮」）、天堂。一幅以「紫微垣」（天宮）為中心的天上三垣呈現在人間，洛陽的中軸建築群是中國古代最華麗的都城中軸。

其中的天堂就是徐克導演的電影《通天神探狄仁傑》中的通天浮屠的原型，作為武則天禮佛的宮中道場，天堂是一個神聖的佛教聖地，一共有五層，推測高度達一百二十公尺，是洛陽歷史上最高的建築。這個建築被造了三次。

天堂外部建築剛完成不久，由於其體量巨大，被風摧毀。於是武則天命令她的面首薛懷義督造，重新建造，日役萬人，採木江嶺，數年之間，所費以萬億計，府藏為之耗竭。

六九五年正月，天堂第二次建成八天後，當時御醫沈南得寵於武則天，薛懷義心生嫉恨，是夕，密燒天堂，延及明堂。大火照京城洛陽如同白晝，到了天亮，天堂、明堂全部被焚燒殆盡[4]。武則天知道天堂被燒的真相後，為了避諱，只說是在天堂裡幹活的工徒疏忽燒著麻布佛像，而延燒明堂。

當時全城臣民正值慶祝正月的元宵燈會，到處進行聚飲。宮城正殿及天堂被燒，非同小可，左拾遺劉承慶請求停止朝會和聚飲，以回答上天的譴責，秋官尚書（刑部尚書）、宰相姚璹則說：「從前周代成周城宣榭失火，占卜的結果是朝代更加興盛；漢武帝時柏梁臺失火後再造建章宮，盛德更加久遠。現在明堂只是發布政令的場所，並不是宗廟，不應自我貶抑。」於是武則天登上皇城正門端門，像平時那樣觀看臣民會飲，並命令重新建造明堂、天堂，仍然任命薛懷義主持建造。

第三次建成後的天堂是洛陽城中最高的建築，《資治通鑑》記載：「於明堂北起天堂五級，以貯大（佛）像，至三級，則俯視明堂矣。」[5]天堂數百尺高，共五層，到第三層的時候已經可以俯視高近九十公尺的明堂了，在洛陽城外百餘里，都可以與之遙遙相望，由此可見，這個建築的宏偉與壯麗。

武周時代，東都洛陽城規模宏大，整座城池由皇城、宮城、郭城等幾部分組成。「洛水貫都，有河漢之象」，城內街道縱橫，有一百零三個里坊，三個商貿市場，其中最龐大的是南市，據清代徐松《唐兩京城坊考》考證：「（洛陽南市）東西南北居二坊之地，其內一百二十行，三千餘肆，四壁有四百餘店，貨賄山積。」[6]洛河從城中穿城而過，成為皇城和坊市的天然分界線，洛河之北為政治中心，洛河之南為商業和居民居住區。

當時洛陽的宮殿群——洛陽宮和萬象神宮（明堂）是歷史上最華美的宮殿群之一：高宗在洛陽時行政的上陽宮四面毗臨洛水、谷水、皇家禁苑和宮城，其正門正殿皆東向，臨洛水做橫亙一里長的長廊，並做虹橋跨洛水與西上陽宮相連；宿羽宮和高山宮亦輝煌壯麗，承高臨深，有眺望之美。因宮室過於壯麗，其建造者司農卿韋弘機被當時擔任侍御史的狄仁傑彈劾「誘導皇帝棄儉從奢」，獲罪丟官。在安史之亂中，萬象神宮（明堂）被叛軍和回紇兵兩次焚燒，於七六二年被徹底損毀。

七九四年日本將首都遷到位於山城國的平安京（京都市），自此開啟了平安時代，也開始了京都作為日本首都的歷史。平安京的營造效仿了唐代的京師長安和陪都洛陽，進行了市坊制規劃。以朱雀大路為中心，平安京分為右京（又稱「長安」）和左京（又稱「洛陽」）。在日本明治維新之前，戰國時代的日本大名帶兵朝見將軍與天皇，表明地位的行動被稱為「上洛」，京都府內至今仍隨處可見諸如「洛東」、「洛西」、「洛南」、「洛北」之類的地名。

在中國，時至今日，唐代的「神都」洛陽已經煙消雲散，南市在市井的犄角旮旯已經無跡可尋，從洛陽王城廣場東市百貨大樓的名字裡依稀還可尋東市的印痕，至於那些瓊樓、玉宇和宮殿則只能站在隋唐遺址公園上想像了。

煙火三月下「揚州」，唐代江南的代名詞

在「三京」之外，唐代的城市「揚一益二」，也就是說揚州第一，益州（成都）第二。揚州，便是隋代著名的江都，隋煬帝未登基之前曾經擔任揚州總管，登基後三次乘龍舟南下江都，直至最終在揚州死亡。

唐人熟悉的揚州還有另外一個名字：廣陵，因為〈李白送孟浩然之廣陵〉一詩：「故人西辭黃鶴樓，煙花三月下揚州。孤帆遠影碧空盡，唯見長江天際流。」廣陵和揚州的名字被後人所熟知。

如果說宋以後江南的代表是蘇杭，那麼在唐代，江南的代名詞便是揚州。七四三年，唐玄宗李隆基和楊玉環的時代，揚州僧鑑真應日僧邀請第一次東渡，為風浪所阻。這一年，在今天西安東郊長樂坡下的滻水之上，興建了一座人工湖，時名「廣運潭」，這個湖其實就是貨物轉運潭。

唐朝人喜歡說的一句俗諺叫做「南舟北馬」，但在這一年，以馬代步的長安人被眼前的景象驚呆了：他們看到來自全國各地的船隻都匯集在了這個轉運潭裡，船上滿載著稅物和各地被指派向朝廷進獻的土貢——來自北方的紅氈鞍韉；來自南方的略帶酸澀的紅橘；來自東北的用粉紅色絲綢作為緣飾的毛織物，以及來自西域的深紅色的絳礬。所有的貨物都被換裝到了小斛底船上，《舊唐書》中記載：「駕船人皆大笠子、寬袖衫、芒屨，如吳、楚之制。」[7]

李隆基和楊玉環親自參加了廣運潭的開潭儀式，陝縣尉崔志甫為了邀功，命婦女大唱：「潭裡船車鬧，揚州銅器多。」銅器是揚州的特產，而又以銅鏡最為出色，為重要的貢品。《太平廣記・卷二三一・器玩三》「李守泰」條引《異聞錄・李守泰》一則故事說：「天寶三載五月十五日，揚州進水心鏡一面，縱橫九寸，青瑩耀目。背有盤龍，長三尺四寸五分，勢如生動。玄宗覽而異之。」水心鏡又名「江心鏡」，是唐代最講究的鏡品，據說為農曆五月端午的午時於揚子江心船上鑄成，鑄造之時，有神仙異人參與，鏡背的龍紋則是真龍化身，可在大旱之年助雲行雨。

揚州的特產氈帽在元和中興的憲宗朝曾經名噪一時，當時尚為御史大夫的名相裴度主張對淮西用兵，遭到淮西藩鎮的忌恨，派人行刺，但當時由於裴度戴著一頂揚州產的氈帽，「度賴帽子頂厚，經刀處，微傷如線數寸」，從而倖免於難[8]。李廓〈長安少年行〉詩中說，長安少年「剗戴揚州帽」，成為一種時尚。

南朝梁人殷芸的《殷芸小說．吳蜀人》一文曾講了這樣一件事：「有客相從，各言所志：或願為揚州刺史，或願多貲財，或願騎鶴上升。其一人曰：『腰纏十萬貫，騎鶴上揚州』，欲兼三者。」說是有幾位朋友談論自己的志向，有人說想當揚州刺史，有人想有更多的錢，還有人想騎鶴飛到天堂，其中有一個人就說，我想腰纏十萬貫，騎著鶴去揚州。到了唐宋時代，因為國都在運河及長江上游，順江而下成了人們的習慣，這句話就被變成「騎鶴下揚州」。

既然有如此多追尋「揚州夢」的人，那麼，就有淘金成功者。大曆、貞元年間（七六六～八〇五年），揚州有一個叫俞大娘的女商人，她的航船是最大的，船上操駕之工數百人，以至於船工養生送死嫁娶悉在其間[9]。唐人李肇的《唐國史補》卷中說，揚州有個姓王的商人，人們把他叫「王四舅」，王老闆家大業大，在商人中非常有名望，然而此人異常低調。揚州富商大賈如若誰得王四舅一字，便悉奔走之，高興不已。

《太平廣記．卷十七．神仙十七》「盧李二生」條還記載了揚州隱豪盧二舅的故事。有盧、李二人原來是一同隱居在太白山讀書修行，盧生外號叫「二舅」，李生棄文從商，經營一片橘子園，地方官吏經常過來吃拿卡要，導致李生沒賺到錢，反而還欠下官錢數萬貫，貧困不得東歸。有一年李生偶過揚州阿使橋，再次遇到了盧生，就將自己遭遇的艱難告訴昔日老友。盧問李欠官錢多少，李回答：「二萬貫。」盧二話沒說，順手遞給對方一根拐杖說道：「將此於波斯店取錢。」李生將信將疑地來到波斯商人開的店，遞上拐杖後，胡商一看吃驚不小：「這是盧二舅拄杖，何以得之？」李生自然是一五一十地說明原委。店家不再言語，徑直將二萬貫錢給了李生。

從王四舅、盧二舅這兩個故事可以看出，唐人非常注重「舅甥關係」，稱呼商人為「舅」是當時很尊敬的稱謂，如同今日我們稱呼張總、李董一般。

鑑真渡海去日本近百年後，日僧圓仁於唐文宗開成三年（八三八年）七月抵揚州，是年在揚州度歲，也就是過年，他撰寫的《入唐求法巡禮行記》中見到的揚州是：「江中充滿大舫船、積蘆船、小船等，不可勝計。」臨到快過年的臘月二十九日，「暮際，道俗共燒紙錢。俗家後夜燒竹，與爆聲，道『萬歲』。街店之內，百種飯食，異常彌滿」。當時揚州的唐人在臘月二十九的夜晚燒紙錢祭祀，並且在後半夜開始燃放爆竹，在爆竹聲裡高喊「萬歲」慶祝；揚州的街道上酒樓、飯館林立，比起鑑真東渡時，更加浮華昌盛。

到了上元節，圓仁又見到了不同於日本的一面：「十四日，立春。市人作鶯賣之。人買玩之。十五日，夜，東西街中，人宅燃燈，與本國年盡晦夜不殊矣。寺裡燃燈，供養佛。」正月十四正趕上立春，揚州城內有人在街市上賣黃鸝鳥，正月十五的晚上，家家戶戶都點燃燈火，寺廟裡也點燃燈火供養佛像，而當時日本沒有如此熱鬧、光明，這令圓仁大為感慨。

圓仁來揚州的時候，恰好是詩人杜牧離開揚州五年後。五年前的八三五年，杜牧離開揚州赴長安任監察御史，臨別時他給心愛的揚州妓女寫了一首〈贈別〉：「娉娉嫋嫋十三餘，豆蔻梢頭二月初。春風十里揚州路，捲上珠簾總不如。」一千三百年後，作家馮唐借用此句寫了：「春水初生，春林初盛，春風十里，不如你。」「春風十里不如你」藉此成為了網路名句。

十年後，杜牧在黃州刺史任上，想起了揚州歲月，做了一首〈遣懷〉：「落魄江南載酒行，楚腰纖細掌中輕。十年一覺揚州夢，贏得青樓薄幸名。」《太平廣記》曾經有記載，杜牧在揚州時候，公務之餘縱情宴遊娛樂。當時「揚州勝地也，每重城向夕，倡樓之上，常有絳紗燈萬數，輝羅耀烈空中。九里三十步街中，珠翠填咽，邈若仙境」[10]。揚州乃旅遊勝地，城內每到夜晚，青樓之上常有上萬隻紅紗燈懸掛起來，燦爛輝煌，照徹夜空，九里三十步的長街上，熙來攘往著頂珠戴翠的人群；遠遠望去，猶如仙境一般。

唐天寶六載（七四七年）的時候，揚州人口達四十七萬，僅阿拉伯商人就有五千多人。來這裡學取真經和漢文化的日本遣唐僧人和留學生絡繹不絕。清末以後，漕運不經運河，揚州也就逐漸衰落下來。到了抗日戰爭前，揚州人口十二萬，只有唐朝繁榮時的四分之一。

唐宣宗大中九年（八五五年），唐朝詩人盧求在〈成都記．序〉中對揚州、益州進行了比較：「大凡今之推名鎮為天下第一者，曰揚、益，以揚為首，蓋聲勢也。人物繁盛，悉皆土著，江山之秀，羅錦之麗，管弦歌舞之多，伎巧百工之富，其人勇且讓，其地腴以善熟，較其要妙，揚不足以侔其半。」盧求認為，儘管人們認為「揚一益二」，但揚州更多是繁華的聲勢，要論及羅錦、管弦歌舞和伎巧百工，還是成都強。

帝國最大的手工業城市——成都

唐代成都的城市人口數量約為十萬戶，五十萬人，和揚州其實差不多。但是成都的造紙業、製瓷業跟織錦、漆器名聞全國。唐朝政府曾經做出規定，凡各種公文和重要圖書一律以益州麻紙書寫，蜀錦更是聞名全國，唐玄宗身穿的五彩蜀錦，被視為「異物」；安樂公主的單絲壁羅龍裙蜀錦「飄似雲煙，燦如朝霞」。甚至這座城市也被唐人叫「錦官城」，把城邊的江叫「濯錦江」。

天寶十四載（七五五年），安史之亂起，玄宗倉皇出走，到了寶雞市扶風縣，有人說賊軍馬上就來了，不跑來不及了，於是逃亡的士卒開始控制不住了，禁軍統帥、龍武大將軍陳玄禮想制止一下，結果士卒已經對他出言不遜了。玄宗非常擔心，恰好此時「成都貢春彩十餘萬匹，至扶風，上命悉陳之於庭」。成都府押解來了十萬匹名為「春彩」的絲綢，玄宗讓人把這些絲綢陳列在院子裡，對將士們說：「朕老來糊塗，所託非人，才導致逆賊叛亂。我知道大家倉促跟我逃亡，勞苦功高，我很慚愧。去成都的路險阻且漫長，而且我們人馬眾多，不一定能養活得了，各位可以自行還家，我和我的兒孫還有宦官自行前往成都就足夠了。院子裡的春彩大家都分了，就當是酬勞。如果你們回到長安，告訴長安的父老鄉親，我想念他們。大家各安其命吧。」說完「泣下沾襟」。眾將士皆哭，說：「臣等死生從陛下，不敢有貳！」[11]儘管玄宗說成都不一定養活得了這麼些人馬，但是院子裡的十萬匹春彩明白無誤地告訴將士們，成都是個好地方。此欲擒故縱之法，和三國時曹操的「望梅止渴」有異曲同工之妙。

《大唐新語》則記載了這麼一件事：「益州每歲進柑子，皆以紙裹之。他時長吏嫌紙不敬，代以絹布。既而恐柑子為布所損，每懷憂懼。俄有御史甘子布使於蜀，驛使馳白長吏：『有御史甘子布至。』長吏以為推布裹柑子事，懼曰：『果為所推！』及子布到驛，長吏但敘以布裹柑子為敬。子布初不之知，久而方悟。聞者莫不大笑。」[12]說是成都的柑子是皇家貢品，每年進貢的時候都拿紙包裹，存放貢柑驛站的官吏認為拿紙包東西對聖賢不敬，於是換成絹布，但他又擔心柑子被絹布損壞，所以經常很擔心。恰好那個時候，御史甘子布出使成都，驛站人員告訴官吏：「御史甘子布來了。」官吏以為御史因為柑子的布有問題來查他了，嚇得瑟瑟發抖。這則故事其實透露出來兩個訊息：一是成都彼時的柑橘已經非常著名，二是成都的絲織產業非常發達，官吏能用綢布替代紙張，證明絲織品的產量和價格都足以充當替代品。

作為唐帝國最大的手工業城市，成都有南市、東市、西市著名的「三市」。到了信宗時期，劍南西川節度使崔安潛又創置新北市，儘管「坊市」是唐代城市的基本形式，但一個城市有四個市，也是非常罕見的，長安也不過只有東、西兩市而已。

除了常設的市，成都每年還有各種定期舉行的集市，盧求在《成都記．月市》中記載，成都每個月都有主題性的集市，熱鬧非凡：「正月燈市，二月花市，三月蠶市，四月錦市，五月扇市，六月香市，七月七寶市，八月桂市，九月藥市，十月酒市，十一月梅市，十二月桃符市。」

七月的「七寶市」是唐時最值得一去的集市。「七寶」本來是佛教用語，所指即是金、銀、琉璃、瑪瑙等寶貨，引申其義，凡是以各種珍寶裝飾的器物，也就多以「七寶」為名。所以，成都的七寶市，就是奇珍異寶、錦綺珍玩和其他高級手工業製品的貿易集市。

今天遊客們去成都必去錦里，那個時候的錦里已經是繁華異常，晚唐五代詞人韋莊有〈怨王孫〉：「錦里，蠶市，滿街珠翠，千萬紅妝。玉蟬金雀，寶髻花簇鳴璫，繡衣長。日斜歸去人難見，青樓遠，隊隊行雲散。不知今夜，何處深鎖蘭房，隔仙鄉。」

成都手工業的發達，以至於手工匠都成了南詔和唐帝國爭奪的重點戰略資源。唐文宗大和三年（八二九年）起，南詔三次攻入成都，僅八二九年一次南詔占領了成都外城，退兵的那一天「將還，乃掠子女、工技數萬引而南」，強迫成都各種技術工匠全家南遷，人數達數萬人[13]。兩年後，李德裕任西川節度使，要求南詔放回被擄的成都工匠，南詔人放回了四千人。

隨著運河發達的廣州、明州和杭州

在揚州和益州之外，唐帝國最有名的地方城市，就是沿海的港口城市——廣州和明州（寧波）。

和揚州是中日交通的主要港口不同，廣州被稱為「通海夷道」，主要對波斯、阿拉伯等西亞國家進行海洋貿易。薛愛華在其名著《撒馬爾罕的金桃：唐代舶來品研究》中這樣描述這些海客在廣州的生活貿易情形：「那些皮膚黝黑的外國人在廣州出售他們帶來的，氣味芬芳的熱帶木材和幾乎近於神奇的藥材，求購大捆的絲綢、成箱的瓷器和奴隸。他們從事的貿易活動使那些甘願放棄北方的舒適生活，來到南方經商營利的商人發了大財，同時也使廣州城和嶺南道的統治者得以具有了超乎尋常的崇高地位……」

李肇《唐國史補》卷下記載：「南海舶外國船也，每歲至安南、廣州。師子國舶最大，梯而上下數丈，皆積寶貨。至則本道奏報，郡邑為之喧闐。有蕃長為主領，市舶使籍其名物，納舶腳，禁珍異，蕃商有以欺詐入牢獄者。舶發之後，海路必養白鴿為信。舶沒，則鴿雖數千里，亦能歸也。」彼時，在南中國海航行的外國商貿船，每年都會來安南都護府和廣州，其中師子國（斯里蘭卡）的船最大，船上的樓梯就有數丈長。市舶使就是唐代的海關，所謂「籍名物」，又稱「閱貨」，就是檢查進口舶來品的門類和數量，以便「納舶腳」即徵收國境關稅（通常是十分抽一）。至於「禁珍異」，則是對名貴物品實行「禁榷」，禁止私商插手，全歸官方專賣。而且這些遠航的海客，在當時已經開始使用馴養的信鴿來傳遞訊息。

《朱雀：唐代的南方意象》
薛愛華是美國著名漢學家和語言學家，二十世紀下半葉美國唐代研究乃至整個西方唐代研究的領軍人物。

為了模擬驗證唐代「廣州通海夷道」利用季風及海流的航海術航行到廣州的遠洋航線，一九八〇年，西亞的阿曼蘇丹國政府決定再造古船，沿著阿曼著名航海家艾布·阿比達曾於八世紀中葉乘船來廣州的路線。這艘名為「蘇哈爾號」的木船完全按照古代技藝製作：長二十二公尺，高三公尺，不用一根鐵釘，船板用椰棕搓成的繩子連接起來，縫隙間塗以樹膠以防滲透。全船不裝近現代動力設備，全憑季風鼓帆行駛；也不配備科學儀器，而是藉助於羅盤針、占星術等中世紀方法判斷方位和航行。

蘇哈爾號沿著阿拉伯史籍中記載的中、阿之間由西向東的七個海：波斯海（今波斯灣和阿曼灣）、拉爾海（今阿拉伯海）、哈爾肯德海（今孟加拉灣和安達曼海）、克拉赫巴爾海（今麻六甲海峽）、軍徒弄海或卡爾蕩海（今暹羅灣南部及爪哇海北部）、占婆海（今南海西部）和漲海（今南海東部），歷時二百一十六天，航程約九千八百公里，於一九八一年七月二日順利到達珠江口，並駛入廣州港洲頭咀碼頭。

和揚州一樣，位於東海邊的明州（寧波）也是日本遣唐使主要登岸港之一。唐朝政府規定，遣唐使到明州後，在此辦理入京手續，需時數月至一年。日本學者木宮泰彥在《中日文化交流史》中統計，七八二至一一九一年間，中國商團由明州啟程，來往於日本達百多次，平均三年往返一次。他們帶去大量的絲綢、瓷器、經卷、佛像、書籍、藥品出售，販回沙金、水銀和錫。

在遙遠的西域，貞觀十四年（六四〇年）唐朝平定高昌後，伊吾改置為伊州，高昌改置為西州，又以可汗浮圖改置為庭州。由於大批唐軍的進駐，還創立了安西四鎮（龜茲、焉耆、于闐、疏勒）。以上三州、四鎮構成了西域的小型商業城市群。其中規模最大的是西州，這裡是高昌國的故城，《舊唐書．西戎傳》載其轄地範圍有「三郡、五縣、二十二城，戶八千、口三萬七千七百」[14]。而且西州有大量諸如穀麥行、米麵行、果子行、帛練行、照帛行、擋釜行、菜子行等的行市，有學者估算，當時在西州城，這樣的「行」有四十餘個[15]。

在唐代城市發展的歷程中，唐帝國承惠於隋王朝頗多，除了在都城上繼承隋大興城、洛陽城，大運河在唐代顯現出了無與倫比的價值，漕運方面自不必說，南北士子透過大運河的科舉流轉鞏固了帝國南北的緊密度。單就城市而言，大運河直接影響了一批城市的崛起，而這些城市則在唐以後的一千多年，深刻影響了中國的經濟、政治和文化格局。

許多今天耳熟能詳的城市都是因為運河而在唐代確立了其地位，比如汴州（開封）因為控制著通濟渠的東段「汴河」到黃河的入口，是運河的關鍵點，控制它就可以截留漕運的財富。因而從隋末鄭州所屬的一個縣一躍而成為聯繫南北漕運的樞紐，成為資用富饒的大都會。五代時期，梁、晉、漢、周四朝均定都開封，到了北宋，被稱為開封府的汴梁，成為了世界上最繁華的都市。

杭州，作為運河最南端的城市，從唐初鳳凰山麓的小縣城，到了中唐，已經成為東南大都市，白居易在〈盧元輔杭州刺史制〉中說：「江南列郡，餘杭為大。」

唐代歷任的杭州刺史似乎非常喜歡這座城市，唐玄宗開元十三年（七二五年），曾做過尚書左丞的杭州刺史袁仁敬則在西湖邊遍植松樹，到宋時這裡的松樹已是「蒼翠夾道，陰靄連雲，日光穿漏，如碎金屑玉。人行其下衣袂盡綠」[16]。這就是後世聞名的西湖九里松，可惜在清代毀於一旦。

唐建中二年至興元元年（七八一～七八四年），杭州刺史李泌鑿「六井」，引西湖水入城，解決了居民用水問題。唐長慶二年（八二二年）十月至四年（八二四年）五月，白居易任杭州刺史。白居易在任期間，對錢塘湖（今西湖）進行了大規模的整治，並且為之命名為西湖。

白居易一生作詩三千六百多首，其中寫西湖山水的詩就有二百餘首，為歷代寫西湖詩歌最多之人。

當時的杭州也已經初現後世的風采，白居易〈重題別東樓〉詩中有「春雨星攢尋蟹火，秋風霞颭弄濤旗」之句，並特別在此句下注釋云：「餘杭風俗，每寒食雨後夜涼，家家持燭尋蟹，動盈萬人。」

其終點。

城市規劃——坊市制度建立與城市常見災禍

就城市規劃而言，唐代的城市，是中國古代城市營造史上「坊市制」的高峰，也是其終點。

唐代坊市起始自西周時期的閭里制度，秦漢南北朝一直被沿用，其特點是在城市裡嚴格區分商業貿易的「市」與居民住宅區「坊」，商品交易只能在市中進行，坊則是完全的居民區。「坊」和「市」都環以高牆，設有坊門與市門，各坊之間以街道相隔，由吏卒和市令管理，全城實行宵禁。這種狀態有點像我們今天的小區，每個小區是一個獨立的生活場所，前後門都有保安和物業管理。只不過唐代的坊規模大得多，除了住戶，坊內還有寺廟、道觀以及果園、菜園。當時，從京城到各地州縣均按照坊市制度建設，坊的數量則因城市大小而設。

唐政府對城內公共衛生有嚴格的規定進行約束。針對沿街居民丟棄垃圾，《唐律疏議》裡有嚴格規定：「其穿垣出穢汙者，杖六十。出水者，勿論。主司不禁，與同罪。」[17]也就是說，如果你把大小便倒在坊牆外，打六十大板，倒水則沒關係；如果主管坊的官吏沒有禁止你亂倒垃圾，他也得打六十大板。對於喜歡養狗養寵物的人來說，《唐律疏議》也有專項規定：「諸畜產及噬犬有抵蹋齧人，而標幟羈絆不如法，若狂犬不殺者，笞四十；以故殺傷人者，以過失論。若故放令殺傷人者，減鬥殺傷一等。」[18]如果有狗或動物踢你咬你，你制服牠們不犯法，但是有狂犬病的狗如果你不殺掉，抽你四十鞭子。如果狗沒管好，過失咬死咬傷人的，是過失犯罪。故意放狗咬傷人的，則按鬥殺罪減一等處罰（故意犯罪）。

對於違建以及在城市綠化帶種樹種菜，《唐律疏議》也有規定：「諸侵巷街阡陌者，杖七十；若種植墾食者，笞五十。各令復故。」[19]違建打板子，亂種植物抽鞭子，挨打後，你還得把這些地方恢復原狀。

城市的日常生活中，人們遇到的最多的災禍，可能就是車禍和火災了。唐代雖然沒有汽車，但有牛車、馬車，而且馬作為當時官宦的「私家車」亦是非常普遍，於是《唐律疏議》就規定了：「諸於城內街巷及人眾中，無故走車馬者笞五十，以故殺人者減鬥殺傷一等。」[20]在城市街道或人群中跑車、縱馬的打五十鞭子，如果因車禍造成死亡的，在殺人罪基礎上減少一等量刑。

一九七三年，新疆吐魯番阿斯塔那第五〇九號墓出土了一份唐代宗時期紙本的《唐寶應元年六月康失芬行車傷人案卷》，記載了七六二年發生在高昌城的一場車禍。

兩位八歲的粟特小朋友，男孩金兒和女孩想子在高昌南門玩耍，商人張遊鶴的店鋪就開在這裡。一個叫康失芬的三十歲雇工正駕牛車把城裡的土坯搬到城外，路過此處時，他的牛車把金兒和想子軋傷了。金兒傷勢嚴重，腰部以下的骨頭全部破碎，性命難保；想子腰骨損折。這起交通事故發生後，金兒的老爸史拂和想子的老爸曹沒冒一致決定：打官司。

史拂向官府提交了起訴書，說明自己兒子被牛車軋傷的事實，要求官府予以處理：「男金兒八歲在張遊鶴店門前坐，乃被靳嗔奴家雇工康失芬將車輾損，腰已下骨並碎破，今見困重，恐性命不存，請處分。」然後是曹沒冒提交起訴書，意思與史拂差不多。

隨後，一個叫「舒」的官員（唐朝公文中官員署名的時候，只署名不寫姓氏）接手了這個案子。他先是查問康失芬，第一次，康失芬承認他趕牛車軋人的事實無誤；第二次，舒詢問康失芬案件詳情，康失芬回答說，牛車是他借來的，由於他對駕車的牛習性不熟悉，當牛奔跑的時候，他努力拉住，但「力所不逮」，終於釀成事故；第三次，舒問康失芬有什麼打算，康失芬表示願為傷者治療，如果受傷的人不幸身死，再按法律來處罰自己。舒最後同意了康失芬的這個意見[21]。

對於火災，《唐律疏議》規定得更加嚴格，縱火不但有罪，你把自己家燒了也不行。如果你自家因用火不慎而起火的，笞五十；火勢蔓延，燒及他人舍宅及財物的，一般情況下杖八十；損失嚴重的，最高判一年半；因此而致人傷亡的，處罰更重，最高判三年。[22]《唐律疏議》還規定了人們遇到鄰居火災要及時報案，不報案的抽鞭子：遇私家失火，不告不救者，笞三十。[23]

唐代城市裡也有派出所，京師長安就建有治安消防一體的組織「武候鋪」，分布在各個城市和坊里。這種「武候鋪」，大城門一百人，大坊三十人；小城門二十人，小坊五人。

到了北宋，中國城市的人口和商業進一步發展，人們已經不滿足於只能在指定市場去消費和交易，而是希望把店鋪開在坊內，進一步滿足人們的消費欲望。於是坊市這種制度逐漸瓦解，其標誌就是封閉式的坊牆被推翻，城市內的劃分不再以坊為標誌，而是以街道為標誌，「街市」式的城市取代了「坊市」式的城市，在中國歷史上存在了近二千年的里坊式城市消失。

注釋

1《舊唐書．卷十．本紀第十．肅宗》記載：「改蜀郡為南京，鳳翔府為西京，西京改為中京，蜀郡改為成都府。鳳翔府官僚並同三京名號。」

2《資治通鑑．卷二百二十二．唐紀三十八》記載：「建卯月（二月）辛亥朔，赦天下；復以京兆為上都，河南為東都，鳳翔為西都，江陵為南都，太原為北都。」

3 見《隋書．卷三．帝紀第三．煬帝上》。

4《舊唐書．卷二十二．志第二．禮儀二》：「時則天又於明堂後造天堂，以安佛像，高百餘尺。始起建構，為大風振倒。俄又重營，其功未畢。證聖元年正月丙申夜，佛堂災，延燒明堂，至曙，二堂並盡。」

5 見《資治通鑑．卷第二百四．唐紀二十》。

6 見《唐兩京城坊考．卷五．東京．外郭城》。

7 見《舊唐書．卷一百五．列傳第五十五．韋堅》。

8 此典故出自《太平廣記．卷一百五十三．定數八》「裴度」條。

9 見《唐國史補》卷下。

10 見《太平廣記．卷二百七十三．婦人四》「杜牧」條。

11《資治通鑑．卷第二百一十八．唐紀三十四》記載：天寶十五載（七五六年）六月，「己亥，上至岐山。或言賊前鋒且至，上遽過，宿扶風郡。士卒潛懷去就，往往流言不遜，陳玄禮不能制，上患之。會成都貢春彩十餘萬匹，至扶風，上命悉陳之於庭，召將士入，臨軒諭之曰：『朕比來衰耄，託任失人，致逆胡亂常，須遠避其鋒。知卿等皆蒼猝從朕，不得別父母妻子，茇涉至此，勞苦至矣，朕甚愧之。蜀路阻長，郡縣褊小，人馬眾多，或不能供，今聽卿等各還家，朕獨與子、孫、中官前行入蜀，亦足自達。今日與卿等訣別，可共分此彩以備資糧。若歸，見父母及長安父老，為朕致意，各好自愛也！』因泣下沾襟。眾皆哭，曰：『臣等死生從陛下，不敢有貳。』上良久曰：『去留聽卿。』自是流言始息。」

12 見《大唐新語．第二十八章諧謔》。

13 見《新唐書．卷第二百二十二．列傳第一百四十七中．南蠻中》。

14 見《舊唐書．卷一百九十八．列傳第一百四十八．西戎》。

15 見衛之，〈唐代西州的市場經濟〉，烏魯木齊：《西域研究》一九九七年第三期。

16 見《西湖志．卷之三．名勝一．錢塘八景圖》「九里雲松」條。

17 見《唐律疏議》卷二十六「侵巷街阡陌」條。

18 見《唐律疏議》卷十五「畜產觝蹹齧人」條。

19 見《唐律疏議》卷二十六「侵巷街阡陌」條。

20 見《唐律疏議》卷二十六「城內街巷走馬」條。

21 引文出自唐長孺先生主編的《吐魯番出土文書》圖錄本第四冊（北京：文物出版社，一九九六年）。

22 見《唐律疏議》卷二十七「非時燒田野」條。

23 見《唐律疏議》卷二十七「見火起不告救」條。

第八章

伏願娘子 千秋萬歲

一九〇〇年，
敦煌莫高窟出土了一批
唐代的協議離婚文書〈放妻書〉，
在離婚協議上，體現出
「若婚姻不能到頭，
願彼此能溫柔分手」的態度；
唐代對於婚姻和女性持有的開放態度，
也因此造就了唐代盛產愛情故事。

一九〇〇年，敦煌莫高窟出土了一批唐代的協議離婚文書——〈放妻書〉。其中英、法藏十件，俄藏二件，共十二件。

其中有一件是這麼寫的：

> 蓋以伉儷情深，夫妻語義，△△懷合巹之歡，念同牢之樂。夫妻相對，恰似鴛鴦，雙飛並棲，花顏共坐，兩德之美，恩愛極重，二體一心。生則同床於寢間，死則同棺槨於地下。三載結緣，則夫婦相和；三年有怨，則來成仇隙。今已不和，想是前世怨家，反目成△，作為後代增嫉，業緣不遂，見此分離。聚會二親，以△一別。所有物色書之。相隔之後，更選重官高職之夫，弄影庭前，美呈琴瑟合韻之態。△恐捨結，更莫相談，千萬永辭。布施歡喜，三年衣糧，便獻柔儀。伏願娘子千秋萬歲。
>
> 時△年△月△日，鄉百姓△甲放妻書一道。
>
> （△為缺失文字）[1]

從中可以看出，夫妻二人結婚後，前幾年如膠似漆，後幾年漸生怨隙，於是因「緣業不遂」，也就是感情不和協議離婚。丈夫祝願妻子離婚後能夠再選一位良人出嫁，與自己「解怨捨結」不再有恩恩怨怨。最後丈夫「三年衣糧，便獻柔儀」為妻子提供離異後的三年的衣糧作為補償和贍養，並祝願妻子「伏願娘子千秋萬歲」。

離婚的本身可能並不美好，夫妻雙方一定經過了非常痛苦的抉擇，然而在最後的離婚協議上，體現出的卻是一種「若婚姻不能到頭，願彼此能溫柔分手」的態度，比起今天離婚協議中滿篇冷冰冰的「財產及子女撫養」條款，更加能夠讓人感受到彼此珍重的味道。

《中華人民共和國婚姻法》第六條規定，男女法定結婚年紀是：男方結婚年齡不得早於二十二週歲，女不得早於二十週歲。[2]在唐代，這個年紀要小得多。

鼓勵民間，嫁娶以增加人口

唐初的貞觀年間，唐太宗李世民為了增加人口，下發詔書讓地方政府鼓勵民間婚嫁，其中寫道：「男年二十女年十五以上，及妻喪達制之後，孀居服紀已除，並須申以婚媾，令其好合。」[3]這是唐初的法定結婚年紀：男方二十以上，女方十五以上，即可達到法定結婚年紀。

而且規定「妻喪」和「孀居」到期可以再婚，古人的社會生活禮法大都依據《禮記》，根據《禮記．喪服小記》，丈夫死，屬於「斬衰」，妻子需要為丈夫服喪三年；妻子死，屬於「齊衰」，丈夫需要為妻子服喪一年。為什麼服喪時間不一樣？因為由父系家族組成的中國古代社會，以父宗為重。

政府儘管勸勉民間嫁娶以增加人口，效果其實並不大好。到了開元二十二年（七三四年），唐玄宗李隆基發布詔令，把法定婚齡降低，女性的最低結婚年齡由十五歲降到十三歲，男性由二十歲降到十五歲[4]。這麼做的原因還是為了增加人口，據葛劍雄先生的《中國人口史》中所統計，開元二十二年，唐帝國有七百八十六萬一千二百三十六戶，四千五百四十三萬一千二百五十六口人，僅與隋煬帝統治時期持平。

士族嫁女，彩禮居高不下

唐代士族嫁女和今天有些地方索要天價彩禮是一模一樣的。記錄唐太宗在位時期政治得失的《貞觀政要》就記載，貞觀六年（六三二年），唐太宗和左僕射房玄齡討論當下風氣的時候，李世民就特別看不起士族的士大夫，因為他們：「每嫁女他族，必廣索聘財，以多為貴，論數定約同於市賈，甚損風俗。」[5]當時的士族嫁女的時候，索要聘禮多多益善，就如同市面上的商賈做生意一般。

唐高宗顯慶四年（六五九年）十月的時候，高宗李治不得不透過詔書的形式，來強行規定士族彩禮的額度：「天下嫁女受財，三品以上之家，不得過絹三百匹；四品、五品不得過二百匹；六品、七品不得過一百匹；八品以下不得過五十匹。皆充所嫁女貲裝等用，其夫家不得受陪門之財。」[6]

到了唐憲宗李純元和年間（八〇六～八二〇年），士族嫁女的彩禮仍然居高不下。當時唐人蔣防有一篇著名的傳奇〈霍小玉傳〉，講的是隴西書生李益和長安名妓霍小玉的愛情悲劇。霍小玉係霍王府庶出，淪為藝妓，與名門出身的新科進士李益相愛。小玉擔心自己身分低微，不能與李益長相廝守，李益便以縑素寫下永不相負之盟約：「引諭山河，指誠日月。」霍小玉遂和李益兩年日夜相從，之後李益授鄭縣主簿，離別之時，李益賭咒發誓答應來娶她。

李益回家之後，其母已為他訂下士族盧氏之女，李益害怕母親的威嚴，知道自己必負霍小玉之盟，於是與霍小玉斷絕書信往來。霍小玉日夜盼望，多方打探李益消息，資財用盡，變賣妝奩：「懷憂抱恨，終歲有餘，羸弱空閨，遂成沉疾。」最終一位長安的黃衫壯士被霍小玉的故事感動，挾持李益到霍小玉家，霍小玉歷數自己的不幸和對方的負心，長慟數聲死去。後李益因霍小玉冤魂作祟，三娶皆不諧，終生不得安寧。

李益的母親為李益定下婚事的盧氏家族，就是李世民看不起的那種士族：「嫁女於他門，聘財必以百萬為約，不滿此數，義在不行。」李益為了娶盧氏女「事須求貸」，要去貸款下聘禮才能成功。

士族是這樣一種風氣，民間自然而然受到了影響。詩人元稹的〈代九九〉就講了一個叫代九九的女子：「阿母憐金重，親兄要馬騎。把將嬌小女，嫁與冶遊兒。」她的母親愛財，親兄長想要騎馬，就把她嫁給了一個出得起財資的浪蕩子，這基本就是賣女兒了。

還有人因為結婚嫌棄丈夫家貧而反悔的。《太平廣記・卷四百九十五・雜錄》記載了這麼一件事：顏真卿在江西撫州做刺史的時候，有個秀才楊志堅非常好學但家境貧寒，他的妻子以「資給不充」向他索要休書離婚。

楊志堅寫了一首詩給妻子：「當年立志早從師，今日翻成鬢有絲。落托自知求事晚，蹉跎甘道出身遲。金釵任意撩新髮，鸞鏡從他別畫眉。此去便同行路客，相逢即是下山時。」意思是說他痴迷讀書，有所成時才發現已經鬢有白髮，之所以家境貧寒，是因為年輕時沒有去求功名，希望妻子考慮一下他們這些年的不容易，如果妻子這次離他

螺鈿梳背

在唐代，女性佩戴裝飾性的梳子作為部分髮式是一種時尚。這把螺鈿梳子由黃金、白銀、玉石和珍珠母等珍貴材料製成，並飾有流行的裝飾圖案，是唐代的瑰寶工藝。

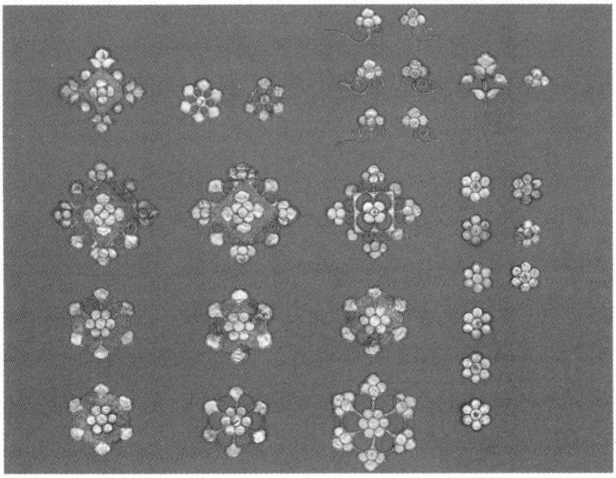

玫瑰花金首飾殘片

唐代女性首飾中，以簪、釵、玉梳背、步搖、釧為最常見。這組罕見的玫瑰花金首飾殘片，可能是花釵或金步搖的部件。

而去再嫁，以後兩人便形同陌路了。

可是楊志堅的妻子去意已決，於是拿上這首詩，到官府請求離婚再嫁，顏真卿說她「愚妻睹其未遇，曾不少留」，認為楊志堅的妻子因為丈夫沒有中舉發達而嫌貧愛富，是「汙辱鄉閭，傷敗風教」的事情，雖然准其改嫁，但判處打了她二十板。同時，楊志堅「餉粟帛，仍署隨軍」，讓楊志堅留在官署做了幕僚，還將此事公諸於眾。此後數十年間，江右之地不敢再有休夫的妻子了[7]。楊志堅這首〈送妻〉後來被收入到《全唐詩》，他自己更成為了「臨川八大家」之一，同時流傳千古的還有顏真卿的判詞〈按楊志堅妻求別適判〉。

讀書人大齡婚育不在少數

儘管唐人結婚的年紀很小，有一類人卻和今天的大齡青年一樣晚婚晚育，那就是唐代要考取功名的士子。為了專心科考，很多唐代讀書人結婚都很晚。唐代軼事小說集《唐摭言．卷三．慈恩寺題名遊賞賦詠雜紀》就記載：「其日，公卿家傾城縱觀於此，有若中東床之選者，十八九鈿車珠鞍，櫛比而至。」說的是進士放榜的那天，滿城的富貴人家都來相親，有看中的進士，豪車、寶馬一起往跟前湧，這說明相當多的進士都是未婚的。

與此相對應的是唐代著名詩人晚婚的就很多，他們當然也是追逐功名而晚婚的，比如開元十年（七二二年），三十五歲的王之渙與勃海李氏結婚，李氏是冀州衡山縣令李滌的第三個女兒。開元十五年（七二七年），李白二十七歲，與前宰相許圉師的孫女結婚，安家於湖北安陸。開元二十九年（七四一年），三十歲的杜甫結婚，新娘是當時司農少卿楊怡的女兒，杜甫一生顛沛流離，楊氏始終與他相濡以沫。元和三年（八〇八年），三十六歲的白居易與小他十二歲的楊氏結婚，楊氏是其好友楊虞卿的堂妹。會昌六年（八四六年），三十五歲在祕書省任正字[8]的李商隱終於有了兒子李袞師，可見其結婚也是極晚的。

從議婚到完婚的「六禮」儀式

唐人在婚禮禮儀上亦是按照《禮記》來進行，《禮記》第四十四篇〈昏義〉就是講結婚禮儀的。之所以叫「昏義」，是因為古人舉行婚禮都是在傍晚黃昏時分，所以婚姻的「婚」字就來源於此。漢代的詞典《說文解字》就說：「婚，婦家也。禮，娶婦以昏時。」今天，如果我們拿秦嶺—淮河做個簡單分界線，會發現大多數北方人的習俗是中午辦婚宴，而南方人則習慣在晚上辦婚宴，可以看出，南方人的婚禮時間的選擇上更接近古人。

〈昏義〉規定了古代的婚姻禮儀——六禮。指從議婚至完婚過程中的六種禮節，即：納采、問名、納吉、納徵、請期、親迎。

這六種禮節並不是記在書上就完事了，而是古人在日常生活中正兒八經使用的禮儀規範，唐人概莫能外，唐代皇帝如果娶皇后亦是按照這樣的流程，只不過中間還有一些祈禱和告天地、告祖宗的儀式。唐高祖李淵武德年間編撰的類書《藝文類聚》就對這六種禮儀做過解釋：「納采，始相與言語，采擇可否之時。問名，謂問女名，將歸上之也。納吉，謂歸卜吉，往告之也。納徵，用束帛，徵成也。請期，謂吉日將親迎，謂成禮也。」[9]

儒家三禮的另一本《儀禮・士昏義》，則對六禮的過程講得非常詳細[10]。納采就是男方要與女方結親，要請媒人往女方提親，得到應允後，再請媒妁正式向女家納「采擇之禮」，就是送訂婚禮物，大都是一些有象徵意義的物品，其中最重要的是——大雁。大雁一般都是一夫一妻，向來是從一而終。不論是雌雁死或是雄雁亡，剩下落單的一隻孤雁，到死也不會再找別的伴侶。在古人心中，大雁就是愛情的象徵。

需要說明的是，六禮中，除了彩禮之外，每個環節都要送大雁，後面環節就不再一一提及，否則要講五次送大雁。

大雁之外還有一些有代表意義的物品，段成式的《酉陽雜俎・卷一・禮異》就說：「婚禮，納采有合歡、嘉禾、阿膠、九子蒲、朱葦、雙石、綿絮、長命縷、乾漆。九事皆有詞：膠漆取其固；綿絮取其調柔；蒲葦為心，可屈可伸也；嘉禾，分福也；雙石，義在兩固也。」九種物品裡，合歡是指合歡鈴，取其音聲和諧以象徵夫婦和睦；嘉禾就是多穗的稻子，代表富足；阿膠和乾漆代表如膠似漆；九子蒲，表示多子多孫；朱葦就是蒲葦，可以做枕芯，取其可屈可伸之意；綿絮代表婚姻和順；長命縷代表長壽。

蓮花對鳥銜枝紋錦

唐人喜歡在絲織品上織上各種禽鳥紋，形色美豔的織品上禽鳥姿態生動，與花卉、瓔珞、綬帶組合在一起，華麗天成的美感，對後世的中國傳統紋樣造型有著深遠的影響。

「雙石」遍查資料不知道為何物，不大可能是兩塊石頭，或許是石質的工藝品，有學者說代表夫妻關係牢固，但其實前面的阿膠和乾漆已經「取其固」，雙石「義在兩固」應是表示結親的兩家人以後的姻親關係穩固不破。

問名就是男方遣媒人到女家詢問女方姓名，生辰八字，取回庚帖後，卜吉合八字。納吉就是男方問名、合八字後，將卜婚的吉兆通知女方，因為都已經訂婚了，納吉一般而言都是吉兆，走個過場而已。

此後就要納徵，就是上文提到讓人深惡痛絕的彩禮。實際上不僅唐代，東漢就已經很浮誇了，《通典．卷五十八．纂禮十八．嘉三．公侯大夫士婚禮》就記載，東漢時的官宦士族聘禮物有三十種，每個都有謁文（類似祈禱詩）和贊文（類似讚美詩）各一首。全部封好裱好，用皂帔蓋在箱子裡；到了唐代，彩禮更多是錢帛，也就是金錢和絲綢。

送完彩禮就要請期，也就是挑日子了。最後親迎，也就是迎親。如此這般走完六個步驟，才算把婚結完，這六個步驟不是一天進行完的，中間請人商議、占卜、準備禮物、準備婚禮，不知道要費多少時日。今天的飲食男女婚禮舉辦一天就覺得結婚好累，如果放在古代，或許要心塞一年半載。

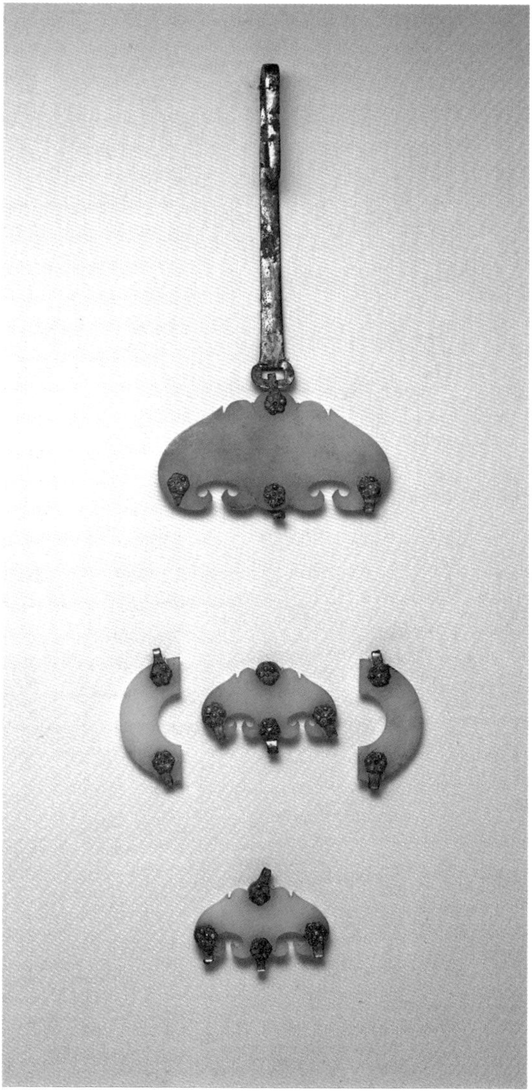

鑲嵌玉飾

在唐代，女性經常佩戴的腰飾是玉佩和香囊。這件玉飾是由玉、青銅和綠松石構成，是一件唐代女性腰間佩戴的掛飾。

禮服與婚禮習俗，隆重而具有儀式感

唐人結婚穿什麼禮服呢？《新唐書・卷二十四・志第十四・車服》記載得很詳細，全部都要按規格來，新郎的禮服：「三品以上有公爵者，嫡子之婚，假絺冕。五品以上子孫，九品以上子，爵弁。庶人婚，假絳公服。」有官身的人家，男子結婚的時候可以假借穿父親有品級的官服，老百姓結婚的時候，新郎則可以假借穿絳色公服，就是九品官員的暗紅色官服，為方心曲領衣，但腰間皮帶是假帶，鞋履為黑色。後世把新郎叫「新郎官」，就是源自新郎在成婚這日可以假借官服穿。

新娘的禮服一樣有規格：「大袤連裳者，六品以下妻，九品以上女嫁服也。青質，素紗中單，蔽膝、大帶、革帶，韈、履同裳色，花釵，覆笄，兩博鬢，以金銀雜寶飾之。庶人女嫁有花釵，以金銀琉璃塗飾之。連裳，青質，青衣，革帶，韈、履同裳色。」可以看出，唐人女子禮服，特別重視髮型和頭飾，老百姓家的新娘穿青色的大袖連裳，也就是上身披一件大袖紗羅衫，裡面穿裙、衫（襦），花釵也就是髮簪，可以用金、銀、琉璃來裝飾。

可以想見，唐代的婚禮，男著紅，女著青綠，紅配綠，非常鮮豔。到了今天，「紅配綠，賽狗屁」，在很多人心目當中，紅配綠就是醜、土、不懂審美的代表，歷史的變遷，還真是讓人感慨。

唐代的婚禮則非常具有儀式感。關於皇室以及公卿士族的婚禮，《大唐開元禮》、《唐會要》有很多詳細的禮制記述，我們只講一下唐代平民的婚禮。段成式《酉陽雜俎》前集卷一和續集卷四各有記述，把兩者綜合一下，即可一窺唐代平民的婚禮現場。

在舉行婚禮前，女方家裡要派人到男方家布置新房，展示女方陪送的嫁妝，稱之為「鋪房」。《酉陽雜俎．續集卷四．貶誤》記載：「至於奠雁曰鵝，稅纓曰合髻，見燭舉樂，鋪母巹童，其禮太紊，雜求諸野。」「鋪母」就是女方專門請來負責布置婚房的專業人員。「巹」就是做瓢的苦葫蘆，古人喝交杯酒叫「合巹」，就是把一個葫蘆剖成兩個瓢，用彩線把兩個葫蘆柄連起來，新郎新娘各拿一個飲酒。「巹童」就是結婚當天為新婚夫婦奉酒的一對男童。

新郎迎親的隊伍到了新娘家之後，和今天「堵門」的習俗一樣，唐代的娘家人也要為難一下新郎，不過新郎塞紅包討好伴娘讓開門不一樣，唐人把堵門喚做「催妝」，就是新郎或儐相（伴郎）高聲朗讀催妝詩，催促新娘出來乘車去新郎家完婚。催妝以詩，可見大唐詩歌之盛，生活之雅。

《全唐詩》裡就收有很多催妝詩，皇家嫁女亦要賦催妝詩，《唐詩紀事》載，唐順宗女兒雲安公主出嫁的時候，因為順宗已經去世，所以是憲宗皇帝為妹妹出嫁，中唐詩人陸暢就是伴郎，皇帝也要催妝詩的，於是陸暢就奉詔做了兩首題名為〈奉詔作催妝五言〉的詩，其中第二首寫道：「催鋪百子帳，待障七香車；借問妝成未？東方欲曉霞。」[11]雖然是公主，該催還要催。

讀完催妝詩，新娘就要準備登車出嫁了，和今天一樣，這時候，新郎和伴郎團就要高聲喊了：「新娘子出來！」《酉陽雜俎・卷一・禮異》記載：「迎婦，夫家領百餘人或十數人，隨其奢儉，挾車俱呼『新婦子，催出來』，至新婦登車乃止。」

新娘子坐的車叫「障車」，為馬車，有帷幕，是女方所準備的。唐人有「反馬」的風俗，今天我們稱之為「過門」，就是新郎新娘回娘家。唐朝經學家、孔子的第三十一世孫孔穎達在《左傳》卷二十二注疏中說：「禮，送女適於夫氏，留其所送之馬，謙不敢自安於夫，若被出棄，則將乘之以歸，故留之也。至三月廟見，夫婦之情既固，則夫家遣使反其所留之馬，以示與之偕老，不復歸也。」意思是結完婚後，婚車的馬匹留在新郎家，如果出了狀況，比如被休妻，新娘可以乘馬車回娘家去；如果三個月後，夫妻雙方過得很好，那麼男方就要把馬送回去，表示自己和妻子會白頭偕老，妻子用不著騎馬回去娘家了。

《酉陽雜俎．卷一．禮異》說：「女將上車，以蔽膝覆面。」新娘上婚車前，先以蔽膝蒙臉，蔽膝就是衣服下垂的一條裝飾品，有點像圍裙。而且「婦上車，婿騎而環車三匝」。新郎騎馬繞車三圈。娶親的障車在往男方家走的時候，唐人爭相圍觀，還要問結婚的人要酒食財物，和我們今天結婚的時候要喜糖、要紅包是一樣的。

新娘子下車進夫家門之前，「當迎婦，以粟三升填臼，席一枚以覆井，枲三斤以塞窗，箭三隻置戶上」[12]。夫家要在舂米的石臼裡填三升粟米，井口蓋上席，窗子塞三斤麻線，門上放三枝箭。我們可以看出，「三」這個數字對唐人非常重要，東漢許慎在《說文解字》裡講：「三，天地人之道也。從三數。」《易經》裡，三者陽德，所以有個吉祥成語叫「三陽開泰」。

新娘進門的時候有一個「坐鞍」的儀式。《酉陽雜俎》記載，今士大夫家婚禮，「新婦乘鞍，悉北朝餘風也」[13]。「鞍」取自諧音「安」，寓意平安。今天一些地方結婚，新娘進門有跨火盆的習俗，意思是去晦氣，和唐人的舉措其實意義是一樣的。新娘進門後，公婆輩分以下的親友，都要從側門出去，再從正門進來，這叫「重蹈新娘足跡」，也就是我們常說的「沾沾喜氣」。

新娘進門之後，不是先拜見公婆，而是「又婦入門，先拜豬櫃及竈」[14]。先拜拴豬的木樁和廚灶，表示新娘將來會成為家務能手，這其實也有祝願富足的意思。

唐人的婚禮布置延續了北周和隋代的一些傳統，拜堂以及婚禮當天要住進屋外用青布幔搭建的「青廬」帳篷裡：「青布幔為屋，在門內外，謂之青廬，於此交拜。」[15]在「青廬」內，夫婦對拜，然後共結鏡紐，就是夫妻共同執繩穿過鏡紐，表示「永結同心」，還要各剪一縷頭髮，用絲線紮結，置於錦囊，這就是我們常說的「結髮夫妻」的意思。上面提到的executed童——奉喜酒的兩個兒童，就會手裡各捧一個五彩絲線連好的小瓢，斟上酒，富貴人家則用小金銀盞代替，兩人各飲半杯再予以交換。

我們今天經常會在新聞裡看到，有的地方鬧洞房鬧得非常嚴重和下作，這個惡習唐代就很嚴重。因為段成式在《酉陽雜俎》裡把婚鬧單獨拿出來講了一下，而且還舉的是一個法律案例，說是：「律有甲娶，乙丙共戲甲。旁有櫃，比之為獄，舉置櫃中，覆之。甲因氣絕，論當鬼薪。」[16]在甲的婚禮上，乙、丙二個人捉弄甲，將其舉起來塞進櫃子，笑稱是關押囚犯，櫃子蓋得嚴嚴實實，甲因此窒息而死，乙、丙二人被判了鬼薪之刑。「鬼薪」就是給地方寺廟砍三年柴，做祭祀鬼神之用。今天看來，這個刑法太輕了。

唐人習俗裡，拜會舅姑，也就是拜見公公婆婆是在婚後次日，「女嫁之明日，其家作黍臛」[17]。新娘嫁過來第二天，夫家要做黃米肉羹。從此新婦就成為夫家的一員、公婆的兒媳了。所以這一儀式特別隆重，新婦見公婆後，還要依次見過婆家尊長和男女老幼一切親屬。新娘在此儀式中自然融入新家族，從而獲得一種歸屬感和認同感。按照唐人風俗，多在春夏迎娶新婦，而臘月婚嫁，則有「臘月娶婦不見姑」的禁忌。

唐人婚禮的惡習不止鬧洞房，新女婿帶妻子回娘家的時候：「婿拜閣日，歸家親賓婦女畢集，各以杖打婿為戲樂，至有大委頓者。」[18]唐人風俗裡，新女婿去丈人家回訪的時候，親家的婦女們以拿棍子打新女婿為樂，「至有大委頓者」就是把人家打得起不來，我的天哪！

唐人的妻妾觀——一夫一妻多妾制

我們經常說，古代施行的是「一夫多妻制」，其實這個說法不準確，應該是「一夫一妻多妾制」，「妻」不僅僅是對妻子的稱呼，還代表著法律地位。唐人亦不例外，男子有「正妻」，亦納妾。

實際上，中國古代自西周時起就嚴格實行一夫一妻多妾制度，這種制度就在於法律只承認丈夫擁有一個合法妻子，而對於男子的娶妾，法律則沒有限制，這就造成了我們印象中「一夫多妻制」的感覺。實際上妻、妾在家庭中地位十分懸殊。《唐律疏議》對妻、妾及婢女的地位做了明確的解釋：「妻者，齊也，秦晉為匹。妾通買賣，等數相懸。婢乃賤流，本非儔類。若以妻為妾，以婢為妻，違別議約，便虧夫婦之正道，黷人倫之彝則，顛倒冠履，紊亂禮經。」[19]意思是，妻子是可以和你齊眉舉案的，妾則是可以買賣的，至於婢女則是不入流的，這三者不可以紊亂，否則就是不符合「禮」。這就是唐人的妻妾觀。今天，我們把兩性婚姻裡出現的第三者女性蔑稱為「小三」，除了婚姻倫理上的意義，其實還受了古代妻妾觀的影響。

前文及本章提過數次唐律，和我們今天一樣，唐代也會根據時間及社會的發展，進行法律的修訂。唐代第一部法律是唐高祖時的《武德律》，由於唐初社會狀況尚不完全明朗，《武德律》完全繼承了隋代的《開皇律》。到了貞觀年間，唐帝國的統治逐漸穩定，唐太宗命人用了十年時間在《武德律》基礎上修訂成了《貞觀律》，為唐代的律法奠定了基礎。此後高宗修《永徽律》，玄宗修《開元律》，這些法律都是在《貞觀律》基礎上應時置宜地對一些不適合當下的條款做調整。

然而，在中國法制歷史上，最為重要的事情還不是修法，而是唐高宗李治時期對於法律的規範。

高宗永徽二年（六五一年），長孫無忌、李績等在《貞觀律》基礎上修訂成《永徽律》。鑑於當時帝國上下在審判中對法律條文理解不一，每年科舉考試中明法科考試也無統一的標準，唐高宗在永徽三年（六五二年）下令召集律學大家和重要臣僚對《永徽律》進行逐條逐句的解釋，歷時一年，撰《律疏》三十卷，與《永徽律》合編在一起，於永徽四年（六五三年）十月經高宗批准，將疏議分附於律文之後頒行，稱為《永徽律疏》。

《永徽律疏》因為附有對法律條文的解釋而得以流傳千古，自唐以降，五代、宋、元、明、清各朝修法都是以《永徽疏議》為藍本，從而一舉奠定了其作為中華法系代表的地位，也因此被稱為《唐律疏議》，今天我們說的唐律，其實就是指《永徽疏議》。《唐律疏議》中，「戶婚律」在其中的編號是一百七十五至一百九十五條，共計二十條，是唐代的婚姻法，從中可以看出唐人對於婚姻的態度。

對婚姻和女性採開放態度，在歷史上曇花一現

前面提到的秀才楊志堅，雖然顏真卿因為他妻子嫌貧愛富而打了她二十板，但仍然

准許其離婚，是因為《唐律疏議．戶婚》對離婚有三種規定。第一種就是放妻，也就是協議離婚。指男女雙方自願離異的所謂「和離」：「夫妻義合，義絕則離。」我們開始提及的「放妻書」就是這種情況下的離婚協定，楊志堅妻子其實也是符合這種情況。

第二種則是休妻。也就是由男方提出離婚，也叫「出妻」。這個並不是指男方可以為所欲為，而是只有當女方違反了《禮記》規定了七條理由才可以：不顧父母、無子、淫、妒、惡疾、哆言、竊盜。妻子若犯了其中一條，丈夫就可名正言順地休妻，不必經官判斷，只要作成文書，雙方父母和證人署名，即可解除婚姻關係。但同時，《唐律疏議》又承襲古代對女方保護的「三不去」原則，即如果女方曾為舅姑（唐人稱公婆為「舅姑」）服喪三年；娶的時候男方貧賤後來富貴的；現在無家可歸者；有「三不去」中任何一條，雖犯「七出」，丈夫也不能休妻。

第三種則是法律強制離婚。包括：夫妻雙方犯法的；雖有媒娉，而恐嚇勒索娶親者的；沒到商定好的吉日提前娶親的；強娶妻子的；不符合結婚條件結婚；假冒結婚等全部強制離婚。

唐律還規定「同宗共姓」、「同母異父姊妹」、「尊卑親屬」之間嚴禁為婚。有人據此判斷「唐人不允許近親結婚」，但實際上唐人卻沒有禁止同輩近親之間的婚姻關係，比如表哥可以娶表妹，這種中國人所謂的「親上加親」就是非常明顯的近親結婚。這表明唐人沒有認識到近親結婚的危害，而是僅從倫理道德上來約束人們的婚姻。

離婚或喪偶後，唐人不禁止二婚或改嫁，據《新唐書‧卷八十三‧列傳第八‧諸帝公主》記載，唐代公主再嫁的達二十三人：計有高祖女四，太宗女六，中宗女二，睿宗女二，元宗女八，肅宗女一，其中三次嫁人的有四人。

唐代對於婚姻和女性持有的開放態度，在歷史上曇花一現。唐以後「節婦烈女」的觀念開始大行其道，「節婦」，指堅守貞節絕不改嫁的女子；「烈女」，指為了免受侮辱而自殺殉節的女子。尤其是明清時代，成千上萬的婦女或自願、或被迫終生寡居，甚至以身殉夫。《古今圖書集成》記載：古代女子列入「閨節」、「閨烈」的烈女節婦，唐朝女子最少，僅五十一人，宋朝為二百六十七人，明朝為三萬六千人，而清代則數量更龐大——清史專家郭松義統計清代僅節婦一項，就有百萬之眾。我們今天看到的貞節牌坊，大多數為清代所立[20]。

也正是由於唐律中對於婚姻所採取的開放態度，造就了唐代盛產愛情故事。中國的「四大古典戲劇」：王實甫的《西廂記》、湯顯祖的《牡丹亭》、孔尚任的《桃花扇》、洪昇的《長生殿》。其中兩部都是唐代的愛情故事，《長生殿》講的是唐明皇李隆基和楊貴妃的悲歡離合；《西廂記》則源自唐代詩人元稹的傳奇小說〈鶯鶯傳〉。

二〇一〇年，河北平山因朔黃鐵路改造進行的文物搶救性考古發掘工作中，發現一座唐代墓葬，考古人員發掘時看到，墓室中夫妻二人的骨架還手牽著手。一千多年前夫妻二人牽手死去，這個姿態也在墓中一直保持了一千多年，其中蘊含多少事，令人浮想聯翩。

千年的時間過去了，再轟烈的愛情也消散在歷史的車輪裡，成了泛黃的書卷。今天的飲食男女，還會不會在寂寞的唐詩裡，在寫滿愛情的傳奇、小說和變文裡，泛起千古的愁緒呢？他們還會不會相信愛情呢？

注釋

1 原文引自項楚《敦煌變文選注（全二冊）》（北京：中華書局，二〇〇六年），敦煌卷子編號S.6537。
2 臺灣《民法》第九八〇條規定，「男未滿十八歲，女未滿十六歲者不得結婚」。
3 出自李世民〈令有司勸勉民間嫁娶詔〉，清嘉慶年間官修唐五代文章總集《全唐文》有收入。

4《唐會要．卷八十三．嫁娶》記載：「（開元）二十二年二月敕：男年十五、女年十三以上，聽婚嫁。」

5 見《貞觀政要．卷七．禮樂第二十九》。

6 見《唐會要．卷八十三．嫁娶》。

7 見《太平廣記．卷第四百九十五．雜錄三》。

8 正字，正九品下官職，掌管校勘典籍之事，屬於三省之一的祕書省。

9 見《藝文類聚．卷四十．禮部下．婚》。

10 儒家三禮中，《周禮》記錄周王朝及各諸侯國官制及制度，《儀禮》記載先秦各種典禮的規範，《禮記》則是屬於《儀禮》的注疏，來詳解具體禮儀。

11 見《唐詩紀事．卷三十五．陸暢》。

12 見《酉陽雜俎．卷一．禮異》。

13 見《酉陽雜俎．續集卷四．貶誤》。

14 見《酉陽雜俎．卷一．禮異》。

15 見《酉陽雜俎．卷一．禮異》。

16 見《酉陽雜俎．卷一．禮異》。

17 見《酉陽雜俎．卷一．禮異》。

18 見《酉陽雜俎．卷一．禮異》。

19 見《唐律疏議》卷十三「以妻為妾」條。

20 數據出自中國社會科學網，郭松義《學術自傳》。

第九章 神童

唐代不但神童成群而來，
而且其中大多數成年後依然表現出非凡的才華。
很多神童七、八歲就「及第」或者做官。
在神童輩出的背後，
則歸功於唐代科舉制度的完善。

明代嘉靖年間的胡侍在其著作《真珠船》[1]一書卷六中，列有「幼慧」一條，專門記載唐代的神童：

唐世幼慧者最多，權德輿四歲能賦詩，蕭穎士四歲能屬文，七歲誦數經，十歲以文章知名。令狐楚五歲能詞章。杜甫七歲屬辭。李百藥、徐彥伯、張九齡、裴敬彝，皆七歲能文。李賀七歲作〈高軒過〉。韋溫七歲日誦數千言，十一舉兩經及第。孔穎達八歲記誦日千餘言，闇記《三禮義宗》，劉晏八歲獻東封書，拜祕書省正字。王勃九歲作《漢書指瑕》，十三作〈滕王閣序〉。張童子九歲明二經，與韓愈同舉禮部，拜衛兵曹。李泌九歲賦〈方圓動靜〉。李白十歲觀百家，十三能文史。郗士美十二通五經，《史記》、《漢書》皆能成誦。柳公權十二工詞賦。元稹十五擢明經。常敬忠十五七過誦萬言。如意中七歲女子，賦〈別兄詩〉。

這些神童中，有很多我們熟悉的唐代詩人：李白、杜甫、王勃、元稹、柳公權；也有唐代知名的宰相：權德輿、張九齡、劉晏、李泌。在中國的歷史上，神童輩出的同時，人們亦有「傷仲永」這樣的擔憂。然而唐代不但神童成群而來，而且其中大多數成年後依然表現出了非凡的才華，大概胡侍也感到震驚，於是在文末說道：「今之豚犬，但解覓梨栗耳，述之以勉兒輩！」意思是說，現在的熊孩子只會上樹摘梨、打板栗，我記下這些，希望可以勉勵我的兒孫輩。

實際上，這是一份不完全的名單。比如「唐初四傑」之一的楊炯，唐高宗顯慶四年（六五九年）十歲及第，待制弘文館，也就是作為皇家顧問團成員之一。

《唐摭言》卷十載，詩人李賀年七歲的時候，名動京師，韓愈、皇甫湜好奇登門拜訪，讓李賀當面作詩，李賀當即寫了〈高軒過〉一詩，有「龐眉書客感秋蓬，誰知死草生華風」這樣令人感懷的句子。至於七歲的駱賓王寫的〈詠鵝〉一詩，現在仍然為兒童們所學習。

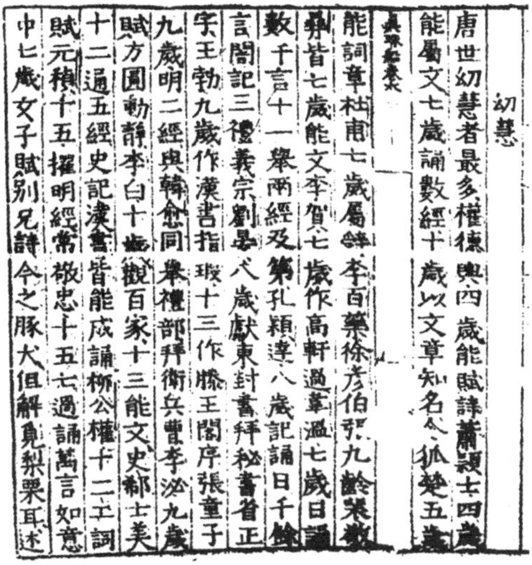
幼慧

唐世幼慧者最多權德輿四歲能賦詩蕭穎士四歲能屬文七歲誦數經十歲以文章知名令狐楚五歲能詞章杜甫七歲屬辭李百藥徐彥伯張九齡裴敬彝皆七歲能文李賀七歲作高軒過韋溫七歲日誦數千言十一舉兩經及第孔穎達八歲記誦日千餘言閻記三禮義宗劉晏八歲獻東封書拜秘書省正字王勃九歲作漢書指瑕十三作滕王閣序張童子九歲明二經與韓愈同舉禮部拜衛兵曹李泌九歲賦方圓動靜李白十歲觀百家十三能文史郗士美十二通五經史記漢書皆能成誦柳公權十二工詞賦元稹十五擢明經常敬忠十五七過誦萬言如意中七歲女子賦別兄詩今之豚犬但解覓梨栗耳述

真珠船卷六

胡侍所著《真珠船》卷六「幼慧」
此條專門記載了唐代的神童，其中有我們熟悉的詩人和宰相。

唐代「神童」中流傳千古但現代人所知不多的是一代名相劉晏，《三字經》中就有「唐劉晏，方七歲。舉神童，作正字」這樣的句子。劉晏八歲的時候被授予祕書省正字，一生經歷了唐玄宗、肅宗、代宗、德宗四朝，管理帝國財政達幾十年，尤其是安史之亂後，他在漕運、鹽政、常平（物價）三個方面實施的改革穩定了唐帝國的國祚。經濟史學家吳慧先生在《中國六大經濟改革家》中，將他和管仲、商鞅、桑弘羊、王安石、張居正，並列為中國古代對歷史進程產生過影響的經濟學家[2]。

科舉制度完善，造就神童輩出

唐代諸如此種「神童」，不能一一枚舉。我們仔細看胡侍所舉的例子，會發現唐代很多神童七、八歲就「及第」或者做官，這是因為唐代的科舉制度中有一個專門面向神童特設的「童子科」。所謂的童子科，要求應試的兒童在十歲以下，能夠熟練背誦「九經」中的一種，以及《孝經》、《論語》，考試的時候，每部書選擇十篇背誦，全背出的授官，背出七篇以上者，給予進士出身[3]。

什麼是「九經」？我們經常說「四書五經」，四書指的是《論語》、《孟子》、《大學》、《中庸》，五經就是指《詩》、《書》、《禮》、《易》、《春秋》五部經典。唐朝時，《春秋》分為「三傳」，即《左傳》、《公羊傳》、《穀梁傳》；《禮經》分為「三禮」，即《周禮》、《儀禮》、《禮記》。這六部書再加上《詩》、《書》、《易》，並稱為「九經」。唐政府把九經劃分為三等：《春秋左氏傳》和《禮記》為大經，作為九經之首；《詩》、《周禮》、《儀禮》為中經；《易》、《尚書》、《公羊傳》、《穀梁傳》為小經。「九經」就是唐代官學的教科書，也是科考的書籍。

由於童子科以背誦為主，所以童子科的考試一直都有爭論，代宗廣德二年（七六四年）五月，禮部侍郎楊綰發現童子科有使幼兒憑其小聰明而獲官的可能，「**恐成僥倖之路**」[4]。他奏請罷廢了童子科，但到代宗大曆三年（七六八年）又重新開設童子科。就這樣一直到了南宋末，禮部侍郎李伯玉上書宋度宗：「**人材貴乎善養，不貴速成**」，速成的「神童」並不是什麼優秀人才。因此，李伯玉建議，「**罷童子科，息奔競，以保幼稚良心**」[5]。至此，童子科才從歷史上消失。

但中國人望子成龍的心態卻沒有改變，對神童的崇拜在今天轉化為「贏在起跑線上」，而在一九八〇年代到一九九〇年代，中國教育中興起的大學「少年班」實際上就是童子科的返古。

在「神童」輩出的背後，則是唐代科舉制度的完善。

開科取士，推翻世襲陋習

在科舉制施行之前，中國官員的選拔制度多是取決於血統和家族傳承：春秋之前為世卿世祿的家族傳承制；戰國則是門客、養士制度，有些類似歐洲中世紀的騎士制度；秦到西漢前期為軍功爵世襲制，就是以戰功作為封爵的依據；西漢中期到東漢為察舉徵辟制，也就是地方透過推薦的形式向中央推薦官員，這往往造成了任人唯親的局面。

魏晉南北朝採取的「九品中正制」試圖打破這種局面，即採取中央政府在各州、郡設立中正官直接選拔有才幹的人，然後按照品級的高低推薦他們到政府做官。由於推薦的依據是家世和行狀（即社會評價），這直接導致門閥士族壟斷了政治，一度形成「上品無寒門，下品無士族」的中國政治史上最板結的時代。

直到隋文帝開皇三年（五八三年），下詔舉「賢良」；開皇七年（五八七年），又令京官五品以上，總管、刺史，以「志行修謹」、「清平幹濟」二科舉人。以考試為核心的科舉制，打破了血緣世襲和世族的壟斷，使得底層有上升到金字塔前端的可能，而這樣的流通也使得官員群體成為社會中最為精英的一批人。五代王定保《唐摭言》卷一就記載唐太宗：「私幸端門，見新進士綴行而出，喜曰：『天下英雄入吾彀中矣！』」

正因為開科取士是中國人從底層向上的唯一途徑，科舉制才得以從隋朝開始萌芽，在唐朝確立和完備，直至清光緒三十一年（一九〇五年）舉行最後一科進士考試為止（世界上最後一屆科舉考試結束於一九一九年的越南阮朝），前後經歷一千三百餘年，成為世界延續時間最長的選拔人才的辦法。今天的高考和公務員考試，也有著科舉考試的影響在。

和後世理解的科舉就是「八股文」不一樣，根據《新唐書．選舉志》的記載，唐代科舉考試的科目非常繁雜，它們分別是：秀才、明經、俊士、進士、明法、明字、明算、一史、三史、開元禮、道舉、童子科、史科。而明經這一科，又有五經、三經、二經，有學究一經、三禮、三傳之分[6]。

其中的秀才、進士在後世是科考的不同等級獲得的功名，但在唐代，這只是不同科目的名稱，並沒有等級差別。直到北宋王安石變法之後，廢除明經和其他諸科，改為以進士一科取士，進士科才完全成為主要取士科目。

進士科考種類繁多，試詩賦影響了唐詩的繁榮

唐代名目繁多的考試考什麼內容呢？秀才，考的是治國方略的策文；明經考的則

是上面提到的九經，先筆試，然後口試；開元禮是在玄宗時期開始設立的，考《大唐開元禮》；三傳科，就是考《春秋》，也就是《左氏傳》、《公羊傳》和《穀梁傳》；史科則是考史書，所謂「三史」就是《史記》、《漢書》、《後漢書》[7]；明法科考法律條文，也就是《唐律疏議》；明字就是書法，考試內容為《說文》和《字林》，考試方式為先口試後筆試；明算就是數學考試，要考的內容最多，包括《九章》、《海島》、《孫子》、《五曹》、《張丘建》、《夏侯陽》、《周髀》、《五經算》等十幾種數學著作的內容，看來從唐代開始，理科生就不好過啊。把書法、法律、禮法和數學納入到考試中，這是唐代獨有的，和我們印象中明清時期的八股制舉有很大的不同。

而進士科初唐的時候考雜文、帖經和策問三項，玄宗開始，改為第一場試詩賦，第二場試帖經，第三場試策問，這也直接影響了唐詩的繁榮。不過詩賦考試並不是寫一首詩就完事了，而是有要求。首先詩歌的格式必須是格律詩，後人稱之為「試律詩」或「試帖詩」，其中「五言六韻」是最普遍的，所謂「五言」就是五言律詩，「六韻」就表示一共有十二句詩，兩句押一韻，一共押六次韻。

唐人科舉考試的同題詩，今天仍然能夠找得到，唐人考試的詩歌，題首多冠以「賦得」二字，儘管「賦得」還有以古人詩句為題寫同題詩的意思，但檢索《全唐詩》，如果發現題首有「賦得」，且為五言六韻的多首同題詩，那麼這些多半就是科考的題目了。

白居易在貞元十六年（八〇〇年）省試（尚書省的禮部考試，也就是唐代的進士試）的考試題目是「玉水記方流」，題目其實來自南北朝詩人顏延之〈贈王太常詩〉：「玉水記方流，琁源載圓折。」要求以「流」字為韻六十字成，也就是五言六韻，白居易的答卷是這樣：「良璞含章久，寒泉徹底幽。矩浮光灩灩，方折浪悠悠。凌亂波紋異，縈迴水性柔。似風搖淺瀨，疑月落清流。潛頴應傍達，藏真豈上浮。玉人如不見，淪棄即千秋。」白居易最終以第四名及第。鄭俞、吳丹、王鑑、陳昌言、杜元穎等都有同題的〈賦得玉水記方流〉詩存世[8]。

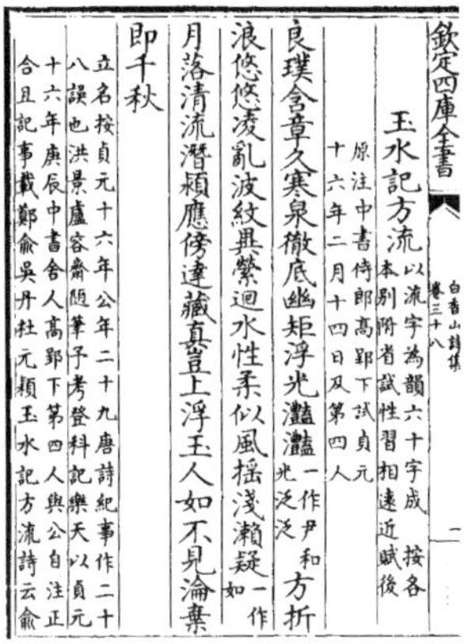
欽定四庫全書　白香山詩集 卷三十八　二

玉水記方流 以流字為韻六十字成 按各本別附省試性習相遠近賦後

原注中書侍郎高郢下試貞元十六年二月十四日及第四人

良璞含章久寒泉徹底幽矩浮光灩灩 一作尹和光泛泛 方折浪悠悠淩亂波紋異縈迴水性柔似風搖淺瀨疑 一作如 月落清流潛穎應傍達藏真豈上浮玉人如不見淪棄即千秋

立名按貞元十六年公年二十九唐詩紀事作二十八誤也洪景盧容齋隨筆予考登科記樂天以貞元十六年庚辰中書舍人高郢下第四人與公自注正合且記事載鄭俞吳丹杜元頴玉水記方流詩云俞

四庫全書《白香山詩集》三十八

此卷〈玉水記方流〉一詩後記記載，德宗貞元十六年，中書舍人高郢主持科舉，白居易等四人及第。試題為〈性習相近遠賦〉和〈玉水記方流詩〉。

還有些試題的題目來自於經書，比如德宗貞元十二年（七九六年）的試題「賦得竹箭有筠」，就來自於《禮記．禮器篇》：「其在人也，如竹箭之有筠也，如松柏之有心也。」也有來自於傳說的題材，天寶十載（七五一年）考題是「湘靈鼓瑟」，來自於屈原《楚辭．遠遊》：「使湘靈鼓瑟兮，令海若舞馮夷。」就是娥皇、女英的故事，唐詩中又用以表現悲思。詩人錢起在這場考試中寫出了千古名句：「流水傳湘浦，悲風過洞庭。曲終人不見，江上數峰青。」

如果說這些詩歌的題目多少還有些出處的話，唐德宗貞元七年（七九一年），刑部侍郎杜黃裳做主考官，詩題是「青雲干呂」，「青雲」就是平步青雲，遠大抱負之意；「干呂」古人按樂音的高低把樂音分為六律和六呂，合稱十二律，「干呂」就是和諧的意思。這詩該怎麼寫呢？當時考試的就有唐朝宰相、詩人令狐楚，他前幾句是這樣寫的：「鬱鬱復紛紛，青霄干呂雲。色令天下見，候向管中分。」既破題，又祥瑞，但不知所云，和他一起應考的舉子清一色寫的也都是歌頌祥瑞的詩歌。

但是唐人有時候很任性，考官會現場出試題。唐代宗大曆十二年（七七七年），考官出的題目是「小苑春望宮池柳色」，考官抬頭看見遠處宮城邊的柳樹，就拿這個做了試題。當時狀元及第的黎逢前四句破題是這樣寫的：「上林新柳變，小苑暮天晴。始望和煙密，遙憐拂水輕。」

這還不算誇張，唐憲宗元和二年（八〇七年），白居易的弟弟白行簡及第那年，考官出的試題是「貢院樓北新栽小松」，主考官看到考場的北邊剛栽了一棵小松樹，就對考生們說，你們就以這棵松樹為題寫一首詩吧。白行簡在詩裡寫道：「**心堅終待鶴，枝嫩未成龍**。」這棵松樹雖然小，但心志堅定，等待著鶴的到來。鶴，是高潔不群的象徵。白行簡也是很厲害，把一棵小松樹和自己聯繫起來，表明了自己的志氣。

我們經常說，唐人有著一種昂揚的生命力，這種狂放，即便是在科考這樣的大場合，也有表現。《唐詩紀事》記載，有一年考題是「終南望餘雪」，以終南山上沒有融化盡的積雪為題作詩，詩人祖詠只寫了四句：「**終南陰嶺秀，積雪浮雲端。林表明霽色，城中增暮寒**。」便交了卷，主考官問他為何不寫了，他說「意盡」，意思是這四句已經把詩意寫足了，再也寫不下去了[9]。幾乎每個唐代詩人都有著如此的「狂」和「張揚」，祖詠最終在開元十二年（七二四年）進士及第，這首沒寫完的詩也成為了祖詠的代表作，流傳千古。

一朝中進士，狂人走路都有風

唐代所有的考試中，最為重要的就是進士科，王定保在《唐摭言．卷一．散序進士》中說：「進士科，始於隋大業中，盛於貞觀、永徽之際，縉紳雖位極人臣，不由進士者，終不為美。」即便你位極人臣，但如果你沒有進士出身，你人生仍然有遺憾。

唐代考上進士真的很牛麼？真的牛。

開元五年（七一七年），唐代詩人王泠然登進士第，隨後就寫了一封〈與御史高昌宇書〉的信給自己的故舊——御史大夫高昌宇，信的開頭就說：「僕之怪君甚久矣」，意思是，我對你不爽已經很久了。為什麼呢？王泠然和高昌宇認識的時候，高昌宇還是宋城縣（河南商丘）縣尉，當時王泠然因為文章寫得好，屢次得到高昌宇獎掖。等到得知高昌宇升遷之後，王泠然覺得「當為風流可望，故舊不遺」。也就是高昌宇可能要提拔他。不料高昌宇數次因為公幹經過宋城縣時，問及故友時都沒問到過王泠然。最令王泠然傷心的是，玄宗即位之初的先天二年（七一三年），他第一次參加科考，主考官就是高昌宇，結果高昌宇沒有錄取他。王泠然覺得自己受到了天大的委屈和屈辱，於是「一年在長安，一年在洛下，一年坐家園，去年冬十月得送，今年春三月及第」。經過三年發憤讀書，終於考取了進士。

考中進士的感覺是什麼樣的呢？王泠然說：「天下進士有數，自河以北，唯僕而已，光華藉甚。」今年考中的進士裡面，黃河以北就我一個，感覺自己是「夜空中最亮的星」了。

那麼，王泠然寫信的目的是什麼呢？他要「君須稍垂後恩，雪僕前恥」，他覺得是時候要高昌宇補償一下自己所受的恥辱了。他希望高昌宇：「意者望御史今年為僕索一婦，明年為留心一官。」他考中的時候已經是冬天了，朝廷停止了選試，而他的家又窮，兄弟和老爹靠「賣漿」也就是賣茶水和酒為生，他想讓高昌宇今年先給自己說個媳婦，明年幫他物色個官職。

為啥王泠然這麼狂呢，就是因為唐代的進士非常清貴，不出意外，走向人生巔峰，拜閣入相那也只是時間問題，王泠然說了：「儻也貴人多忘，國士難期，使僕一朝出其不意，與君並肩臺閣，側眼相視，公始悔而謝僕，僕安能有色於君乎？」成語「貴人多忘事」就來自於此，王泠然說，你要是貴人多忘事，沒給咱安排，等我和你同朝為官的時候，你可別指望我給你好臉色。

這就是唐人，狂得要命。「狂人」王泠然其實是一位優秀的詩人，《全唐詩》存其詩四首，《全唐文》存其文十一篇，他有「遠道俱為客，他鄉共在原」這樣充滿惆悵的思鄉之詩。

王泠然雖然考中了進士，但還不能馬上做官，這是因為唐代士人在通過考試後只是出身，也就是說只有做官的資格但不能正式任命。除非經過吏部組織的銓選否則不能做官。由於官員都是一個蘿蔔一個坑，銓選還得等空缺才行。

當時主管官員銓選的尚書省位於長安皇城的東邊，皇城東門景風門外的崇仁坊就成為了這些「選人」的聚集地，崇仁坊南邊緊鄰著的則是著名的平康坊——唐代長安城妓女的聚居地。等待銓選的新進士們和平康坊多才多藝的妓女，在唐代演繹出了非常多的故事。

晚唐僖宗時代的翰林學士孫棨撰有一卷《北里志》，記載了平康坊許多妓女的生活。唐時的妓女許多都有深厚的文化底蘊：「其中諸妓，多能談吐，頗有知書言話者。」平康坊分為南曲、中曲、北曲三個部分，其中南曲和中曲多為名妓所居，環境十分優雅：「前後植花卉，或有怪石盆池，左右對設，小堂垂簾，茵榻帷幌之類稱是。」其中有一位居住在南曲的妓女叫顏令賓，她是一位喜歡文學的才女：「有詞句，見舉人盡禮祗奉，多乞歌詩，以為留贈，五彩箋常滿箱篋。」很多來趕考的士子她都送他們禮物，希望得到他們的作品。後來顏令賓病重，寫了一首詩讓童子拿給新進的進士和舉人們，這首詩《全唐詩》有收錄：「氣餘三五喘，花剩兩三枝。話別一樽酒，相邀無後期。」她告訴前來的士子們：「我不久矣，幸各製哀輓以送我。」意思是我的生命不多了，請求諸位寫一些輓詩送我吧。這真是一位奇女子，唐人的不拘一格和瀟灑，從一個女子身上即可見一斑。

幾家歡樂幾家愁，不是上榜，就是在趕考的路上度過

《新唐書．選舉志下》記載，唐代授官的依據有四條：「凡擇人之法有四：一曰身，體貌豐偉；二曰言，言辭辯正；三曰書，楷法遒美；四曰判，文理優長。」[10]第一個條件居然是看「顏值」，要求身體相貌豐滿偉岸；第二是言談，言語辭令雄辯公正；第三是書寫，楷書法式遒勁剛美；第四是判狀，文辭條理優美通暢。

凡通過吏部考試錄取的稱為「入等」，非常拙劣的稱為「藍縷」，未通過吏部考選而通過三篇文章的稱為「宏辭」，通過判狀三條的稱為「拔萃」，選中的授予官職。

唐代進士裡還有一群特殊的人，那就是來唐求學的留學生，他們作為「賓貢進士」而成為唐朝的官員，「賓貢進士」是唐代進士科試中出現的一種類別名稱，特指新羅、渤海、大食、波斯等外藩舉子入唐求學並應試登第者。賓貢登第者，絕大多數都是新羅國留學生，元朝時期的高麗文人崔瀣在其〈送奉使李中父還朝序〉一文中稱，到唐朝滅亡時為止，新羅賓貢進士人數達五十八人。賓貢進士著名的有日本的阿倍仲麻呂、新羅的崔致遠、大食的李彥具等人。

和後來的科舉三年一考不一樣，唐代的科舉和高考一樣是每年一考，這種考試被稱為「常科」。除了常科，還有一種皇帝臨時舉行的考試，叫「制科」，好比說是本來你一年可以參加一次高考，你沒考上就得等來年六月，但這一年皇帝忽然下旨說，我今年比較高興，十月咱再舉行一次高考。

唐代科舉考生有兩個主要來源，《新唐書．選舉志上》說：「由學館者曰生徒，由州縣者曰鄉貢，皆升於有司而進退之。」[11]這段話說明考生的一部分來自唐代的「國立大學」國子監、弘文館、崇文館等，他們被稱為「生徒」；另一部分不在學館學習，而由州縣逐級進行考察，合格者隨地方獻給朝廷的貢品一起進京參加考試，這類考生被稱為「鄉貢」，即所謂「懷牒自列於州縣者」，生徒和鄉貢一起參加考試。

既然是考試，就一定有落選者。晚唐著名的詩人羅隱，二十七歲入貢部，到乾

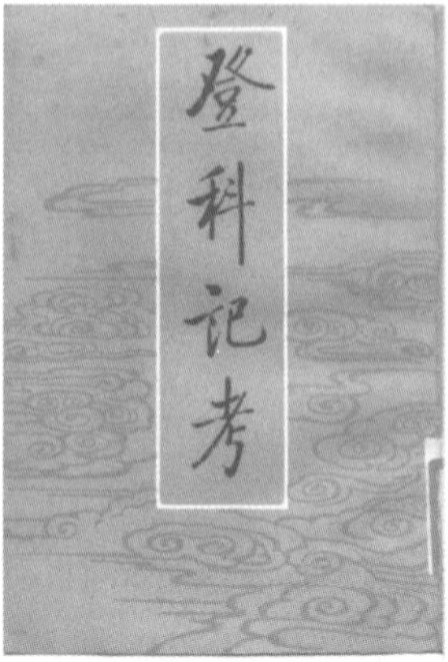

《登科記考》書影

此書詳細列出了唐代有關科舉的詔令文書、沿革大事、貢舉人數、姓名、族系、年齡、官秩、軼聞瑣事、試題答卷等。

符五年（八七八年）四十六歲，十八年裡一共考過十次進士，全部落榜。他四十二歲時，在寫給宣武節度使鄭處誨的〈投鄭尚書啟〉信中說自己：「十五年之勤苦，永有所歸。發自門闌，百生知感。」

羅隱是杭州富陽新登人，在唐代，從杭州到長安的路途是一條漫長的水上旅行，江南的才子們從杭州坐船出發，沿江南運河到京口渡長江，再順山陽瀆北上，進而轉入通濟渠，逆黃河、渭河向上，最後才可以抵達長安，差不多要三個多月。羅隱十次的科考中，若每次都要從江南隨貢舉入長安，那麼一生有幾乎三、四年都是在趕考的路上度過，實在令人感嘆。

清代文學家袁枚在《隨園詩話》卷一中說：「落第詩，唐人極多。」檢索《全唐詩》，其中詩題標明「落第」的三十七首，「下第」的一百七十四首，合計有二百一十一首。

晚唐詩人許渾就寫有十首「下第」詩，其中一首〈下第別友人楊至之〉這樣寫道：「花落水潺潺，十年離舊山。夜愁添白髮，春淚減朱顏。孤劍北遊塞，遠書東出關。逢君話心曲，一醉灞陵間。」可謂惆悵寂寞至極。

莫話封侯事，科考舞弊屢見不鮮

唐朝的科舉考試因為是初創期，在科舉過程中還承襲了一部分東漢開始的薦舉制度。當時，在政治上、文壇上有地位的人及與主試官關係特別密切者，皆可推薦人才，並參與決定名單名次，謂之「通榜」。因而應試的士子為增加及第的可能和爭取名次，多將自己平日詩文加以編輯，寫成卷軸，在考試前送呈有地位者，以求推薦，此後形成風尚，即稱為「行卷」。

幾乎參與科考的唐代詩人都有行卷的經歷。白居易在登第後對此深有感觸，在〈見尹公亮新詩偶贈絕句〉中寫道：「袖裡新詩十餘首，吟看句句是瓊琚。如何持此將干謁，不及公卿一字書。」李白也曾經行卷過，當時左拾遺韓朝宗喜歡提拔後進，李白在他的自薦書〈與韓荊州書〉開頭就拍馬屁：「生不用封萬戶侯，但願一識韓荊州。」杜甫也曾行卷過，在困居長安求仕的十年時間裡，他甚至三次直接向玄宗獻賦，只是「時運不濟，命途多舛」。他曾在〈奉贈韋左丞丈二十二韻〉中寫道：「朝扣富兒門，暮隨肥馬塵。殘杯與冷炙，到處潛悲辛。」

行卷這樣的風氣助長了科舉中任人唯親的現象，到唐代中後期，甚至一度引發了科考舞弊。

天寶二年（七四三年）的春天，御史中丞張倚的兒子張奭參加選拔，擔任主考官的侍御史苗晉卿和宋遙因為張倚是他們的上官，而且正被唐玄宗器重，打算取悅他，參加選拔被判定等級的共六十四人，分甲乙丙科，張奭被定為甲科。士子們都知道張奭不讀書，所以議論紛紛。

有個叫蘇孝慍的人，曾經擔任范陽薊縣令，是安祿山的下屬，把這件事詳細地告訴了安祿山。安祿山當時備受玄宗恩寵，朝見玄宗都不按照固定的時間，趁機向玄宗奏報了這件事。玄宗召集所有登科的人，到花萼相輝樓親自測試，結果登第的人裡面能及格的只有十分之一。張奭手拿著試卷，一整天沒有寫一個字，當時人稱「曳白」。「曳」就是扯的意思，今天，很多地方的方言中有一個詞「扯白」，指的是撒謊，就是來源於此。玄宗當時大怒，把主考官苗晉卿貶為安康郡太守，宋遙貶為武當郡太守，張倚貶為淮陽太守，並且在聖旨中說張倚：「門庭之間，不能訓子；選調之際，仍以託人。」所謂：「養不教，父之過。」在重禮法的古代可以說是非常嚴厲的批評了[12]。

到了宣宗大中十四年（八六〇年），《冊府元龜．卷六百五十一．貢舉部．謬濫》中就曾記載那一年考試的情況：「時舉子尤盛，進士過千人，然中第者皆衣冠士子。是歲有：鄭義則，故戶部尚書瀚之孫；裴弘，故相休之子；魏當，故相扶之子；令狐滈，故相綯之子。餘不能遍舉。」參與考試的數千人，中第的全部是官宦子弟。

儘管科考如此艱難，有人仍然盡其一生在參加科舉。

唐光化四年（九〇一年），唐帝國的落日只剩下六年的餘暉，當時復位的唐昭宗李曄舉行辛酉科進士科考試。據《登科記考》，光化四年及第進士二十六人，試題是〈天得一以清賦〉和〈武德殿朝退望九衢春色〉，主考官（知貢舉）是詩人杜牧的三兒子禮部侍郎杜德祥。昭宗特賜曹松、王希羽、劉象、柯崇、鄭希顏五位考生及第。曹松、王希羽已經年過七十，劉象、柯崇、鄭希顏已經「耳順」也就是六十了，當時的人把那屆科舉稱之為「五老榜」。

其中的曹松有一首非常著名的詩〈己亥歲〉：「**澤國江山入戰圖，生民何計樂樵蘇。憑君莫話封侯事，一將功成萬骨枯。**」其中的「憑君莫話封侯事，一將功成萬骨枯」即是在講唐末的離亂，何嘗又不是在講自己一生的遭遇？讀之可謂酸鼻。

清代的唐史大家徐松在其唐五代科舉史著作《登科記考》中記載，唐亡的那一年，也就是唐哀帝天祐四年（九〇七年），唐帝國舉行了最後一次科考，錄取進士二十人，狀元為崔詹[13]。王仲犖先生在《隋唐五代史》中統計了唐代科舉自唐高祖武德五年

（六二二年）開始到唐亡的進士錄取人數和錄取率，在有科舉舉行的二百七十九年裡，錄取進士六千七百六十二人，平均每次科考錄取二十四人[14]。

注釋

1 胡侍所著《真珠船》，其書收錄於《四庫全書》子部第一百零二冊。真珠就是珍珠，據說取義自「讀書每得一義，如得一真珠船」。明清有很多書籍都叫「珍珠船」，最知名的是明代松江人陳繼儒所撰《珍珠船》。

2 吳慧先生著作《中國六大經濟改革家》，一九八四年由上海人民出版社出版，二〇一六年社會科學文獻出版社出版修訂本時，改名為《中國古代經濟改革家：鏡鑑興衰三千年》。

3《新唐書・卷四十四・志第三十四・選舉上》記載：「凡童子科，十歲以下能通一經及《孝經》、《論語》，卷誦文十，通者予官；通七，予出身。」

4《冊府元龜・卷六百四十・貢舉部・條制第二》記載：「肅宗寶應二年五月，罷歲貢孝悌力田，及童子科。從禮部侍即楊綰奏也。綰以孝悌之行，宜有實狀，童子越眾，不在常科，同之歲貢，恐成僥倖之路。」

5 見《宋史・卷四十六・本紀第四十六・度宗》。

6 見《新唐書・卷四十四・志第三十四・選舉上》。

7 清代學者錢大昕《十駕齋養新錄・卷六・三史》說：「三史謂《史記》、《漢書》及《東觀記》也。」南朝范曄《後漢書》因為在學術品質上超過《東觀漢記》，唐代中期開始取代了《東觀漢記》。

8 《白香山詩集》卷三十八記載：「〈玉水記方流〉，以「流」字為韻六十字成，按：各本別附省試〈性習相遠近賦〉後，原注：中書侍郎高郢下試，貞元十六年二月十四日，及第四人。」

9 《唐詩紀事》卷二十「祖詠」條記載：「有司試〈終南山望餘雪詩〉，詠賦云：『終南陰嶺秀，積雪浮雲端。林表明霽色，城中增暮寒。』四句即納於有司。或詰之，詠曰：『意盡。』」

10 見《新唐書．卷四十五．志第三十五．選舉下》。

11 見《新唐書．卷四十四．志第三十四．選舉上》。

12 出自《舊唐書．卷一百一十三．列傳第六十三．苗晉卿》。

13 《登科記考》是唐五代文史資料性學術專著，編撰者是清代學者徐松（一七八一～一八四八），字星伯，大興（今屬北京）人。徐松精於歷史、地理之學，著有《西域水道記》、《新注地理志集釋》、《漢書西域傳補注》、《唐兩京城坊考》、《登科記考》等書，皆是史學名著。

14 見王仲犖：《隋唐五代史》（上海：上海人民出版社，二〇〇三年四月），第四章〈唐代的政治制度與軍事制度〉第四節「唐代的學校制度與科舉制度」。

第十章

金器、銀器與巨像時代

如果說金銀的光澤代表了唐帝國的物產豐富，
那麼，巨型的藝術品
則代表了唐人希望這個帝國永存於世間。
金銀器在生活中的大量使用，
使唐朝成為最奢華的朝代，
整個帝國都被一種感性、華麗的氛圍所籠罩，
遍布帝國各處的龐大的巨像雕塑，
則讓今天的人們對於唐代有更多的驚歎和嚮往。

一九七〇年十月五日，陝西西安南郊何家村的一個基建工地上，發現了兩個陶甕，共出土文物一千多件，這就是著名的何家村唐代窖藏，其中金銀器物達二百六十五件。

一九八二年元旦，江蘇鎮江市南門外運河邊丁卯橋發現一口銀質酒甕，甕內裝有銀器共計九百五十餘件，其中銀釵數量最多，有七百六十支。

一九八七年四月三日，法門寺佛塔施工現場，人們發現了唐咸通十五年（八七四年）封閉的地宮。地宮內放滿了唐王朝幾代皇帝供奉的珍寶器用約四百件，其中最大宗的就是金銀器，共一百二十一件。

這三次發現被稱為「三大唐代金銀器窖藏」，法門寺金銀器為皇家供奉；何家村在唐代長安位於興化坊，這是緊鄰皇城的朱雀大街西第二街的坊，坊內是皇親國戚和顯貴的居住地，其金銀器明顯屬於唐代貴族；丁卯橋如此多的銀釵則表明其多為民用。一個從皇室到民間都迷戀金與銀的唐帝國出現在我們眼前，如果說之前唐代的豪奢只能通過典籍感受，那麼這三次的考古發現，則讓我們透過實物看到一個金與銀交相輝映的大唐帝國。

在中國歷史上，黃金大規模出現的朝代是漢代和唐代。其中漢代，黃金曾經作為貨幣流通，《漢書》記載了大量皇帝賞賜大臣黃金的事：文帝即位，諸大臣有迎立之功的，太尉周勃賜金五千斤，丞相陳平、將軍竇嬰各金二千斤，朱虛侯章、襄平侯通、典客揭各賜金千斤；梁孝王及死，藏府餘黃金尚四十餘萬斤；王莽末年，國庫中黃金萬斤者為一匱的，尚有六十匱。與漢代多金相驗證的是二〇一五年十二月，南昌西漢海昏侯墓考古發掘中出土金器四百七十八件，其中金餅就有三百八十五枚。

東漢末年開始，社稷板蕩，金屬貨幣遠不如糧食和布匹這樣的實物更現實，於是帛與絹作為和銅錢同等重要的實物貨幣使用了五六百年，一直到唐中期玄宗之後，才又漸漸為錢幣所代替。

金銀器具使用最為昌盛的時代

到了唐代，中國人對於黃金的崇拜重新恢復起來，唐代是中國歷史上黃金器用最昌盛的時代。從碗、杯、箸、勺的餐具到釵、笄、簪、臂釧的配飾，從佛教用具的錫杖、香爐，再到日用的香囊、盒等，黃金器具琳琅滿目。

而且這些金器並不是收藏品，是真實在生活中使用的。唐文宗時的翰林承旨學士王源中一天和他的兄弟們在家裡蹴鞠，結果球打中了他的額頭，受了點小傷。恰好文宗急招王源中進宮，皇帝看到王源中受傷，就問怎麼回事，王源中據實稟告，文宗說：「卿大雍睦！」意思是「你們家很和睦啊」，於是賜王源中酒兩盤，每盤放有十只金碗，每碗容一升許的酒，王源中飲完酒，皇帝把金碗也賜給了他。一升酒有一．八斤，可見金碗是非常大的[1]。

唐人對於黃金的迷戀還體現在民間傳說上，《太平廣記》就記載了很多唐人撿到黃金的故事，還不是一塊金子，而是撿到了金人。唐昭宗天復年間，豫章有戶人家蓋房子，挖地時挖出來一個小木匣。打開一看，裡邊有十二個金人，各都幾寸長，全是古人的衣帽打扮，頭戴十二生肖的屬相，精妙異常。

重慶雲陽的大鹽商龔播，當初很窮，以販賣蔬菜瓜果為業，在江邊上蓋了兩間草房居住。一天晚上風雨驟起，天地陰黑，他望見江南岸有火炬，又聽到有人喊叫，急切地要找船過江。當時夜已深，人都睡下了。龔播就獨自擺著小船，冒著風浪去擺渡那人，一到南岸，那個執火炬的就倒在地上。上前一看，原來是個金人，長四尺有餘（唐代一尺合今三十．七公分）。龔播就把金人用船載回來，於是他就富了。他經營買賣，動輒就獲大利，不到十多年，積累了巨大的財富，成了三蜀一帶的大富商。[2]

類似的傳說不勝枚舉，可見在唐人心中，黃金有著無與倫比的地位，是財富的象徵。

比黃金地位低一些的是白銀，中國歷史上直到明清採用銀本位制，白銀才成為流通貨幣。白銀在唐代也是貨幣，但只用於大額支付、國家貯藏等功能，並不做大規模流通。

在唐代，皇帝給大臣賞賜的時候很多都是銀器，唐代散文家于邵的〈謝賜銀器及匹帛等表〉就記載皇帝：「賜臣銀器壺瓶合各一、銀碗一并蓋。」唐代詩人李嶠〈謝端午賜衣表〉說皇帝：「賜臣端午衣一副，銀碗百索等。」《太平廣記》還記載了唐代尚食局的尚食令做包子的過程：「襪肚（腰巾）中取出銀盒一枚，銀篦子銀笊籬各一。候油煎熟，於盒中取包子豏（豆餡兒）。」[3]尚食令的炊具都是銀質的。

透過上面的一些記載，我們會發現唐人特別喜歡用金銀製作的飲食器具，這實際上是受了道教的影響：使用金銀質的飲食器可以延年益壽、長生不死。這是因為道士們煉丹大都使用金銀器，唐代醫藥學家、道士孫思邈的《千金翼方》就記載了很多煉丹藥使用銀器的方法，比如其中一方「煉鐘乳法」：「鐘乳無問厚薄，但令顏色明淨光澤者即堪入煉，惟黃、赤二色不堪用。一斤置金銀器中，可鎮心益氣，無者用瓷器亦得。」[4]

道教和金銀的結合，很容易讓唐人對神仙產生出特別的幻想。唐肅宗年間的戴孚在其志怪小說集《廣異記》中講了這麼一則故事：東都洛陽有一個寡婦高五娘，美於色，再嫁李仙人。李仙人即天上謫仙也，自與高氏結好，恆居洛陽，以煉製黃金白銀為生。唐玄宗開元末年，高五娘和李仙人結為夫妻已經有五、六年了。有一天晚上五鼓之後，聽空中呼喚李仙人一聲，李仙人就飛走了，走之前囑託五娘煉製金銀自給自足即可，萬不可露財。

高五娘最初還按照他的話做，但後來賣銀過多，被坊司告發。當時河南的少尹李齊知道了她的事，對高五娘不予追究就釋放了，過後，卻祕密地派人把高五娘招喚去為他煉銀器。高五娘前前後後共給李齊燒了十多窯銀器，李齊把這事轉告當朝的顯要。不到一年，李齊和高五娘都死了，當時人們都認為這是上天懲罰他們。[5]

黃金白銀的礦產來源

唐人如此巨量地使用金銀器具，就要有大量的金銀來支撐。唐憲宗元和八年（八一三年）編撰的唐代地理總志《元和郡縣圖志》記載，唐代有十七個州[6]進貢「麩金」，也就是沙金，四川有七個州是產地，是大唐帝國第一產金地。其中綿州龍安縣有一座金山：「每夏雨奔注，崩頹之所則金粟散出，大者如棋子。」夏天暴雨來臨的時候，洪水會把山裡的金豆子沖出來，大的有圍棋那麼大[7]。

十二生肖紋金杯

唐人製作金器最高超的手法叫「金筐寶鈿」，金筐是指細金絲盤成的外框，代表掐絲法；寶鈿是用寶石雕成小片花飾，利用黏合劑鑲嵌到器物表面，代表鑲嵌法。

銀礦的產出則更為龐大，《新唐書・食貨志》就記載：「元和初，天下銀冶廢者四十，歲採銀萬二千兩。」《元和郡縣圖志》記載最大的一處銀礦，位於江西景德鎮樂平縣：「銀山在縣東一百四十里，每歲出銀十餘萬。」[8] 樂平縣在隋代的時候，就叫銀城縣。

還有一部分金銀來自於唐朝周邊以納貢形式臣服唐帝國的國家，比如貞觀二十一年（六四七年），後突厥的咄祿可汗獻金卵雞；開元二十二年（七三四年），新羅進獻了「金百兩，銀二千兩」；天寶五載（七四六年）正月，獅子國來朝獻鈿金寶瓔珞，天寶七載（七四八年）室韋並遣使獻金銀，元和九年（八一四年）正月，渤海國朝貢獻金銀佛像各一[9]。作為和唐並立的大國，吐蕃是輸入唐帝國金銀最多的國家，《舊唐書》記載，吐蕃「多金銀銅錫」，松贊干布請婚的時候「遣其相祿東贊致禮，獻金五千兩，自餘寶玩數百事」。太宗伐遼東回來，松贊干布遣祿東贊來賀，送了一隻大金鵝，「其鵝黃金鑄成，其高七尺，中可實酒三斛」。吐蕃贊普赤德祖贊求親的時候「遣使獻馬千匹、金二千兩」，開元二十四年（七三六年）正月，「吐蕃遣使貢方物金銀器玩數百事，皆形制奇異」[10]。

電視劇《神探狄仁傑》中有一位反面人物沙爾汗，他是朝廷內侍省善金局中的四品將作大監，月氏國人，精通金銀器製作中的各種工藝，被武則天稱為「大師」。實際上唐代的內侍省是負責管理宮廷事物的，大概相當於皇室的生活管家團隊，並不負責金銀器鑄造事宜，而且也沒有「善金局」這個機構。《唐六典》記載，唐代掌管百工技巧的機構是少府監，有中尚、左尚、右尚、織染、掌冶五個從屬的機構，有學者認為掌冶署是負責金銀器製作的機構，但《唐六典》記載得很清楚，掌冶署「掌鎔鑄銅鐵器物之事」只是負責金屬原材料冶煉的機構，掌握金銀器製作的是中尚署「郊祀之圭璧及歲時乘輿器玩，中宮服飾，雕文錯彩，珍麗之制，皆供焉」。[11]

受外來文明影響，開啟金銀器崇拜旋風

唐人為什麼如此喜歡金銀器呢？透過出土的金銀器我們可以發現，唐代的金銀器深受外來文明的影響，比如纏枝忍冬、纏枝葡萄紋這些帶有明顯中亞、西域風格不屬於中國傳統的圖案大量出現在金銀器上。又比如一九八三年西安市太乙路曾經出土一件唐代摩羯紋金杯，廈門市博物館亦收藏有鎏金摩羯紋多曲銀碗，法門寺唐代地宮曾經出土鎏金摩羯紋三足銀鹽臺[12]，「摩羯」是今人十分熱衷的西方星相學十二星座中的一位，在唐代人們已經接受到西方傳來的星相學。

外來文明中對唐代金銀器影響最大的有兩個地區，其一是粟特，其二是薩珊王朝。粟特人作為絲綢之路上最活躍的商業團體，使大量的外來金銀物品輸入中國。而薩珊王朝是最後一個前伊斯蘭時期的波斯帝國，六五一年，薩珊王朝被阿拉伯人滅國後，其王子卑路斯和大量波斯人流亡到中國，薩珊王朝的流通貨幣就是金幣和銀幣，對於金銀器的製造有著極為高超的技術，流亡來的波斯工匠也帶來了金銀器的製作工藝，從而使得唐代的金銀器深具波斯風格。

著名考古學家夏鼐先生統計過，薩珊銀幣在中國出土了三十四起，總數達到

一千一百七十八枚[13]。值得提一下的是，中國目前館藏薩珊王朝金銀幣最多的博物館是上海博物館，一九九一年，杜月笙最小的兒子、收藏家杜維善向上海博物館捐獻了三百六十七枚古波斯薩珊王朝與絲綢之路西域二十餘國金銀幣，目前這些金銀幣在上海博物館錢幣館的中亞古幣專室展覽。

實際上中國古代也有金幣，只不過是少量的紀念幣，並不流通。戰國時，楚國有一種叫「郢爰」的金幣，陝西咸陽出土過西漢的金五銖，而西安何家村唐代窖藏裡便有金質開元通寶三十枚，銀質開元通寶四百二十一枚。《舊唐書．玄宗紀》記載，唐玄宗先天二年（七一三年）九月「宴王公百寮於承天門，令左右於樓下撒金錢，許中書門下五品已上官及諸司三品已上官爭拾之」[14]。可見這種紀念幣是數量不多的，更多是皇帝給重要朝臣或親近之人的一種賜贈。於此相對應的是《開元天寶遺事》中記載：「內廷嬪妃，每至春時，各於禁中結伴，三人至五人擲金錢為戲，蓋孤悶無所遣也。」[15]內宮中嬪妃們玩的金幣，應該也是此種性質。

正是因為外來的商人和工匠帶來了金幣、銀幣和金銀器工藝，從而使得唐人對於西域在建功立業之外又多了一重想像：黃金之地。《舊唐書》中提及的西域諸國便是如此，在唐人眼中泥婆羅國（尼泊爾）的國王「身著真珠、玻璃、車渠、珊瑚、琥珀、

鎏金蔓草紋八稜銀盃

八稜銀盃是一種銀質飲酒器，就目前發現的文物來看，是唐代常見的銀器。銀盃飾以纏枝蔓草，這是中國傳統的植物紋樣，取蔓草滋長延伸、纏繞不絕、延綿不斷之意。

鎏金鏨花葉形銀盤

這件鎏金銀盤是經錘壓法而成，這是波斯銀器慣用的技法。西元七世紀的唐初，波斯薩珊王朝被大食入侵，大量波斯人逃亡唐帝國，同時也帶來了金銀器的技術。

瓔珞，耳垂金鉤玉瑲」。而且尼泊爾王宮中有一座七層樓，「覆以銅瓦，欄檻楹栿皆飾珠寶。樓之四角，各懸銅槽，下有金龍，激水上樓，注於槽中，從龍口而出，狀若飛泉」。吐谷渾人「婦人以金花為首飾，辮髮縈後，綴以珠貝」。龜茲國的國王「以錦蒙項，著錦袍金寶帶，坐金獅子床」。康國的國王「其王冠氈帽，飾以金寶。婦人盤髻，幪以皂巾，飾以金花」。波斯國的國王戴著金花冠，坐著金獅子寶座，「婦人亦巾帔裙衫，辮髮垂後，飾以金銀」。16

在唐人眼中，黃金最多的則是拂菻國（東羅馬帝國，也叫拜占庭帝國），東羅馬的皇帝「王冠形如鳥舉翼，冠及瓔珞，皆綴以珠寶，著錦繡衣，前不開襟，坐金花床」。而且唐人眼中的東羅馬帝國首都君士坦丁堡城東面的大門，高二十餘丈，自上及下都裝飾著黃金，「光輝燦爛，連曜數里」。東羅馬皇宮有三重門，全部都用異寶雕飾，其中不但在第二道門的門樓上，懸掛了一個計時用的大金鐘，「以金丸十二枚屬於衡端，以候日之十二時焉；為一金人，其大如人，立於側，每至一時，其金丸輒落，鏗然發聲，引唱以紀日時，毫釐無失」，而且東羅馬人的宮殿以碧色寶石「瑟瑟」為柱，以黃金為地，以象牙為門扇，以香木為棟梁。17

《舊唐書》中對於東羅馬的記述和中世紀歐洲人對於中國的想像幾乎一模一樣：滿

地的黃金和香料。唐人對於東羅馬的印象或許來自於絲綢之路上的商人們——他們肯定見過東羅馬人交易使用的大量金銀幣，以及五三二年東羅馬帝國皇帝查士丁尼一世（Justinianus）在君士坦丁堡下令建造的聖索菲亞大教堂（Santa Sophia）：「其中的牆壁最初是由金、銀、玻璃和陶土製成的複雜的彩色馬賽克。」[18]至於唐人記述的這個大金鐘已經無法驗證存在與否，但羅馬確實是以十二進制計時。

唐代金銀器之所以在後世被人們推崇，除了數量龐大，還在於其藝術水準之高，為歷代之最。

實際上宋代的金銀器也不少，比如一九九三年發現的四川彭州市西大街窖藏是迄今所見最大規模的宋代金銀器窖藏，共出土各式器物也有三百五十件。但是如果對比唐代和宋代的金銀器會發現，唐代金銀器無論是在藝術表現力還是在製作細節上，都是高於宋代金銀器的。

唐代金銀器之所以能夠給我們極其雍容華貴的感受，就在於其藝術表現完美契合了金銀的材質，把金銀閃光、華麗的一面表現得淋漓盡致。相對而言，宋代的金銀器則更加平實，許多器物素面無紋，金銀成色也略遜一籌。所以宋代的瓷器更勝一籌，就在於其沖淡平雅的藝術形式更契合瓷器內斂的品質。

巨型雕塑與佛教藝術品雄渾矗立，希望帝國永存

和雍容華貴的金銀器相對應的，則是唐代的巨型雕塑。唐代是中國古代歷史上的巨像時代，今天中國留存的巨型佛像雕塑、大型壁畫、帝陵大型石雕群幾乎全部來自於唐代，如果說金銀的光澤代表了唐帝國的物產豐富，那麼，巨型的藝術品則代表了唐人希望這個帝國永存於世間。

佛教自東漢從西域傳入中土，經過東晉、南北朝大發展，到了隋唐，迎來其最輝煌的時代。《唐會要》記載，唐武宗對佛教干預之前曾經讓主管祠部（禮部的習慣稱謂）檢括天下寺廟及僧尼人數：「凡寺四千六百，蘭若四萬，僧尼二十六萬五百人。」[19]唐代官立道觀的數量，據《唐六典》和《新唐書》所載有一千六百八十七所，如果加上不在籍的私人和民間所立道觀，應該和寺廟數量差不多。唐帝國儘管道教是國教，但佛教到了唐代，已經是和道教並立的大教了。唐太宗李世民為玄奘翻譯的佛經所作的〈大唐三藏聖教．序〉就說：「大教之興，基乎西土，騰漢庭而皎夢，照東域而流慈。」

在玄奘西行回國（貞觀十九年，六四五年）以後，唐代另外一位偉大的取經僧人義淨從廣州出發，沿著海路到達印度，義淨所著的《大唐西域求法高僧傳》中，記載了到

他為止的四十六年間，西行求法的中國僧人多達四十四人，其中泛海而行的僧人最多。

西行求法歸來的僧人除了帶回佛教典籍，還帶來了佛教藝術。唐代的巨型佛像就深受中亞犍陀羅藝術的影響，西去取經的玄奘翻越興都庫什山的時候，在梵衍那國巴米揚山谷就曾經見過那兩座舉世聞名的巴米揚大佛：「王城東北山阿有立佛石像，高百四、五十尺，金色晃曜，寶飾煥爛。東有伽藍，此國先王之所建也，伽藍東有鍮石釋迦佛立像高百餘尺。」[20]

今天在中國各地仍然可以看到唐代所遺留下的這些偉大的雕塑——分布在全國的雄渾、豐滿、溫和的大佛。

四川，是很容易被忽略的佛教藝術昌盛的地區。樂山大佛，也就是嘉州大佛，位於四川樂山市凌雲山棲鸞峰，是在臨江峭壁上雕塑的一尊彌勒佛坐像，坐佛通高七十一公尺。大佛工程自唐開元元年（七一三年）由海通禪師著手建造，直到劍南西川節度使韋皋於貞元十九年（八〇三年）完成，歷時九十年，它是目前世界上最大的石刻坐佛像[21]。齊山雙佛，位於四川省眉山市彭山區，建於開元年間，雙佛一立一坐分別高二十八公尺和二十四公尺，立佛為釋迦牟尼，坐佛為多寶如來。唐代的佛教造像幾乎遍布四川各地，直到近幾年，四川仍然有唐代摩崖石刻造像陸續被發現。

唐代佛像雕塑最負盛名者，莫過於洛陽龍門石窟奉先寺作於唐高宗咸亨四年（六七三年）的「盧舍那佛」，儘管這尊佛像只有十七．一四公尺，在龐大的唐代佛像群中並不是最大的，但這尊盧舍那大佛所體現唐代雕塑的藝術性和技藝，被很多人認為是唐代佛像的代表作。龍門石窟位於東都洛陽南郊，南北約一公里的崖壁上，密布著大大小小的窟龕二千三百多個，佛像十萬餘尊。當你站在這些佛像面前對望時，會由衷感受到一種宏偉的巨力和內心的寧靜，瑞典漢學家喜龍仁（Osvald Sirén）的《五世紀至十四世紀的中國雕刻》裡寫到：「那些佛像有時表現堅定自信，有時表現安詳幸福，有時流露愉悅，有時在眸間唇角帶著微笑，有時好像浸在不可測度的沉思中；無論外部的表情如何，人們都可以看出靜穆與內在的和諧。」[22]

手工技藝精美，創造永恆藝術價值

唐人在製作佛像的時候，有一種古老的手工技藝——乾漆夾紵工藝，它採用乾漆、苧麻、五彩石粉等為原料，經過烘乾、打磨、夾紵等四十八道工序完成。採用這種工藝製作佛像時，先做好一個工胎，作為一個木頭大概雕塑的佛像，然後用麻，再刷漆，等到一定程度漆乾後把木胎取出，使它完全成為一層空殼。紵是一種麻屬科植物，即苧

乾漆夾紵坐佛像

這種「乾漆夾紵」佛像技藝繁複耗時，因此歷史上並未大規模使用，但其精美的技藝使這種工藝造型下的佛像，具有恆遠的藝術價值。

𢇁。唐釋慧琳注《釋迦方志》卷上「夾紵」條，注云：「按《方志》本義，夾紵者，脫空像漆布為之。」後世稱乾漆夾紵為「脫胎」或「脫沙」即脫胎漆器。經過乾漆夾紵工藝的處理，佛像色彩鮮豔，呈現出一種光潤亮澤的質感，並且不易開裂、變形，能更好地保存佛像原本的神韻、細膩的紋路和流暢的衣紋。

這種技藝繁複耗時，因此歷史上並未大規模使用，但其精美的技藝使得這種工藝造型下的佛像，具有了一種恆遠的藝術價值。

唐朝時期的脫胎夾紵造像實物，有現藏於日本奈良東大寺正倉院的「唐代八部神像」，有現藏於美國大都會博物館及西雅圖博物館的「唐代夾紵佛坐像」。還有一尊是由中國人在日本製作的「鑑真乾漆夾紵造像」，現藏日本奈良唐招提寺，由鑑真弟子思托等設計、塑造，像高八十．一公分，刻紋簡練，造型生動，至今被尊為日本「國寶」。

乾漆夾紵工藝製作的唐代佛像有一種讓人屏息的美感，日本畫家東山魁夷在其散文集《唐招提寺之路》的第一篇〈鑑真和尚〉開頭寫道：「新葉嬌美的六月初，我去唐招提寺瞻仰鑑真和尚像。靜靜閉合的雙目，膝頭相交的雙手，端然正坐的身姿，一千二百載星移斗轉，而其風采依然，甚至可以感受到其微微的呼吸。一種不妨稱之為戰慄的衝擊力直貫全身，但很快融入安謐的情思，化為深深的景仰。」

鍍金文殊菩薩像

唐代是佛造像的黃金時代。佛陀被稱做「金人」，在佛經記載中，文殊菩薩是「身紫金色」，因此大量黃金被用做泥金寫經、造像塗金。

和龍門石窟齊名的是莫高窟，人們總習慣把位於河西走廊最西端的敦煌稱為「藝術寶庫」，在我看來，對於地標建築蕩然無存的唐代文明而言，敦煌幾乎是唐代文化的避難地。王子雲先生在九十二歲高齡時完成付梓的《中國雕塑藝術史》一書中說：「唐代的石窟雕塑，就規模的宏大說，應以敦煌居於首位。在敦煌莫高窟現有的四百九十二個窟龕中，唐代開鑿的窟龕就占有二百八十多個，大小彩塑造像六、七百軀。」其中敦煌南大佛，位於莫高窟第一三〇窟，又稱「南大像」。建於開元年間，高二十六公尺。敦煌北大佛，位於鳴沙山東麓斷崖上，建於武周證聖元年（六九五年），為彌勒佛坐像，高三十五．六公尺。

大量壁畫與石雕群，見證唐朝盛世

佛像之外，敦煌唐代壁畫亦是數量最多的，在這些巨型的壁畫裡，唐朝從典籍中的文字變成了視覺影像，儘管壁畫的主題多是禮佛場景，但從中可以看到唐人的衣飾、儀仗、器具、舞樂甚至飲食。可以說，敦煌壁畫就是一部唐代的相冊。

莫高窟第一五六窟〈宋國河內郡夫人宋氏出行圖〉長卷式壁畫是其中最具代表的唐代生活畫卷，在長八．二公尺的壁畫中繪有二百四十多個人物，這幅壁畫展示的宋氏是張議潮的夫人春遊的情景，宋國河內郡夫人是她的封號。

整幅壁畫分為三個部分，最前方的是舞樂表演。有雜技「頂竿技」藝人，有樂工、舞伎獻藝。緊接舞樂之後有三輛馬車，一輛行李車馬，二輛為座車，車後有兩乘六角亭式、八人肩抬的「肩輿」，是宋氏夫人女兒的乘輿。宋國夫人束高髻，髻上插花釵九樹，著青羅大袖孺、長裙，披紗巾，登高頭履，騎著白馬。夫人馬後又有九人捧琴、壺、鏡、扇、奩盒和香爐，其中一人著女裝，八人女扮男裝。最後一部分則是出遊的後勤團隊，有射獵打野味的衛士、驅駝運酒食的僕人，甚至還有驛夫背著文書袋奔忙的形象。

在這幅壁畫裡，唐代貴族春遊踏青時聲勢浩大的氣派一覽無餘，不禁讓人想起〈虢國夫人遊春圖〉，那是天寶十一載（七五二年），楊玉環和她的三姊虢國夫人及其眷盛裝出遊，彼時正值長安三月三，無數麗人、官宦在長安東南邊的曲江池、樂遊原踏青、遊樂、宴飲。

敦煌由於特殊的自然環境和地理條件，不僅保存了大量的壁畫、彩塑藝術，也保存了大量的文卷、墨蹟。自從一九〇〇年敦煌藏經洞被發現以來，數萬卷古代文書公諸於世，這些被稱之為「敦煌遺書」的文書，大多數屬於唐代。和中央文件、官方史書不同的是，敦煌遺書大多數來自於民間和地方政府，這使得我們對於正史之外的唐人生活方式的了解更加完整。僅就文學作品而言，就有敦煌歌辭（民間歌詞）、敦煌詩歌、敦煌變文（民間說唱）、敦煌話本小說和敦煌賦五類，在《全唐詩》、《全唐文》和傳奇小說之外，構成了唐代文學的「第四極」。

在這些意義上，今天的敦煌比西安更能令我們懷想唐朝：月夜、孤城、壁畫斑駁，荒草萋萋；菩薩在繁複瓔絡裡低眉；飛天舞姿翩躚，衣袂飄飄；萬卷文書墨蹟斑駁……

唐代巨像藝術裡引人注目的還有唐代帝陵大型石雕群。唐代從六一八年建國，至九〇七年滅亡，歷時二百八十九年。共二十一帝二十陵（高宗李治與女皇武則天合葬乾陵），除昭宗李曄的和陵和哀帝李柷的陵墓分別在河南偃師和山東菏澤外，其餘十八座陵墓集中分布在陝西關中的咸陽和渭南，被稱之為「唐十八陵」。

唐代帝陵延續了秦漢的傳統，以大型的石刻造像來表現皇帝的威嚴，唐十八陵原有石刻（不包括陪葬墓）共一千餘件，如今包括殘件在內僅存不足五百件。其中最具代表性的是位於陝西咸陽乾縣城北梁山之巔的乾陵，作為高宗李治和女皇武則天的合葬墓，乾陵是唐代帝陵最龐大和華美的，陵園裡有石刻總計一百二十四件，由華表、翼馬、鴕鳥、拄劍石人像、無字碑、述聖紀碑，石獅和現存的六十尊蕃臣石像構成，組成了中國帝陵內最龐大的石像生雕刻群。

在這些石雕群裡，乾陵八棱柱形的華表通高約七．八公尺，重約四十公噸；翼馬高三．四五公尺，重約四十公噸；仗馬、牽馬馭手，總重約十六公噸；述聖紀碑高六．七八公尺，總重約八十九．六公噸；無字碑高八．〇三公尺，碑身用一塊完整的巨石雕成，總重九十八．八四公噸[23]。

一九一〇年，在西安教書的日本人足立喜六遍尋長安的歷代遺跡，拍攝了一百七十多張照片，並在回國後出版了《長安史蹟研究》一書，其中十二章〈唐代的陵墓〉專記唐代的帝王陵，在照片中我們可以看到唐高祖獻陵外僅剩的一座華表孤獨地矗立在荒野裡，可以看到當時還在的唐太宗昭陵六駿大型浮雕和殘存的墓園玄武門殘壁，至於乾陵，足立喜六記載：「梁山（乾陵）比乾州城高九百九十丈，春夏之交，從西安城西門附近西北六十一度張望，可以看見它。」[24]

而唐十八陵的保護現狀一直不容樂觀，「因山為陵」的十四座唐帝王陵因為關中地處平原而少山，一度淪為了採石場，幾乎無一倖免，定陵、昭陵、章陵、元陵最為嚴重：定陵的「鳳凰山」失去了雙翼，鳳凰的頭部（定陵主峰）更是被深深地炸掉了一半，直接威脅到定陵地宮的安全；章陵和元陵的主峰幾乎被夷為平地，章陵墓道口部分石條被炸開，散落於地表[25]。另外四座「堆土成陵」的唐陵雖然沒有採石的威脅，卻深受文物偷盜的破壞：一九九七年五月三十日，唐敬宗莊陵神道兩側六尊石人，其中五尊被盜走頭部；二〇一〇年四月一日，唐肅宗建陵陵寢內城東門青龍門遺址前兩尊石刻蹲獅被盜；二〇一三年春節期間，唐懿宗簡陵石獅被盜……

在唐代所在的七至九世紀，金銀器在生活中的大量使用，使得唐朝成為中國歷史上最奢華的朝代，似乎整個帝國都被一種感性、華麗的氛圍所籠罩，而遍布帝國各處的龐大的巨像雕塑，則讓今天的人們對於唐代有更多的驚歎和嚮往。在唐帝國之後，中國後面的朝代儘管也有一些大型的藝術品問世，然而無論藝術造詣還是規模都比不上唐代，從一個長線來看，唐朝是中國歷史上巨像時代的高峰，也是其終結。

注釋

1《唐摭言·卷十五·雜記》記載：「文宗時為翰林承旨學士。暇日與諸昆季蹴鞠於太平里第，球子擊起，誤中源中之額，薄有所損。俄有急召，比至，上訝之，源中具以上聞。上曰：『卿大雍睦！』遂賜酒兩盤，每盤貯十金碗，每碗容一升許，宣令並碗賜之。源中飲之無餘，略無醉態。」

2 以上兩則故事來自於宋代類書《太平廣記‧卷第四百零一‧寶二（金玉附）》。

3 見《太平廣記‧卷第二百三十四‧尚食令》。

4 見《千金翼方‧卷第二十二‧飛煉研煮鐘乳及和草藥服療第一（方六首）》。

5 故事出自唐代前期的傳奇小說集《廣異記》「李仙人」條，原書二十卷，今存六卷。作者戴孚，譙郡（今安徽亳州）人，生平事略不見史傳。《太平廣記》引用了其中很多記載。

6 《元和郡縣圖志》記載唐代產金的十七個州為：饒州（江西上饒）、衡州（湖南衡陽）、涪州（重慶涪陵）、資州（四川資陽）、嘉州（四川樂山）、雅州（四川雅安）、眉州（四川眉山市）、綿州（四川綿陽）、陵州（四川眉山仁壽縣）、瀘州（四川瀘州）、龍州（廣西崇左）、蒙州（廣西梧州蒙山縣）、欽州（廣西欽州）、安南都護府、河州（甘肅臨夏）、宕州（甘肅隴南宕昌）、廓州（山西原平）。

7 見《元和郡縣圖志‧卷第三十三》。

8 見《元和郡縣圖志‧卷第二十八》。

9 數據來自《冊府元龜》卷九百六十八至九百七十二「外臣部‧朝貢」。

10 引文來自《舊唐書‧卷一百九十六上‧列傳第一百四十六上‧吐蕃上》。

11 引文來自《唐六典‧卷二十二‧少府軍器監》。

12 唐人飲茶要在其中加入橘皮、鹽、胡椒、薑等調味品，所以得有裝貯調料的器具，這隻鎏金銀鹽臺就是供放鹽和胡椒用的。

13 見夏鼐先生〈近年中國出土的薩珊朝文物〉一文，原載北京：《考古》雜誌一九七八年第二期。

14 見《舊唐書‧卷八‧本紀第八‧玄宗上》。

15 見《開元天寶遺事．卷二．戲擲金錢》。

16 此兩段引文來自《舊唐書．卷一百九十八．列傳第一百四十八．西戎》。

17 見《舊唐書．卷一百九十八．列傳第一百四十八．西戎》。

18 引文來自索菲亞大教堂官網的介紹。

19 見《唐會要．卷四十七．議釋教上》：「拆寺四千六百餘所，還俗僧尼二千六萬餘人，收充兩稅戶，拆招提蘭若四萬餘」。

20 見《大唐西域記．卷第一．梵衍那國》。

21 樂山大佛建造了九十年，此前是不知道的，直到一九八九至一九九一年進行樂山大佛治理時，才發現旁邊的懸崖上有唐代劍南節度使韋皋〈嘉州淩雲寺大彌勒石像記〉摩崖碑，據此得知。

22 引文節選自著名數學家熊慶來之子、法籍華人藝術家熊秉明（一九二二～二〇〇二年）的《熊秉明文集》（上海：文匯出版社，一九九九年）。喜仁龍（Osvald Siren）瑞典學者，一九二五年出版斐聲國際的專書《五世紀至十四世紀的中國雕塑》（*Chinese Sculpture From the Fifth to the Fourteenth Century*），可惜此書近百年來一直沒有中文版面世。

23 見劉向陽：《唐代帝王陵墓》（西安：三秦出版社，二〇〇三年），第三章〈唐高宗與武則天乾陵〉。

24《長安史蹟考》（長安史蹟の研究），作者足立喜六，收於一九三三年日本東洋文庫論叢。一九三五年在上海商務印書館出中文版，直到三秦出版社二〇〇三年推出淡懿誠、賈雲、王雙懷的新譯本。

25 唐十八陵現狀可參考二〇〇七年《南風窗》雜誌「調研中國」公益計畫中西安石油大學調研團隊的〈艱難的存在——唐十八陵現狀調查報告〉，全文可在《南風窗》官網 www.nfcmag.com「調研中國」欄目查閱。

第十一章

最後的士族

出入唐代宮廷的達官貴人只是帝國表面的勢力，
在他們的身後，
則是影響中國歷史七百餘年的「門閥士族」。
從唐太宗開始，
就希望能夠通過階層間流動，
打破士族門閥勢力對皇權的威脅，
而唐代也成為門閥士族存在的最後時代。

今天，當我們重新審視唐代社會生活的時候會發現：出入唐代宮廷的達官貴人只是帝國表面的勢力，在他們的身後，則是曾經影響中國自東漢至唐末七百餘年歷史進程的「門閥士族」。

所謂「門閥」就是指「門第閥閱」，門第就是出身，閥閱指功績和閱歷，東漢大儒王充《論衡．程材》說：「儒生無閥閱，所能不能任劇，故陋於選舉，佚於朝庭。」「門閥士族」合稱便是指擁有政治話語權的衣冠世家。

在科舉制完全推行之前，中古時代的中國實行的是「皇權─貴族」的統治模式，這和宋代後出現的「與士大夫共天下」的「皇權─官僚」統治模式最大的不同，在於世家大族對於政治資源的壟斷，唐代則是兩種模式的變革時代。

姓氏決定權力，士族門閥勢力威脅皇權

門閥士族從東漢開始萌芽，三國的歷史就是門閥士族爭霸的歷史：曹魏代表的豪強門閥、汝南袁氏代表的公卿門閥、劉備劉璋劉表代表的皇族門閥、孫權代表的江東門閥。到了魏晉南北朝，九品中正制選官法則直接讓世家大族壟斷了社會上升的全部資源：在南朝，東晉時期琅琊王氏家族與當時皇室司馬氏勢均力敵，時人稱之為「王與

馬，共天下」；在北朝，鮮卑族建立的北魏：「魏主雅重門族，以范陽盧敏、清河崔宗伯、滎陽鄭羲、太原王瓊四姓，衣冠所推。」[1]

唐初士族延續南北朝士族門閥的輝煌，主要有四個地域集團，並各有所「尚」，也就是說為了保證某種血統的純淨，或者某種利益的一致，婚娶是有固定的對象：山東士族尚婚婭，江左士族尚人物，關中士族尚冠冕，代北士族尚貴戚。唐肅宗時的歷史學家柳芳[2]《氏族論》對於當時的門閥士族講得比較清楚：過江為「僑姓」，王、謝、袁、蕭為大；東南則為「吳姓」，朱、張、顧、陸為大；山東則為「郡姓」，王、崔、盧、李、鄭為大；關中亦號「郡姓」，韋、裴、柳、薛、楊、杜首之；代北則為「虜姓」，元、長孫、宇文、于、陸、源、竇首之。其中山東士族又被稱為關東士族，其中的高門主要由博陵崔氏、清河崔氏、范陽盧氏、隴西李氏、趙郡李氏、滎陽鄭氏、太原王氏組成即所謂的「五姓七宗」，是大唐帝國中最為顯赫的門閥士族。

唐高祖李淵在武德九年（六二六年）所選定的四十三名功臣中，關東籍二十三人，占半數以上。而在唐太宗李世民欽定的凌煙閣二十四功臣中，關東籍十五人，占三分之二，其中就有名臣房玄齡、尉遲恭、程知節、秦叔寶、高士廉、程志玄等人。

出身自北周武川鎮關隴集團的李唐王朝深知世家大族對於政治的干預性，從唐太宗李世民開始，希望能夠透過階層間流動，打破士族門閥勢力對皇權的威脅，首要舉措就是希望能夠把傳承沒那麼久的關隴士族抬舉起來鞏固皇權。

貞觀十二年（六三八年）正月十五日，李世民命人修撰的唐朝版的「百家姓」——《氏族志》修成，參與修訂《氏族志》的官員主要有：吏部尚書高士廉出身山東士族，但和關隴集團聯姻；御史大夫韋挺出自關中郡姓；中書侍郎岑文本是江左士人；禮部侍郎令狐德棻出自敦煌令狐氏。從人選上就可以看出唐太宗的心思：削弱關東門閥士族在帝國的政治影響力。

然而高士廉等人修出的《氏族志》卻以關東崔氏、盧氏為第一等，皇族李氏與之並列，可見當時的關東門閥士族的影響力是如何之大，即便幾位奉皇帝命令修志書的大臣也不敢輕易動挪他們的地位。唐太宗則幾乎是勃然大怒，《唐會要》生動記載了太宗當時出奇憤怒的樣子：「書成，太宗謂曰：『我與山東崔、盧家，豈有舊嫌也？為其世代衰微，全無官宦人物，販鬻婚姻，是無禮也；依託富貴，是無恥也；我不解人間何為重之？我今定氏族者，欲崇我唐朝人物冠冕，垂之不朽，何因崔幹為一等？列為第三等！』」[3]「無禮」、「無恥」這樣露骨又嚴重的詞中，可見太宗當時的憤懣。

在太宗的怒火之下，高士廉等人重新修撰了《氏族志》，最終收入天下門閥士族二百九十三姓，一千六百五十一家，分為九等，以李氏皇族為首，外戚次之，山東士族被降為第三等。

李世民之後，高宗和武則天繼續沿用太宗的策略，高宗顯慶四年（六五九年）九月五日，下詔把太宗修訂的《氏族志》改為《姓氏錄》，這次的修訂在唐帝國引起了軒然大波，在第一等的士族中，不但加入了元貞皇后獨孤氏、太穆皇后竇氏、文德皇后長孫氏、則天皇后武氏四大皇后家族，而且把朝廷的官職系統全部列入到了品級中：太子三師、開府儀同三司、僕射為第一等，文武二品及三品的參知政事為第二等。並且只要是「皇朝得五品者」，管你是文官武官，只要五品以上都能入《姓氏錄》。這引起了當時的士族門閥的強烈反彈「咸以為恥」，以收錄進去自己的家族為恥辱。

儘管如此，門閥士族在唐初仍然扮演了重要的角色，「唐初四傑」裡王勃是太原王氏、盧照鄰是范陽盧氏，這兩家都是「五姓七宗」；楊炯是弘農楊氏，隋皇室就是號稱出自這個家族；只有駱賓王出身自一個小家族。貞觀名臣裡，魏徵的妻子出自河東裴氏；房玄齡的妻子出自山東盧氏，他的長子房遺直娶的是關中杜氏，李勣的長子李震娶的是太原王氏。高宗儀鳳元年（六七六年）拜相的薛元超就曾說，他這一輩子富貴過人，但遺憾的事情有三件，排第二的就是沒有娶到「五姓」的女子，官至宰相都覺得沒有娶到「五姓七宗」的女子為平生遺憾，門閥士族之影響力可見一斑[4]。

對於李唐而言，並非是要消滅士族門閥，而是希望透過對門閥士族的打壓削弱門閥，這樣的舉措在唐玄宗時期使得李氏終於成為了唐帝國第一大門閥士族，據唐代經濟史學家薛平拴研究，到了開元、天寶中，唐長安皇室宗室人口在三至五萬人，宦官約五千至一萬人，宮女約五萬人，官奴婢約三萬人，工匠樂戶約三至四萬人，皇室及其服務人口大約二十萬[5]。

盛唐時期，「五姓七宗」持續把持政權

到了盛唐，科舉制度儘管給了寒門士子上升的途徑，然而，底蘊深厚的門閥士族很快便適應了科舉制度。有學者根據新、舊《唐書》中科考出身的人物及清代徐松的《登科記考》中的人物進行匯總，並按其出身和門第進行分類，發現唐代進士科共登第八百三十人，其中士族就有五百八十九人，占到七十一%的比例[6]。

《新唐書．宰相世系表》則記載了唐代宰相九十八姓，三百六十九人。其中山東「郡姓」士族，五姓出宰相六十七位；關中「郡姓」士族，六姓出宰相六十一位；過江的「僑姓」士族，四姓出宰相十六位；代北「虜姓」士族，七姓出宰相十五位；東南

「吳姓」士族，四姓出宰相八位。門閥士族合在一起一共出了一百六十七位宰相，占唐代宰相數量的四十五%。

其中「五姓七宗」所出宰相就有七十八位，分別是博陵崔氏十五位、清河崔氏十二位、范陽盧氏八位、隴西李氏十位、趙郡李氏十七位、滎陽鄭氏九位、太原王氏七位。「五姓七宗」之外，還有五個門閥士族所出的宰相超過了十位，分別是：蘭陵蕭氏十位，長安韋氏十六位，長安杜氏十一位，弘農楊氏十一位，河東裴氏十七位。

其中的蘭陵蕭氏是「僑姓」士族也就是東晉南渡的中原士族代表，南北朝時期蘭陵蕭氏創建了齊、梁兩朝，隋煬帝的皇后蕭氏便是出自這個家族；長安韋氏則因為一直和皇家進行聯姻而聞名，李世民的韋貴妃出自韋氏，壽王李瑁在楊玉環被父親李隆基奪走後重新娶的王妃韋妃亦來自韋氏，韋氏所出最著名的還是唐中宗李顯的韋皇后，她曾經效仿武則天一度接近大唐帝國的皇位；長安杜氏就是貞觀名臣杜如晦的家族，這個家族以文采著稱，盛唐詩人杜甫、《通典》的作者杜佑、晚唐詩人杜牧皆出自這個家族；弘農楊氏就是隋文帝楊堅所在的家族，儘管唐代隋而立，但作為和唐皇室同出一脈的楊氏並沒有消亡，唐太宗的楊妃是隋煬帝的女兒，武則天的母親亦出自楊氏，楊玉環家族亦是楊氏分支，白居易的妻子也出自弘農楊氏；河東裴氏從隋代開始就是宰相世家，歐陽修也說：「表唐宰相世系，以裴為首，宰相至十有七人，豈不盛哉！」裴氏最為人熟知的是曾任隋煬帝晉陽宮副監的裴寂，他曾經和李淵、李世民一起於太原起兵，貞觀二年（六二八年），唐太宗在南郊祭天時，特別邀請了兩個人和他一起乘坐天子才有資格坐的金輅車，其一為長孫無忌，另一個就是裴寂，太宗說：「以公有佐命之勳，無忌亦宣力於朕，同載參乘，非公而誰？」[7]

晚唐時期，門閥士族勢力仍足以左右皇族

到了唐代後期，門閥士族不但沒有削弱，而且變得更加強大，河北崔、盧、鄭、王等大族仍然堅持傳統的家門風教，在婚姻上自矜高貴，只和與自己有著同樣顯赫家世、歷史的望族通婚，甚至連皇族都不屑一顧。唐憲宗曾經為長女岐陽公主選駙馬，讓宰相李吉甫在卿士家族選一些有文采的青年，結果士族子弟都以有病為藉口推辭，只有史學家、度支使杜佑的孫子杜悰願意娶公主[8]。

到了唐文宗開成初年，文宗想給憲宗的女兒真源、臨真二位公主各找一個士族下嫁，但士族也是推三阻四，文宗悲憤地給宰相說：「民間修婚姻，不計官品而尚閥閱。我家二百年天子，顧不及崔、盧耶？」[9]再想想前文中唐太宗李世民的憤懣之問：「我

不解人間何為重之？」可見門閥士族在唐代是何其強大。

唐宣宗最愛的女兒萬壽公主，在白居易的弟弟、宰相白敏中的推薦下，下嫁給了出身滎陽鄭氏的狀元鄭顥。大中五年（八五一年），黨項入寇，皇上派白敏中前去鎮撫，白敏中不敢去，他給宣宗說：「陛下愛女下嫁貴臣，郎婿鄭顥赴婚楚州，會有日。行次鄭州，臣堂帖追回，上副聖念。顥不樂國婚，銜臣入骨髓。臣且在中書，顥無如臣何；一去玉階，必媒孽臣短，死無種矣！」原來鄭顥當時和河北大族盧氏已經有婚約，並且赴婚楚州（今江蘇淮安），走到鄭州的時候，白敏中發了宰相堂帖把鄭顥追了回來。宣宗馬上為鄭顥和萬壽公主完了婚，拜鄭顥為駙馬都尉，後來又提為中書舍人、禮部侍郎。但鄭顥「不樂國婚」，就是根本不想當皇帝女婿，只想娶「五姓七宗」的女子，於是一輩子記恨白敏中。白敏中說自己在朝中的時候有皇帝罩著，這次要離開朝堂，萬一鄭顥搞事情，我就死定了。宣宗給白敏中說，我早就知道鄭顥對這件事不滿意了。讓人拿來一個小盒子，裡面裝的全是鄭顥上奏告白敏中的狀，並且告訴他：「此盡鄭郎說卿文字，便以賜卿。若聽顥言，不任卿如此矣！」意思是，你放心去辦事，我要是聽信鄭顥，你早死八次了。皇帝嫁女給門閥士族不容易，當媒人更不容易，宣宗在位的時候已經是唐代晚期了，門閥士族仍然如此矜持，其勢力之強大可見一斑[10]。

我們透過詩人杜甫的一生，則可以一窺唐代門閥士族之間的交往。杜甫出自長安杜氏，他的生母出自「五姓七宗」的博陵崔氏，繼母出自范陽盧氏，杜甫的妻子是司農少卿楊怡之女，為弘農楊氏[11]，皆為門閥士族。天寶七載（七四八年），三十七歲的杜甫在長安屢上詩尚書左丞韋濟求他推薦，其中的〈奉贈韋左丞丈二十二韻〉就有「甫昔少年日，早充觀國賓。讀書破萬卷，下筆如有神」這樣的名句。杜甫為何會找韋濟推薦呢？韋濟出自長安韋氏的襄陽分支，和杜甫的家族長安杜氏世代交好，兩個家族居住的地方又很近，今天西安長安區的韋曲街道、杜曲街道便是兩個家族的世居地，互相提攜是應有之意。

韋氏和杜氏之間的生死交情從另一件事亦可看出，唐肅宗至德二年（七五七年），四十六歲的杜甫擔任了一生中最大的官左拾遺（從八品上，屬門下省，掌供奉諷諫），他少年時認識的好友房琯因為兵敗被罷相，杜甫冒死上書皇帝給房琯求情。肅宗大怒，詔三司推問杜甫的罪責，這個時候出自長安韋氏的御史大夫韋陟救了杜甫，他對肅宗說：「杜甫所論房琯事，雖被貶黜，不失諫臣大體。」[12]雖然救下了杜甫，但韋陟本來是要當宰相的，因此舉有忤肅宗之意，肅宗於是疏遠了他，以至於他生前都未能入相。從中可以看出韋、杜兩個門閥士族之間同氣連枝，互相進退之意。

而杜甫的母族崔氏對杜甫幫助甚多，肅宗至德元年（七五六年），安史之亂起，四十五歲的杜甫逃難之時，攜眷去白水縣，寄居在他的舅舅崔少府家。唐代宗大曆五年（七七〇年），五十九歲的杜甫在他去世前想去投靠的還是在郴州當官的另一個舅舅崔偉，結果沒到地方就卒於耒陽[13]。

隱性與另類士族，建立特有影響力

在山東、江左、關中、代北這些大型門閥士族之外，還有一些實力非常強勁的隱性士族，比如渤海高氏、嶺南馮氏、長安郭氏。

渤海高氏東漢起發軔於渤海郡蓨地，南北朝時建立東魏、北齊政權，上文講到的主持編撰《氏族志》並名列凌煙閣二十四功臣的高士廉便出自這個家族，高士廉的妹妹則在嫁給隋右驍衛將軍長孫晟後，生了長孫無忌和唐太宗的長孫皇后。曾經被封為渤海縣侯的唐代詩人高適也出自這個家族，渤海高氏唐代一共出了四位宰相。

嶺南馮氏是北燕國王馮跋的皇族後裔，在北燕即將滅亡之際，皇族馮業率三百族人浮海南下，定居於嶺南。自後代馮寶娶俚人大族冼氏為妻後，馮家世代鎮守嶺南，到了唐初，已擁有嶺南二十幾州，家主馮盎說：「吾居南越，於茲五代，本州牧伯，唯我一門。」[14]馮氏在武德四年（六二一年），降唐後馮盎仍然以上柱國、高羅總管、越國公的身分鎮守嶺南，有「奴婢萬餘人，所居地方二千里」。在中國歷史上，馮氏家族最知名的人物叫馮元一。武則天長壽二年（六九三年），馮氏家族因嶺南流人謀反案被牽連抄家，家族中有位叫馮元一的幼童被閹割後送到了長安的宮廷，被宦官高延福收為養子，改名叫高力士，在唐玄宗統治時期一度成為中國歷史上最具影響力的宦官之一。

相對於累世王侯的世家大家而言，以郭子儀的軍功而起家的長安郭氏家族顯得非常另類。郭子儀雖然也出自關中士族，卻是非常普通的士族，他的父親最高只當過州刺史。郭子儀因為參與平定安史之亂以及主持收復被吐蕃占領的長安而封汾陽郡王，德宗朝的時候，甚至被賜號「尚父」。尚父最早指的是姜子牙，周武王曾經尊他為「尚父」，意思是和父親一樣尊敬。齊桓公尊管仲為「仲父」，始皇帝尊呂不韋為「亞父」，都是一樣的意思，可見郭子儀地位之高。而郭氏也藉此成為了唐帝國一等一的門閥士族，郭子儀的八個兒子、七個女婿「皆朝廷重官。諸孫數十人，每群孫問安，不盡辨，頷之而已。參佐官吏六十餘人，後位至將相，升朝秩貴位，勒其姓名於石，今在河中府，人士榮之」[15]。郭子儀的兒孫盡享顯官貴爵，他的部屬也都封將拜相，由此組成了非常龐大的勢力。郭氏一門先後迎娶了升平公主、漢陽公主、西河公主、金堂公主、饒陽公主等五位公主；郭子儀的六子郭曖和昇平公主所生長女是唐憲宗貴妃，唐穆宗生母，被五位皇帝尊奉為太后、太皇太后；唐穆宗、唐敬宗、唐文宗、唐武宗等四位皇帝均與郭氏有著血緣之親，郭氏可以說是中唐第一門閥士族。

有意思的是，唐代門閥士族雖然有著極高的社會地位，但唐代士庶之間並沒有特別尖銳的矛盾，比如說唐代的《輿服志》中，僅僅是規定了官服的穿著規則，並沒有區分士庶，唐代男子日常的服裝以襴衫為主，皇帝的日常服也是這種服裝。如果說唐代士族最讓人詬病的問題，大概就是他們之間保持的姻親關係。

奴婢階級視為財產，可買賣、可貿易

對於唐帝國的皇帝來說，則一直致力於縮小士庶之間的階層差異，唐太宗在〈勞鄧州刺史陳君賓詔〉說：「知禮讓興行，輕財重義，四海士庶，皆為兄弟，變澆薄之風，敦仁慈之俗，政化如此，朕復何憂？」唐高宗的〈令州縣舉明習禮樂詔〉讓州縣舉薦通曉禮樂的人才時也說：「其四方士庶，及邱園棲隱，有能明習禮樂，詳究音律，於行無遺，在藝可錄者，宜令州縣搜揚博訪具以名聞。」唐德宗的禁槍令〈禁私家藏槍甲詔〉也說：「如聞京城士庶之家，所藏器械，宜令京兆府宣示，俾納官司。他如律令。」[16]皇帝的詔書也是法律的一種，從中看出，至少在唐代法律對象面前，士庶是沒有區別的。

但我們也不必因此對唐王朝懷有美好的想像，因為在唐代，士庶之外，還有一個階層存在，那就是「賤民」。唐代賤民種類包括了：雜戶、官戶、工樂戶、部曲、客女、隨身和奴婢等不同等第的人群。

雜戶、官戶、工樂戶和官奴婢隸屬於官府，故被稱為「官賤」，其中雜戶和官戶的來源比較複雜，唐代的雜戶一部分為前代所遺留，另一部分則是以俘虜、犯人、流放或被罰服官方勞役的人家，這些人是比庶民低一級的階層，但如果他們受到赦免，則可以恢復平民身分「進丁受田，依百姓例」。工樂戶，指的是隸屬於少府的工匠和隸屬於太常寺的樂工，他們沒有戶籍。

部曲、客女、隨身和私奴婢隸屬於私人，故被稱為「私賤」。依附於士族豪門的賤戶，男的稱為「部曲」，女的稱為「客女」，他們相當於士族管理的雜戶。隨身和私奴婢則是唐帝國的最底層，他們是終生服務的僕人。奴婢是唐帝國命運最悲慘的人群，《唐律疏議》有明確規定：「奴婢同於資財」，「奴婢賤人，律比畜產」[17]，也就是說他們只是財產，在人格上並不被看成是人。

因為這個原因，唐代的奴婢經常會拿來抵債、買賣，其中最著名也是最殘忍的貿易，卻是販賣唐帝國的附屬國新羅的「新羅婢」——在唐朝的富豪之家，大都非常希望能夠得到新羅國的少女作為貼身女婢、姬妾和演藝者。

新羅的奴婢貿易養活了一大批黃海水域的海盜，長慶元年（八二一年），平盧軍節度使薛蘋專門向朝廷報告海盜掠賣新羅「良口」到平盧管界登、萊等州事，稱此前朝廷已有制敕禁斷買賣新羅人口，但收效不顯著，請求「自今已後，緣海諸道應有上件賊炫賣新羅國良人等，一切禁斷。請所在觀察使嚴加捉搦，如有違犯，便准法斷」。兩年之後，新羅使金柱弼又進狀，稱禁賣令生效之後，新羅奴婢老弱者「棲棲無家，多寄傍海村鄉，願歸無路」，請求沿海州縣，利用便船送歸新羅。唐政府命令所在州縣仔細辨別「是本國（新羅）百姓，情願歸者」把這些新羅婢送了回去[18]。

敦煌研究院藏有《唐代奴婢買賣市券副本》，是奴婢買賣官文書，記載了唐玄宗天寶年間敦煌郡唐人買賣奴婢的過程：賣主王修智要將自己十三歲的胡人奴婢多寶賣給一個叫惠溫的人，多寶的身價是「生絹貳拾壹匹」，多寶值二十一匹生絹，可以看出，唐代的奴婢價格也不是隨便一個人就能買得起的。奴婢買賣過程中有五個人聯名俱保，也就是做證人，分別是敦煌郡百姓左懷節、安神慶；「行客」也就是行商張思祿；「健兒」也就是戍卒王奉祥、高千丈；官員市令（市場管理官）秀昂。這麼多不同身分的保人除了證明交易的有效性，還為了證明多寶「是賤不虛」，也就是說防止把良民當成奴婢販賣。按《唐律疏議》規定，凡掠賣良人為奴婢的，處以絞刑。這份文書上，賣主、買主、被賣奴婢、保人的身分、年齡，一一俱全，最後官府對契約真實性進行核實，加蓋敦煌郡的「郡印」後，成為具有法律效力的文件[19]。

文官體制與科舉制度引發牛李黨爭

唐憲宗末年，以牛僧孺和李德裕為首的大臣之間的朋黨之爭越演越烈，牛、李兩黨輪番執政，史稱「牛李黨爭」。黨爭從唐憲宗時期開始，歷經憲宗、穆宗、敬宗、文宗、武宗，到唐宣宗時期才結束，持續時間將近四十年。有一種觀點認為「牛李黨爭」是唐代的士庶之爭，因為牛僧孺出自平民，而李德裕出自趙郡李氏。

但查一下牛、李兩黨的主要人員履歷會發現，在李黨主要十一個成員中，高層官僚兩個、下層官僚五個，布衣出身四個，中下層官僚占一多半；而牛黨十一個成員中，高層官僚五個、下層官僚六個，也一半以上。於此相驗證的是，英國漢學家崔瑞德主編的《劍橋中國隋唐史》述及牛李黨爭時統計說，牛黨共四十一人，其中郡望出身者二十人，非郡望出身者五人；李黨共二十二人，其中郡望子孫十二人，非郡望出身者七人。

可見「牛李黨爭」更多是官僚集團之間的政治鬥爭，而非士庶之爭。

這是由於文官體制的形成和科舉的施行，讓南北朝時期門閥士族與皇權間的矛盾，到了唐代完全成為了朝堂內部的政治鬥爭，唐代的門閥士族逐漸由地方勢力變成了官僚階層。

門閥士族退出歷史舞臺

如果我們翻閱史書會發現，唐代是中國門閥士族存在的最後時代，這些可以追述至漢代的輝煌家族，在唐史中寫滿了自己家族的名字，然而唐以後的歷史中卻鮮有其名。門閥士族是如何消失的呢？

有一種觀點認為唐代的士族之所以逐漸式微，是因為科舉的緣故，科舉讓士庶之間逐漸融合，士族最終消失了；但我們上文做過論述，唐代科舉仍然是士族子弟占大多數。如果拿唐朝之前的南北朝和之後的五代十國做一個對比，或許會看出唐代門閥士族消亡的原因。

南北朝時期，南朝依次是劉宋、蕭齊、蕭梁、南陳。劉宋的開創者劉裕雖然少時家貧，但他是東漢劉氏皇族出身；蕭齊、蕭梁則是蘭陵蕭氏建立的政權；只有南陳開國皇帝陳霸先是普通人家出身。北朝依次是北魏、東魏、西魏、北齊、北周。北魏、西魏的拓跋氏後來改姓元，是代北「虜姓」中的門閥士族；東魏、北齊則是渤海高氏建立的王國；北周宇文氏也是代北「虜姓」中的門閥士族。南北朝一共九個王朝，八個都是門閥士族建立的，如果加上楊氏的隋，那麼幾乎唐之前一百五十年的歷史都是由門閥士族統治的。到了五代十國，除了南平政權開創者高季興自稱是源自渤海高氏外，其餘諸國國主，比如朱溫是唐末黃巢起義時的軍事將領，後唐、後漢、後晉是沙陀人政權，其餘大多數起自微末或出身貧寒。

不難看出，唐代門閥士族由於放棄了地方勢力，完全進入到唐王朝的官僚體系中而喪失了保存家族的實力，以至於在唐末群雄逐鹿的時候沒有一個門閥士族能夠有軍事實力保存門閥士族的社會地位。這一點其實唐末的藩鎮割據時就已經有了徵兆——以「牙兵」這種職業軍人作為主體的藩鎮，沒有一個門閥士族掌握過某一個藩鎮的權力。這是門閥士族退出歷史舞臺的真正原因。

上述大勢變遷的分析只是門閥士族消失的軌跡，真正的歷史過程則要血腥得多。

唐僖宗李儇廣明元年（八八〇年）十二月十三日，黃巢兵進長安，《資治通鑑》記載：「各出大掠，焚市肆，殺人滿街，巢不能禁。尤憎官吏，得者皆殺之。……殺唐宗室在長安者無遺類。」韋莊〈秦婦吟〉一詩記載：「天街踏盡公卿骨，甲第朱門無一半。」[20]屢次科舉均以落第告終的私鹽販子黃巢，以極其慘烈的手段報復了那些沒有接受他的士族。

唐哀帝李柷天祐二年（九〇五年），唐王朝的終結者朱溫對李唐宗室諸王大開殺戒，他命心腹蔣玄暉邀請昭宗之子濮王李裕、棣王李羽、虔王李禊、祁王李祺、瓊王李祥等九人，在洛苑的九曲池旁擺下酒宴，將九王一一灌醉，然後用繩子勒死，屍體則扔進九曲池裡。朱溫的謀士、撒馬爾罕安國人李振[21]，同時也是一位連續不第的士子，對朱溫說：「此輩自謂清流，宜投於黃河，永為濁流。」朱溫笑而從之，於滑州白馬驛（今河南滑縣境），一夕盡殺左僕射裴樞、右僕射裴贄、右僕射崔遠、靜海軍節度使獨孤損、吏部尚書陸扆、工部尚書王溥六位宰輔及衣冠清流三十餘人，投屍於黃河，史稱「白馬之禍」，這也是唐代門閥士族正式退出歷史舞臺的標誌。

李振因為此事被唐人視為「鴟梟」（古書上指貓頭鷹，傳說聞到人快死了就開始叫，被人認為是不祥之鳥）。他作為後梁的大臣而榮耀一時，直到後唐莊宗李存勖滅梁，李振變節投降但不被接納而身死。

糾結著流品、科名、門第、婚姻、血統的門閥士族，在唐末綿延的殺戮中和唐帝國一起消失，大唐王朝因此成了門閥士族最後的時代。

注釋

1 見《資治通鑑．卷第一百四十．齊紀六》，齊高宗明皇帝中建武三年（四九六年）。

2 柳芳是生活在唐玄宗、肅宗時代的傑出史學家，生卒年不詳，元代馬瑞的《文獻通考．經籍考》記載，歐陽修、宋祁編撰的《新唐書》、司馬光編撰的《資治通鑑》採用了不少柳芳私人寫的編年體史書《唐歷》的記述。

3 引文出自《唐會要．卷三十六．氏族》。

4 唐人劉餗《隋唐佳話》卷二記載：「薛中書元超謂所親曰：『吾不才，富貴過分，然平生有三恨：始不以進士擢第，不得娶五姓女，不得修國史。』」

5 見薛平拴：《陝西歷史人口地理》（北京：人民出版社，二〇〇一年），第二章〈歷代人口規模（上）〉第五節「唐代陝西人口規模」。

6 見王偉〈唐代科舉與社會階層流動之關係及其意義——以士族為考察中心〉一文，原載成都：《中華文化論壇》二〇一〇年第四期。

7 引文來自《舊唐書．卷五十七．列傳第七．裴寂》。

8 此事記載於《舊唐書·卷一百四十七·列傳第九十七》「杜佑」所附「杜悰」條。
9 見《新唐書·卷一百七十二·列傳第九十七·杜兼》。
10 此事記載於唐人裴庭裕撰《東觀奏記》第一卷，這本筆記專記唐宣宗一朝政事和宮廷祕聞共八十九件。
11 元稹〈杜工部墓誌〉云：「夫人弘農楊氏女，父曰司農少卿怡。」
12 引文來自《舊唐書·卷九十二·列傳第四十二》「韋安石」所附「子韋陟」條。
13 王輝斌：〈杜甫母系問題辯說〉，成都：《杜甫研究學刊》一九九四年第二期。
14 引文來自《舊唐書·卷一百九·列傳第五十九·馮盎》。
15 引文來自《舊唐書·卷一百二十·列傳第七十·郭子儀》。
16 三封詔書分別引自《全唐文·卷九·太宗（六）》、《全唐文·卷十三·高宗（三）》、《全唐文·卷五十二·德宗（三）》。
17 見《唐律疏義》卷四「名例四」條、卷六「名例六」條。
18 出自《唐會要·卷八十六·奴婢》。
19 敦煌研究院藏《唐代奴婢買賣市券副本》，原為一件，後斷裂為二，館藏號為D0639、D0640，發表號為敦研298號、299號。
20 見《資治通鑑·卷第二百五十四·唐紀七十》。
21 李振是武德年間的粟特族功臣安興貴的後代，他的曾祖父是唐朝中興的功臣李抱真，李抱真原名安抱真，因恥與安祿山同姓而賜姓李。《舊唐書卷·一百三十二·列傳第八十二》記載安抱真改姓的原因：「臣貫屬涼州，本姓安氏，以祿山構禍，恥與同姓，去至德二年五月，蒙恩賜姓李氏，今請割貫屬京兆府長安縣。」

第十二章 長安城的生與死

唐帝國的都城長安，
是一座沒有名字的城市，
就像古老的時鐘，
在複雜的齒輪推動下，緩緩向前。
不斷有人來，也不斷有人走。
就這樣伴隨著宮城承天門和坊市的街鼓聲，
過了近百年，直到毀滅，
進而成為了一個符號，
成為了大唐盛世的代名詞。

從某種意義上來說，唐帝國的都城長安，是一座沒有名字的城市。
《舊唐書．地理志》記載：「京師，秦之咸陽，漢之長安也。」在有唐二百八十九年裡，這座城市在官方詔書、文件裡被稱為京師、京城、京兆、西京、西都，或許因為漢代長安城的影響太過巨大，人們的日常生活中，還是依照慣性稱它為「長安」，儘管漢代的長安城舊址在其西北二十里外。唐代史學家韋述在其《西京新記》裡說：「西京，俗曰長安城，亦曰京城。」[1]正是因為人們的俗稱和口口相傳，長安成了這座城市的名字。

在唐帝國繼承隋王朝的遺產裡，長安城是其中重要的一個。

隋文帝楊堅取代北周建立隋朝後，最初定都在西漢的長安城，當時的漢長安歷經數百年戰亂已經幾成廢墟，今天我們看到的渭河已經遠離西安從咸陽穿城而過，但當時渭河離漢長安城很近，水汙染嚴重，於是楊堅便決定以宰相高熲為營新都大監，建築大師宇文愷為副監另立新都。隋高祖開皇二年（五八二年）開始，在宇文愷的實際主持下，僅用九個月左右的時間就建成了宮城和皇城[2]。開皇三年（五八三年），迫不及待的隋文帝楊堅遷至新都，因為楊堅早年曾被封為大興公，因此便以「大興」命名此城。到了隋煬帝大業九年（六一三年），「丁丑，發丁男十萬城大興」，才把大興城的外郭城部分城垣建立起來[3]。

至此，中國古代坊市形制城市史上最輝煌的一座城市，出現在陝西關中的龍首原上。

建立在黃土臺原上的城市

龍首原的「原」實際上應該是「塬」，這是陝西關中存在的一種獨特的地理現象，流經關中的黃河第一大支流渭河自西往東流經關中平原，與南邊的秦嶺山脈、北邊的北山之間衝擊造成了渭河谷地。渭河攜帶的泥沙沖淤形成了眾多地勢高出關中平原，但上邊比較平坦的黃土臺原，我們俗稱為「塬」。著名作家陳忠實筆下的「白鹿塬」便是黃土臺原。在關中，以「原」命名的地名多不勝數，我們熟悉的還有唐代詩人李商隱的〈登樂遊原〉：「向晚意不適，驅車登古原。夕陽無限好，只是近黃昏。」樂遊原就位於長安東南。

今天，當我們坐著動車從西安往西前往西府寶雞的時候，在車窗望出去，遠處巍峨的是秦嶺，秦嶺山下高出地面數十公尺的頂部異常平整的是黃土臺原，近處則是種滿小麥的關中平原，「秦嶺—臺原—平原」構成了關中獨特的地理景觀。

龍首原這個地名現在是西安城北地鐵二號線的一個站名，實際上，整個大興城或唐長安城就建在龍首原南麓，可以這樣說，長安城是一座建立在黃土臺原上的城市，只是今天的城市天際線和建築群改變了地形地貌，已經無法感受到黃土臺原的邊際了。

我們熟悉的唐長安城棋盤樣的格局，在大興城營造的時候就已經有了，包括東市和西市，東市隋人稱都會市，西市則稱作利人市。不過大興城營造好之後，隋煬帝就把帝國政治中心遷移至東都洛陽，此後更是東去江都揚州，大興城真正起到國家政治中心的地位在於唐帝國繼承大興城後。

唐人對於大興城的營造主要在於修繕與擴建。唐帝國前期的宮殿太極宮是隋皇宮大興宮改名而成，唐立國後，高祖李淵以秦王李世民有奪定天下之功，在太極宮的西苑內建了一座弘義宮供其居住。玄武門之變後，李淵雖然退位，但他和李世民居住的宮殿並沒有改變。直到貞觀三年（六二九年）四月，時為太上皇的李淵和李世民換了一下住處，李淵遷至弘義宮，改名為大安宮，李世民則遷入太極宮，著名的凌煙閣便位於太極宮內。

唐太宗貞觀八年（六三四年），因為太極宮地勢低，夏季悶熱，為了讓太上皇李淵避暑，李世民下令在長安城外龍首原高處修建大明宮，然而未修成李淵便去世了，這項工程於是停止。高宗李治登基後，龍朔年間（六六一～六六三年）重新啟動大明宮修建，規模與太極宮不相上下而氣魄之宏偉則超過之。今天我們看唐代長安地圖，會發現長安不是一個方方正正的城市，東北角突出去的一部分就是新修建的大明宮。

唐玄宗開元二年（七一四年），玄宗李隆基把自己做藩王時期的隆慶坊府邸擴建成為了興慶宮，在唐代歷史上非常有名的興慶殿、南薰殿、大同殿、勤政務本之樓，花萼相輝之樓和沉香亭都是其中的建築物[4]，玄宗還在長安東城牆內增築了一道夾城，使得皇家可以從興慶宮直接與大明宮、曲江池相通。唐玄宗開元、天寶時代，這裡是大唐帝國的政治中心所在，也是玄宗與楊玉環長期居住的地方。

在長安城內，以太極宮（大內）、大明宮（東內）、興慶宮（南內）形成的宮殿群，是中國歷史上最龐大的宮殿建築群落，尤其是大明宮依龍首原而建，雄偉壯麗，為後世留下了難以磨滅的思念，這座「銀燭朝天紫陌長，禁城春色曉蒼蒼」[5]的宮殿似乎總是有一種春天的慵懶氣氛在整個朝堂上瀰漫。

大明宮的正殿含元殿，座落在三公尺高的臺基上，整個殿高於平地四丈。遠遠望去，含元殿背倚藍天，高大雄渾，懾人心魄。皇帝在含元殿聽政，可俯視腳下的長安城。殿前有三條「龍尾道」，是地面升入大殿的階梯。龍尾道分為三層，兩旁有青石扶欄，上層扶欄鏤刻螭頭圖案，中下層扶欄鏤刻蓮花圖案，這兩個水的象徵物是用來祛火的。或許在某個春天的傍晚，高宗李治和武則天曾經站在含元殿的殿腳，神情倦怠地看著殿外的光影與飛架，殿外城南的大慈恩寺浮屠和曲江的樓亭若隱若現。

至此，我們後世熟悉的長安城才算是真正營造完成，外來的胡人稱這座城市為「胡姆丹」（Khumdan）[6]，根據唐代前來貿易的阿拉伯商人見聞所撰的《中國印度見聞錄》記載了一位叫伊本·瓦哈卜的阿拉伯商人在「中國皇帝居住的京城胡姆丹」的見聞：

這座城市很大，人口眾多，一條寬闊的長街把全城分成了兩半，皇帝、宰相、禁軍、最高判官、宮廷宦官，以及皇家總管、奴婢都住在這條大街右邊的東區。在這裡，既沒有任何百姓同他們雜居，也沒有任何市場。在這個區域，沿街開鑿了小河，淌著潺潺流水，路旁葱蘢的樹木整然有序，一幢幢邸宅鱗次櫛比。

在大街左邊的西區，住著庶民和商人，這裡有貨棧和商店。每當清晨，人們可以看見皇帝的總管和奴婢、宮廷的僕役、將軍的僕役，以及其他當差的人，或騎馬，或步行，魚貫似地來到這個既有市場又有商店的街區，採購主人需要的東西，（事情辦完後）他們立即返回，不到翌日清早，他們就不再來這個街區了。[7]

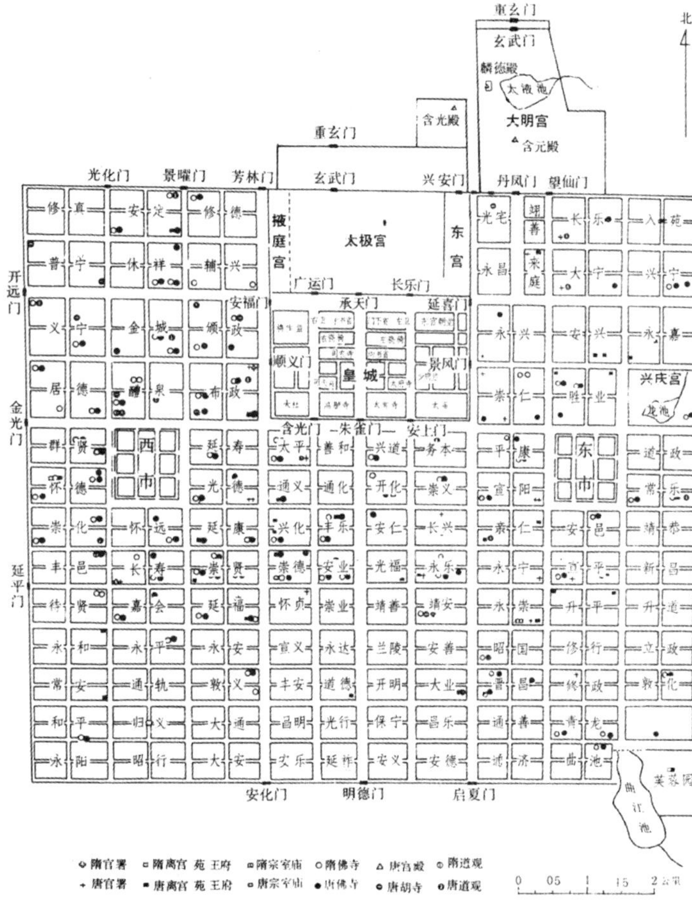

長安城平面圖

從這張圖可以看到長安城棋盤樣的格局（陝西省地方誌編纂委員會編：《陝西省志・行政建置志》，三秦出版社 1992年1版）。

阿拉伯商人的記載其實相當準確，因為東市以商品交易為主，西市則以手工作坊為主，而且長安的勳貴的確住在朱雀街以東的多。

朱雀大街串起城郭內外

阿拉伯商人眼中秩序井然的長安由外郭城、宮城和皇城三座相連的城池組成，所有城牆均為夯土築成，十分高大雄偉。外郭城為一大長方形，面積約八十四平方公里，每面各有三個城門。皇城和宮城在外城郭北部中央，宮城在北，皇城在南，是唐長安城的核心。皇城又名子城，是政府機關所在地，宮城是皇帝居住與處理朝政的地方。如此大的城市，每天卻按部就班沿著自己的秩序運轉，每天凌晨，承天門擊鼓，一刻後開啟皇城門、京城門，第一聲聲鼓聲之後開啟宮城門、左右延明門及乾化門；第二聲聲鼓聲後，開啟宮殿門。夜幕降臨，第一聲聲鼓聲後，關閉宮殿門；第二聲聲鼓聲後，關閉宮城門、左右延明門、皇城門及京城門。京城門與皇城門在同一時間內開關，宮城門在其前關，其後開。這個龐大的城市有著諸多的城門、宮門、闕門、殿門及閤門，每天開啟和關閉這些門，就要花費數個小時，但唐人卻遵循著這樣的緩慢，以一種流逝的時間觀來進行著自己的生活。

每天長安的晨曦中，排隊在這座城市南邊的明德門外的人是最多的，這座長安的南大門是外郭城中唯一有五個門道的城門，五門道同寬同高，各由十五對直立的排柱和十五道木梁架構成梯形城門道頂，門樓數為東西十一間，南北三間，城門外並有門外廊。繪有紅彩的磚塊和粉面彩皮的瓦當，遠遠看上去，異常鮮豔壯美。

每逢皇帝登基，或冬至、正月上辛與孟夏之時，所有的人都要沐浴齋戒，皇帝親率百官從遠在長安城北的宮殿，乘坐玉輦一路浩浩蕩蕩往南。到了明德門，常年封閉的當中一門緩緩打開，這是專供皇帝通行的御道，這個門道內的石門檻極其精緻，上面刻有流暢的卷草花紋，線雕鴛鴦，頂面還有浮雕的臥獅。皇帝禮節性地走過這道門，前往明德門外的圓丘壇進行祭天活動。禮畢歸來，復入明德門，鼓樂高奏，導引回宮。這是皇帝難得的出宮機會，也是百姓難得一見的皇家威儀的時刻，長安城籠罩在一片端莊和祥和之中，令那些遠來的人，感受到一種深深的震撼和靈魂的肅穆。

進了明德門，便是長安的天街——朱雀大街，這條街寬約一百五十公尺，連接著皇城之朱雀門，宮城之承天門，是長安的中軸。朱雀大街的路面構造取中部略高，兩側較低，略呈弧形，以便於及時排除積水。長安城中的街道，全是黃土路面，作為主幹道的朱雀大街也不例外，因此，遇風則塵土飛揚，逢雨則泥濘不堪。為了避免塵土飛揚和道路泥濘，唐政府就在一些通衢大街路面之上，鋪撒細沙甬道，稱為「沙堤」。但由於路面很寬，所鋪沙堤，僅是路面中間或是兩旁夠一軌行車的甬道，所需的細沙是由官牛、官車從東郊滻河中載運而來。白居易〈官牛〉一詩就記載了此事：「官牛官牛駕官車，滻水岸邊船載沙。一石沙，幾斤重，朝載暮載將何用？載向五門官道西，綠槐陰下鋪沙堤。」

朱雀大街兩旁，排列著高大的國槐，每年夏天，這些槐樹便會茂盛生長以當南日，當唐人從它下面走的時候感受到透心的陰涼，有光陰不可一風吹的感慨，所以朱雀大街又有「槐街」的民間稱呼。朱雀大道的盡頭便是連綿的宮城和皇城，皇家的宮殿雄壯、華麗、肅穆，門禁森嚴，有著不可替代的壓迫感。

街坊如棋盤整齊排列，人口稠密熱鬧

除了皇城和宮城，長安這座城市也按照郡縣制的模式管理，以朱雀大街為界，長安分為東、西兩部分，街東歸萬年縣轄，街西歸長安縣轄——這或許也是唐長安城被繼續稱為長安的原因之一。長安、萬年兩個縣是京畿地區的兩個重要縣域，縣治均設於長安城內，《舊唐書》記載：「都內，南北十四街，東西十一街，街分一百八坊。坊之廣長，皆三百餘步。皇城之南大街曰朱雀之街，東五十四坊，萬年縣領之；街西五十四坊，長安縣領之。京兆尹總其事。」[8]

長安的這些一百零八坊便將城市分割為無數的街道，這些街道排布整齊，「百千家似圍棋局，十二街如種菜畦」[9]。即便如是，也給人縱橫交錯的迷宮般的感覺，這些網格般的坊，都有著坊牆和四個坊門，如同今天城市裡的大型樓盤社區，呈現出一種圍合式的布局，但坊的面積更大，在規模上已經相當於一個古代縣城。

坊內每戶人家的院子後面還有一口「滲井」，這種井直徑大約為五十公分，深度大約為四公尺，日常的生活汙水就隨時地流入其中，由於長安的土壤疏鬆，吸水力很大，經過一段時間，汙水在井中就會慢慢被井壁的土壤吸收，而水中的不溶物質就會沉澱下來，待到汙物堆滿井中的時候，就可以直接把這口井封死，另外重新挖一口井。

唐代的長安城是中國歷史上以實行宵禁制度聞名的城市，為了治安，唐人在夜晚只能在坊內活動，不能跨坊遊走。唐代專門設立了左右金吾衛，掌皇城、宮城中及京城晝夜巡警，宵禁以鼓聲為準：「日暮，鼓八百聲而門閉。」太陽落山的時候，敲八百聲給人們提醒，之後便關閉坊門；「五更二點，鼓自內發，諸街鼓承振，坊市門皆啟，鼓三千撾，辨色而止。」[10]五更二點，伴隨著宮城承天門的擊鼓聲，隨後街鼓敲三千下，城門及坊市門陸續開啟，宵禁結束。

遍布於長安坊市最多的建築則是寺廟、浮屠，清代史學家徐松的《唐兩京城坊考》列出唐代長安有名的寺院一百零三所，幾乎是每坊一座。歷史上漢傳佛教形成了八大宗派，即三論宗、禪宗、天臺宗、華嚴宗、唯識宗、律宗、淨土宗和密宗。漢傳佛教宗派各宗祖布教傳法之處，成為日後人們所說的宗派祖庭。八大宗派的祖庭，除禪宗在河南登封少林寺、天臺宗在浙江天臺山國清寺外，其餘六個均在長安，分別為三論宗祖庭草堂寺，唯識宗祖庭大慈恩寺，律宗祖庭淨業寺，淨土宗祖庭香積寺，華嚴宗祖庭華嚴寺，密宗祖庭大興善寺。

儘管長安城內有著多達百萬的唐人，但這座城還是龐大得可怕，並非全部都是住宅相連，坊內居住起來闊綽有餘，於是城中便遍布著果園、菜園和小塊的田地。很多的官家園子，便在各坊內，《唐兩京城坊考》記載：「昌樂坊坊西官園，供進梨花蜜」[11]，昌樂坊有官方所屬的進貢梨花蜜的梨園；光宅坊「橫街之北，光宅寺。……本官蒲萄園」[12]，光宅坊有官方的葡萄園；甚至昇平坊「西北隅有東宮藥園」[13]，靠近樂遊原的昇平坊還有藥園；修德坊「西北隅興福寺寺北有果園，復有藕花池二所」[14]，修德坊的興福寺不但有果園，還有藕花池，夏日的長安，這裡是唐人遊玩賞荷的好去處；曲江之西南的杏園，則是新進士宴遊之所[15]。

人工湖泊成為全民旅遊勝地

在長安城內，隋、唐兩代充分利用東南高、西北低的地勢，開鑿了五條渠道，把城外八條河流中的水引入城中來。這五條渠道分別是龍首渠、清明渠、永安渠、漕渠、黃渠，水渠流經長安的各個坊，每日清晨，坊內的居民或者在水井中打水，或者在水渠中取水，滿足日常的飲用和洗濯。今天，西安仍然有唐代長安城唯一留存至今的含光門遺址下水道「過水涵洞」，以及十數口唐代水井遺址。

由於繞城水流眾多，長安城內有眾多的人工湖泊，史書記載的便有五十三處[16]。唐人把這些人工湖稱之為「池」，在長安北邊，太極宮中有有東、南、北三個「海池」，《資治通鑑．唐高祖武德九年》記載，玄武門之變的時候：「上方泛舟海池，世民使尉遲敬德入宿衛。」[17]也就是說，玄武門之變的時候，李淵正在海池內泛舟遊玩，可見這三個人工湖泊規模不小。大明宮中的太液池則有約一．六萬平方公尺，也就是二十四畝的面積，興慶宮內的興慶池在唐中宗的時代就已經非常聞名，《唐語林．卷五．補遺》記載中宗時，於興慶池設食「敕衛尉陳設，尚書省諸司各具彩舟遊勝。飛樓結艦，光奪霞日」。能夠有彩舟競渡，可見面積也是非常大，當時在場的詩人李適（不是唐德宗李適）寫的〈帝幸興慶池戲競渡應制〉記錄了現場情形：「急槳爭標排荇度，輕帆截浦觸荷來。橫汾宴鎬歡無極，歌舞年年聖壽杯。」

長安城中最著名的人工湖則是全民旅遊勝地曲江池，曲江雖然是皇家苑囿，但同時也定期向平民開放。每年進士放榜後，新科進士可以去曲江杏園宴集；玄宗開始，在正月晦日（每月最後一天為晦日）、三月上巳與九月重陽三大節日，皇帝、百官和士民同遊曲江，宴飲歡聚。正是由於這種開放態度，使得常人也可以一睹皇家園林，從而使得曲江成為了唐代最負盛名的園林。

長安最大的人工湖則是位於城外的定昆池。神龍年間，安樂公主恃寵請中宗李顯把漢武帝練水軍的昆明池賜給她，昆明池位於長安西邊，《三輔舊事》記載，漢代昆明池有三百三十二頃，也就是二十二平方公里，要知道今天的西湖也才六．四平方公里。

這麼大的湖，中宗無法把它變成安樂公主的私產，於是安樂公主發怒，自己出錢在昆明池東南造了一個人工湖「定昆池」，從名字中亦可看出安樂公主在賭氣。唐人張鷟撰的《朝野僉載》記載了定昆池的華麗：「定昆池四十九里，直抵南山，擬昆明池。累石為山，以象華岳，引水為澗，以象天津。飛閣步簷，斜橋磴道，被以錦繡，畫以丹青，飾以金銀，瑩以珠玉。又為九曲流杯池，作石蓮花臺，泉於臺中流出，窮天下之壯麗。」今天西安高新區西邊的河池寨就是定昆池的所在，已經不見有任何池沼了。

中宗之所以不把昆明池給安樂公主，大概還因為昆明池是長安人的魚塘，《唐會要》記載：「昆明池俯近都城，蒲魚所產。」[18]蒲魚就是吃蒲草的湖魚。從漢代開始，昆明池就是長安重要的魚產地，唐初類書《藝文類聚．魚》一則就記載說：「武帝作昆明池，學水戰法，帝崩，昭帝小，不能征討，於池中養魚，以給諸陵祠，餘給長安市，市魚乃賤。」[19]今天的昆明池仍然在，位於西安西邊的斗門水庫便是，剩下了不到十平方公里。

天候影響作物、植被與生活環境

唐帝國中前期的時候，中國處於溫暖潮濕的氣候時期中。著名氣象學家竺可楨在他一九七二年發表的〈中國近五千年來氣候變遷的初步研究〉一文中說：「中國氣候在第七世紀的中期變得和暖，六五〇、六六九和六七八年的冬季，國都長安無雪無冰。」當時的長安有很多梅樹，唐玄宗李隆基時（七一二～七五六年），妃子江采蘋因其所居種滿梅花，所以稱為「梅妃」。詩人元稹〈和樂天秋題曲江〉詩，就提到曲江的梅花：

「長安最多處，正是曲江池。」梅花雖然是冬季開放，但並不表示它耐寒，今天中國賞梅的地點多在江南便是這個原因。與此同時，柑橘也種植於長安，杜甫在〈病橘〉一詩中提到李隆基種橘於蓬萊殿，但是「惜哉結實小，酸澀如棠梨」。段成式《酉陽雜俎·卷十八》說，天寶十載（七五一年）秋，宮內有幾株柑樹結實一百五十顆，味與江南蜀道進貢柑橘一樣。今天的西安梅花和柑橘已經沒有蹤跡了[20]。

臺灣的氣象史學家劉昭民在《中國歷史上之氣候變遷》一書中說：「在唐代的三百年中，大雪奇寒和夏霜夏雪的年數都比較少，而冬無雪的年分竟達十九次之多，居中國歷史上各朝代之冠。」這種濕潤使得長安城外的終南山鬱鬱蔥蔥，暖溫帶半濕潤大陸性季風氣候讓樹木、灌木、藤類、青草、蕨類、地衣茂盛生長，從秦嶺一直蔓延到長安城南。

然而到了唐代中後期，長安周邊的環境卻逐漸惡化，尤其是長安城需要大量木材做建築材料，需要大量木炭做燃料，長安周邊的樹木砍伐得非常嚴重。唐德宗年間（七八〇～八〇五年），德宗在太極宮造神龍寺，需要長五十尺（十六公尺）的松木，度支使裴延齡說：「我在同州（今陝西渭南大荔縣）發現了一個山谷，可有數千樹木長八十尺。」德宗非常驚訝說：「人言開元、天寶中，側近求覓長五、六十尺木尚未易，須於嵐、勝州採市，如今何為近處便有此木？」[21]意思是說，玄宗開元天寶時代，在長安周邊五、六十尺的樹木就沒有了，要到嵐州（今山西呂梁嵐縣）和勝州（今內蒙古準格爾旗）去採購。

德宗之後，白居易寫於唐憲宗元和年間（八〇六～八二〇年）的〈賣炭翁〉說：「賣炭翁，伐薪燒炭南山中。」可以看出，唐人已經開始普遍在秦嶺中伐薪燒炭了。木炭是長安城使用最普遍的燃料，《開元天寶遺事》卷一記述著唐代皇宮中取暖的場面：「西涼國進炭百條，各長尺餘。其炭青色，堅硬如鐵，名之曰瑞炭。燒於爐中，無焰而有光。每條可燒十日，其熱氣逼人而不可近也。」

歷史地理學者龔勝生估算唐長安城中每年消耗的薪炭在四十萬公噸上下，唐代負責京城炭薪供銷的機構是司農寺下屬的鉤盾署，他們每年從市場上購買木材十六萬根，又在京兆府、岐州、隴州雇傭壯丁七千人，每年運輸木材八十萬根，如果這些還不滿足長安城百官貴族的使用，那麼就只能「以苑內蒿根柴兼之」[22]。

關於長安城的人口，學界則有爭論。一則是唐代雜籍人口、流動人口無法精細統計，二則是唐代是時間跨度漫長的朝代，長安人口在初唐、盛唐、中晚唐規模都不一樣。目前流行的說法是長安有百萬人口，這個說法是指盛唐時期長安的人口。在這裡我們引用唐史學者王雙懷的弟子徐宏件所做的統計，開元、天寶時期長安城的人口由以下構成：在籍人口四十八萬，宿衛軍十一萬，宦官〇．五萬，宮女三萬，官、私奴婢十一萬，官戶、工戶、樂戶等八萬，僧尼四萬，再加上流動人口三至四萬，總計約九十萬人。徐宏件還統計了這些龐大人口每年需要消耗的糧食數量：如果加上南北衙兵共有七．八萬匹馬，盛唐時期長安城每年需要消耗的糧食七百三十七萬石[23]。

這幾乎相當於唐帝國的農民全年繳納的糧食：唐玄宗李隆基在位的天寶八載（七四九年），唐帝國的農民全年繳納的糧食是七百四十餘萬石粟。當然，長安中央政府並不是要給全部人民提供糧食，需要政府承擔的是京師宿衛人馬、在京官員、宮女、奴婢的用糧，數量在四百萬石左右。隸屬中央政府的主要大型糧倉儲糧總數為一千二百六十六萬石，也就夠政府用三年的[24]。

在上面提及的這些數字背後，或許看到的才是真正的長安。不僅僅有風花雪月，還有城市生活的複雜性。人們生活在這個龐大的城市裡，每一天的吃穿住用行和最普通的家務，都必須靠覆蓋廣泛、結構複雜，而且常常被人忽略的基礎供給網路來支撐。這一點和《紐約：一座超級城市是如何運轉的》一書中的紐約何其相似：二十八條地鐵線要運送乘客四百五十萬人次，足以繞地球三圈的地下電纜要滿足市區堪比歐洲小國的用電量，供水系統要輸送數百萬公噸淨水，垃圾處理系統要將二·五萬公噸垃圾運出城外[25]。龐大的長安城就像一個古老的時鐘，在複雜的齒輪推動下，緩緩向前。不斷有人來，也不斷有人走，就這樣伴隨著宮城承天門和坊市的街鼓聲，過了近百年。

兵連禍結，逐漸走向敗亡

七五五年，安史之亂爆發，久居長安數代之久的皇帝第一次因為戰爭拋棄了這座偉大的城市，至此以後直至唐亡，有四位皇帝九次拋棄了這座城市。這座一再被拋棄的城市，開始分崩離析，開始惶惶度日，開始滿目瘡痍，直至化為塵埃落地。

唐玄宗天寶十五載（七五六年）六月十七日，長安留守官員崔光遠，宦官、高仙芝監軍邊令誠等人，開城納降，契丹人、安祿山大將孫孝哲率叛軍輕而易舉地進入長安。定都洛陽的安祿山命令他的官屬，盡數擄掠了長安府庫中的兵器甲仗、文物、圖籍，宜春雲韶樂隊、犀牛大象、舞馬，掖庭後宮也都被劫掠一空[26]。

唐代宗廣德元年（七六三年）九月，安史之亂平定不久，唐河北副元帥僕固懷恩叛唐，引吐蕃軍東進，吐蕃大軍攻陷長安，劫掠十五天後撤離。《舊唐書》記載：「吐蕃大掠京畿男婦數萬計，焚廬舍而去。」[27]

唐德宗建中四年（七八三年），割據淮西（今河南汝南）的節度使李希烈叛，德宗派涇原兵去解圍，涇原兵路過長安時，因賞賜不周譁變，德宗逃往奉天（今陝西乾縣），史稱「涇原之變」，《舊唐書》記載：「是日，德宗倉卒出幸，賊縱入府庫輦運，極力而止。」[28]叛軍劫掠了長安的府庫。這場持續了一年的戰爭中，唐王朝和叛軍以長安為中心，展開了占領和反攻的拉鋸戰，使得長安反覆處於兵火中。

德宗之後近一百年，得益於唐憲宗元和十五年（八二〇年）的削藩戰爭，重新把唐帝國納入到統一帝國的軌道中，成就了唐朝的中興氣象，被史書稱為「元和中興」。唐王朝恢復到了一種表面的平靜中來，日本留學僧圓仁曾於唐文宗開成三年（八三八年），到唐宣宗大中元年（八四七年）在唐朝生活過十年，他的日記《入唐求法巡禮行記》裡，記載了晚唐武宗時期長安的情形。

圓仁進入長安是在唐文宗開成五年（八四〇年）的八月，當年的二月唐文宗逝世，由東進入長安的時候，正好碰上了安葬文宗的山陵使回京城的隊伍，「營幕軍兵，陳列五里。軍兵在大路兩邊對立，不妨百姓人馬車從中路過」[29]。路過灞河、滻河的時候，「灞、滻兩水向北流去，水色清」[30]。圓仁進入長安走的是長安城東三門之一的春明門。開成六年（八四一年）辛酉正月六日是立春節，也就是春節。圓仁記載：「時行胡餅，俗家皆然。」當時的長安仍然流行吃胡餅，圓仁還看見唐武宗的舅舅、左羽林統軍韋恭甫的隨從：「步軍並皆錦來帽子、錦袍。其大將軍衣冠靴，皆繡鳥衛瑞草之文。」[31]讓圓仁感到震撼的還有兩天後的正月初八，唐武宗到京城南郊明德門外天壇祭天的情形：「諸衛及左右軍二十萬眾相隨，諸奇異事，不可勝計。」二十萬人的軍隊和隨從，浩浩蕩蕩沿著朱雀大街往南行進，異常壯觀。正月初九，唐武宗回城後，在大明宮的正南門丹鳳門城樓上宣布改年號為會昌。

當時離會昌五年（八四五年）武宗打擊佛教還有四年，正是長安佛教信仰狂熱之時。圓仁記錄了當時長安士人的瘋狂：「從三月八日至十五日，薦福寺開佛牙供養。」小雁塔所在的薦福寺當時展示了「佛牙」——也就是佛舍利，當時的信眾「有人施百石粳米、二十石粟米；有人施無礙供杯念頭足；有人施無礙供雜用錢足；有人供無礙薄餅足；有人施諸寺大德老宿供足。如是各各發願布施莊嚴佛牙會，向佛牙樓散錢如雨。」

而晚唐長安的天氣，逐漸從中前期的溫暖濕潤開始變得異常了，會昌元年（八四一年）的九月二十三日，大雪下了一天一夜，樹木都被摧折無數。

圓仁還記錄了正史沒有詳細記載的會昌三年（八四三年）六月二十七日長安的大火災：「夜三更，東市失火。燒東市曹門已西二十四行，四千四百餘家。官私財物、金銀絹藥，總燒盡。」[32]東市被大火燒毀後，二十八日夜裡三更：「內裡失火，燒神農（龍）寺。」前文提到太極宮內德宗用五十尺（十六公尺）松木做梁柱造的神龍寺被大火燒毀。二十九日的白天太極宮東門長樂門外又失火，門外的草場被大火點燃，把太極宮收藏的佛經、佛菩薩像燒毀，當天晚上「東市二夜數處失火」。這樣連續地失火，對於長安東市來說是毀滅性的打擊，四千四百餘家店鋪在大火中焚毀，即便火後重建，東市的規模應該也不會那麼大了[33]。

圓仁的弟子惟曉在會昌二年（八四二年）十二月生病，到了會昌三年（八四三年）七月病死，當時沒有錢買墓地，他暫住的資聖寺提供了墓地，惟曉被葬在了春明門外，這裡正是圓仁一行剛來長安時進入的城門。圓仁在大唐求法期間，一共有兩位弟子長眠在大唐的土地上，再也沒有回到日本。

自宣宗大中八年（八五四年）開始，戶部已經積欠了價值一百五十萬貫匹的錢帛[34]，到了唐懿宗咸通四年（八六三年），大唐帝國已經入不敷出了。

從華麗偉大的帝都，淪為轟然倒塌的死城

八七三年，大唐的天下毫無一絲平靜。七月，懿宗死，僖宗繼位。是歲，關東大

旱，赤地千里，餓殍盈野，百姓流離失所。濮州（今河南范縣）私鹽販子王仙芝起兵造反。隨後，屢試不第的士子黃巢在冤句（今山東菏澤市西南）與子侄黃揆和黃恩鄴等八人起兵，響應王仙芝。

八八〇年的冬天，唐僖宗和大宦官田令孜南逃成都，長安不戰而降，此前東都洛陽亦是不戰而降。黃巢和他的大齊對長安的唐宗室、公卿士族實行嚴厲的鎮壓政策，殺唐宗室在長安者無遺。詩人韋莊〈秦婦吟〉記載，彼時長安：「華軒繡轂皆銷散，甲第朱門無一半。」「內庫燒為錦繡灰，天街踏盡公卿骨。」黃巢完全沒有能力控制他手下的人，連續幾天他們洗劫了這個世界上最富裕的城市。各市場付之一炬，無數人民被殺死在街道上。因為迷戀權勢和內心中對於早年不登第的耿耿於懷，黃巢唯獨沒有焚毀長安瑰麗的宮殿群，他穿梭在這些龐大華麗的建築之間，為唾手可得的帝國和偌大的長安興奮不已。

在黃巢占領長安期間，唐軍曾經反擊成功短暫收復長安，但進城的唐軍卻因為彼時長安已經是賊都，而大肆劫掠，隨後黃巢又很快回到長安，他以長安「坊市百姓迎王師，乃下令洗城，丈夫丁壯，殺戮殆盡，流血成渠」。《舊唐書》記載：「時京畿百姓皆寨於山谷，累年廢耕耘，賊坐空城，賦輸無如，穀食騰踊，米斗三十錢，官軍皆執山寨百姓，鬻於賊為食，人獲數十萬。」[35]一座世界上最富貴的城市，在連綿的戰火之後，已經開始吃人了，何其恐怖！至此，長安從華麗的帝國之都化為一座死城。

光啟元年（八八五年）正月，僖宗自川中啟程，三月重返長安。驚魂還沒有來得及穩定，便又遭遇了新的動盪：河中節度使王重榮、太原節度使李克用以關中為戰場大戰邠寧節度使朱玫、鳳翔節度使李昌符，這一年十二月，宦官劫持著屁股還沒焐熱的唐僖宗再次出逃長安。亂兵焚掠坊市、宮城，累年修葺悉付之一炬。黃巢占領長安時，宮城建築保存完好，而這次諸道兵馬進入長安，燒殺搶掠，宮室坊里被縱火燒焚者十有六七。此番，宮室鄽閭，盡為灰燼，十不存一，令人大慟[36]。

光啟二年（八八六年）十二月，邠寧節度使朱玫的部將王行瑜將朱玫及其黨羽數百人斬殺，又縱兵大掠長安。這年的冬天，異常寒冷，長安城裡九衢積雪，一直沒有融化，王行瑜率兵入城當夜，寒冽尤劇，長安城遭受搶掠剽剝之後，僵凍而死的百姓橫屍蔽地，慘不忍睹[37]。

九〇四年，歐洲的法蘭克人正疲於應付諾曼人的進攻和斯拉夫人的蠶食。這一年，東方的唐帝國走到了最後關頭。朱溫劫唐昭宗遷都洛陽，強迫驅趕唐皇室及長安士民，拆毀長安皇家宮殿、百司衙署「按籍遷居」，拆房放木「自渭浮河而下」，過程持續了一個月有餘，使中國歷史上規模最宏偉的都城土崩瓦解，淪為廢墟[38]。從七五五年安史之亂爆發至九〇四年的一百四十九年中，儘管長安盡遭罹難，儘管坊市和宮城被焚毀，儘管長安被無數亂兵劫掠，長安這座城還存在，以大明宮為主體的皇城還在。但此番之後，長安徹底消失了，一座淪為廢墟的都城標誌著這個帝國轟然倒塌。

長安城毀滅之後，後代無數人對這座偉大的城市進行緬懷，長安進而成為了一個符號，成為了大唐盛世的代名詞。

在所有緬懷者中，小說家王小波是最固執的一個，他把長安折疊起來，構成了一個平行的宇宙。

在《紅拂夜奔》裡，王小波讓李靖李衛公設計了三個長安，在第一個長安裡沒有城牆，因為城牆擋風。為了防禦，每一座高塔都修得十分堅固，可以住上千的人；在第二個長安裡也沒有城牆，因為要讓水流通過，所以用巨木為柵欄，整個城市淹沒在一片綠蔭中——到處都是參天巨樹或者是連片的綠竹；第三個長安就是人們真實居住的長安，充滿了秩序感，方方正正，缺少生氣。

在《萬壽寺》裡，長安城是一座大得不得了的城市，周圍圍著灰色的磚牆。牆上有一些圓頂的城門洞，經常有一群群灰色的驢馱著糧食和柴草走進城裡來。遠離長安的薛嵩：「給自己造了一座後園，在園裡挖了一個池塘，就這樣住下去；遇到了旱季裡的好天氣，就把長了綠黴的衣甲拿出來晒。過了一些年，薛嵩和他的兵都老了。薛嵩開始懷念那座灰色的長安城，但他總也不會忘記建功立業的雄心。」這是我讀過懷念長安的文字裡，最動人的一段。

如何來理解這樣的感情呢？王小波在《紅拂夜奔》中說：「一個人只擁有此生此世是不夠的，他還應該擁有詩意的世界。對我來說，這個世界在長安城裡。」這或許也是很多人對於長安的初戀般的感受：長相思，在長安。

世間已無長安。

注釋

1 見《太平御覽．居處部十一．門下》引。

2《隋書．卷六十八．列傳第三十三．宇文愷》記載：「高熲雖總大綱，凡所規劃，皆出於愷。」

3《隋書．卷四．帝紀第四．煬帝下》記載：「丁丑，發丁男十萬城大興。」

4《唐會要》卷三十「興慶宮」條記載：「西面題曰花蕚相輝之樓，南面題曰勤政務本之樓。」可見花蕚相輝樓和勤政務本樓的原題裡面是有「之」字的，電影《妖貓傳》準確還原了這一點，而今天西安興慶宮舊址所在的興慶公園有座樓題的還是「花蕚相輝樓」。

5 出自唐代詩人賈至的〈早朝大明宮呈兩省僚友〉，記錄自己早朝時所見，全詩為：「銀燭朝天紫陌長，禁城春色曉蒼蒼。千條弱柳垂青瑣，百囀流鶯滿建章。劍佩聲隨玉墀步，衣冠身惹御爐香。共沐恩波鳳池上，朝朝染翰侍君王。」

6 葛承雍〈Khumdan為唐長安外來譯名的新證〉，刊於《中國歷史地理論叢》（西安：陝西師範大學出版社，二〇〇五年）。此文以二〇〇三年西安新發現的北周史君墓中，有明確紀年的粟特文與漢文雙語對應題刻，證明Khumdan確為長安外來譯名「胡姆丹」。

7 引文根據唐代來華的阿拉伯商人見聞所撰，八五一年彙集，八八〇年續成的《中國印度見聞錄》第二卷，譯者：穆根來、汶江、黃倬漢，為中華書局「中外關係史名著譯叢」一種，二〇〇一年出版。

8 見《舊唐書・卷三十八・志第十八・地理一・十道郡國・關內道》。

9 語出白居易〈登觀音臺望城〉詩：「百千家似圍棋局，十二街如種菜畦。遙認微微入朝火，一條星宿五門西。」

10 見《新唐書・卷四十九・志第三十九上・百官四上・十六衛・左右金吾衛》。

11 見《唐兩京城坊考・卷二・西京・外郭城・昌樂坊》。

12 見《唐兩京城坊考・卷三・西京・光宅坊》。

13 見《唐兩京城坊考・卷三・西京・昇平坊》。

14 見《唐兩京城坊考．卷四．西京．修德坊》。

15 見《唐兩京城坊考．卷三．西京．通善坊》。

16 關於唐代長安城中池沼數量，耿占軍〈唐都長安池潭考述〉中記五十七個（《中國歷史地理論叢》一九九四年第二輯）；歷史地理學家史念海先生〈唐代長安城的池沼與園林〉中列五十三個（《中國歷史地理論叢》，一九九九年增刊），因為史念海先生文章發表於後，我們以此為準。

17 見《資治通鑑．卷第一百九十一．唐紀七》，高祖武德九年（六二六年）。

18 見《唐會要．卷八十九．疏鑿利人》。

19 見《藝文類聚．卷九十六．鱗介部上．魚》。

20 竺可楨〈中國近五千年來氣候變遷的初步研究〉，刊於《中國科學》一九七三年第二期。

21 此事出自《舊唐書．卷一百三十五．列傳第八十五》「裴延齡」條。

22 見於龔勝生〈唐長安城薪炭供銷的初步研究〉，刊於《中國歷史地理論叢》一九九一年第三輯，是少見對唐代長安燃料進行研究的文章。

23 見徐宏件碩士論文《論唐都長安的糧食供應》（西安：陝西師範大學，二〇〇七年），指導老師王雙懷。

24 《通典．卷六．食貨六．賦稅下》記載：「租粟則七百四十餘萬石」，卷十二「食貨十二」記載：「諸色倉糧總千二百六十五萬六千六百二十石。」

25 哥倫比亞大學建築學教授凱特．阿歇爾著，潘文捷譯，《紐約：一座超級城市是如何運轉的》（海南省海口市：南海出版公司，二〇一八年）。

26 唐時宮中設教坊，有宜春院、雲韶院。宜春院歌舞藝伎是主要為皇帝表演的，凡演習大型歌舞人數不足時，則由雲韶院的歌舞藝伎補充。

27 見《舊唐書．卷十一．本紀第十一．代宗》。

28 見《舊唐書．卷一百二十七．列傳第七十七．姚令言》。

29 見《入唐求法巡禮行記》卷三，開成五年八月十九日。

30 見《入唐求法巡禮行記》卷三，開成五年八月二十日。

31 圓仁只記載了：「左金吾衛大將軍，是國親，今帝之阿舅。」沒有記姓名，當時在位的武宗，他的母親宣懿皇后，《舊唐書》記載「事闕」。在陝西師範大學出版二〇一三年出版的呂建中、胡戟主編的《大唐西市博物館藏墓誌研究》中，〈從太后改姓看晚唐后妃的結構變遷與帝位繼承〉一文收錄的〈唐雅王府參軍李公夫人韋氏墓誌〉記載了宣懿皇后的家族，宣懿皇后的哥哥韋恭甫，曾經擔任河中節度使、檢校刑部尚書、左羽林統軍知軍事。可見圓仁記錯了韋恭甫的官職。

32 見《入唐求法巡禮行記》卷四。

33 關於此次長安大火，《舊唐書．卷十八上．本紀第十八上．武宗》只有兩條簡單記錄：「六月，西內神龍寺災。」「八月壬戌，火星自七月蒼赤色，動搖井中，至是月十六日犯輿鬼。萬年縣東市火。」

34 《舊唐書．卷十九上．本紀第十九上．懿宗》記載：「戶部每年合送當使三月、九月兩限絹二十一萬四千一百匹，錢萬貫，自大中八年已後，至咸通四年，積欠一百五十萬五千七百餘貫匹。」

35 見《舊唐書．卷二百下．列傳第一百五十．黃巢》。

36 《舊唐書．卷十九下．本紀第十九下．僖宗》記載：「初，黃巢據京師，九衢三內，宮室宛然。及諸道兵破賊，爭貨相攻，縱火焚剽，宮室居市閭里，十焚六七。賊平之後，令京兆尹王徽經年補葺，僅復安堵。至是，亂兵復焚，宮闕蕭條，鞠為茂草矣。」

37《舊唐書．卷十九下．本紀第十九下．僖宗》記載：「辛酉，行瑜斬朱玫及其黨與數百人，縱兵大掠。是冬苦寒，九衢積雪，兵入之夜，寒冽尤劇，民吏剽剝之後，僵凍而死蔽地。」

38《舊唐書．卷二十上．本紀第二十上．昭宗》的這二十八個字，是對於長安最終結局的記載：「全忠令長安居人按籍遷居，徹屋木，自渭浮河而下，連甍號哭，月餘不息。」

圖表

七至九世紀的唐代和世界

本篇圖表在唐代大事方面參照沈起煒《中國歷史大事年表（古代卷）》（上海：上海辭書出版社，一九八三年），世界史大事則參照《新時代英漢大詞典》附錄十一〈世界歷史大事年表〉（北京：商務印書館，二〇〇四年）。著者按照西元紀年及唐代帝王年號並行的時間順序，多選對歷史進程有作用的大事或為普通讀者所知道的名人生卒年，以便一窺唐代與世界的歷史進程。

唐		世界
六一八年，隋亡，李淵迫隋恭帝禪位，建立唐朝，改元武德。	七世紀	
	620	
六二一年，武德四年，唐行「開元通寶」錢，每十錢重一兩，「錢」從此成為重量單位。		
		六二二年，穆罕默德自麥加遷往麥地那，伊斯蘭曆紀元開始。
六二六年，武德九年，六月發生玄武門之變，八月傳位與太子，是為太宗，高祖稱太上皇。		
六二七年，太宗貞觀元年，玄奘法師西行求經。		
		六二九年，法國墨洛溫王朝國王達戈伯特重新統一法蘭克人。
六三〇年，貞觀四年，李靖大破突厥頡利可汗於陰山。三月，各族君長推太宗為「天可汗」。	630	
六三一年，貞觀五年，日本第一次遣唐使犬上御田鍬到唐。		
六三三年，貞觀七年，天文學家李淳風改造渾天黃道儀成。		
六三五年，貞觀九年，太上皇高祖李淵去世。		
六三八年，貞觀十二年，高士廉等修《氏族志》成。		
	640	
六四一年，貞觀十五年，江夏王李道宗送文成公主赴吐蕃，與棄宗弄贊（松贊干布）完婚。		約六四一年，埃及亞歷山大圖書館在阿拉伯人的征服中被毀。
六四五年，貞觀十九年，玄奘法師回到長安。		約六四五年，佛教傳入西藏。
		六四六年，日本大化改新。
六四九年，貞觀二十三年，太宗李世民去世。太子李治即位，是為高宗。		
	650	

唐		世界
六五三年，高宗永徽四年，浙江杭州淳安縣女子陳碩真起義，自稱文佳皇帝。	七世紀	
六五五年，永徽六年，武則天被冊立為皇后。		
		六五六年，《古蘭經》校訂完成。
六五九年，顯慶四年，頒行蘇敬等人所修《新修本草》，為世界最早的國家藥典。		
	660	
六六二年，龍朔二年，高宗立波斯都督卑路斯為波斯王。		
六六三年，龍朔三年，中日第一次戰爭「百江村海戰」，唐破百濟及日本聯軍。		
		六六四年，惠特比宗教會議使英格蘭轉向羅馬教會。
六六六年，乾封元年，高宗封禪泰山。		
六六八年，乾封三年，高麗降唐，唐在平壤置安東都護府，以薛仁貴為都護。		六六八年，希歐多爾任不列顛坎特伯雷大主教。
	670	
		六七八年，阿拉伯人進攻君士坦丁堡。
	680	六八〇年，斯拉夫－保加利亞王國建立（六八〇～一〇一八）。
		六八七年，丕平二世重新統一墨洛溫王國。
		六八七年，義大利威尼斯共和國建立（六八七～一七九七）。
六九〇年，天授元年，武則天改唐為周。	690	約六九〇年，阿拉伯語取代希臘語和波斯語，成為伍麥葉王朝官方語言。
	八世紀	
	700	約七〇〇年，迦納帝國在非洲興起（約七〇〇～一二四〇）。
七〇五年，中宗神龍元年，武則天還位太子李顯，復國號唐，是為中宗。		
	710	七一〇年，日本奈良時代開始。
		七一一年，穆斯林阿拉伯人侵入西班牙，征服塞維利亞。
七一二年，玄宗先天元年，李隆基即位，是為玄宗。同年，詩人杜甫出生。		
七一三年，開元元年，唐朝開元盛世開始（七一三～七四一）。		
七一七年，開元五年，日本留學生吉備真備、阿倍仲麻呂從遣唐使到長安。		

唐		世界
	八世紀	
七二〇年，開元八年，寫過〈春江花月夜〉的詩人張若虛去世。	720	
七二四年，開元十二年，太史監南宮説完成了世界上第一次子午線長度的測試。		七二六年，拜占庭聖像破壞運動開始（七二六～八四三）。
七三〇年，開元十八年，寫過〈涼州詞〉的詩人張説去世。	730	
七四〇年，開元二十八年，開元名相張九齡去世。詩人孟浩然去世。	740	
七四二年，天寶元年，寫過〈登鸛雀樓〉的詩人王之渙去世。		
七四三年，天寶二年，揚州僧鑑真東渡，為風浪所阻。		
七四四年，天寶三載，改「年」為「載」，玄宗納壽王妃楊太真，時玄宗六十歲，楊玉環二十六歲。		
七四八年，天寶七載，玄宗封楊貴妃姊嫁崔氏者為韓國夫人，嫁裴氏者為虢國夫人，嫁柳氏者為秦國夫人。		
七五〇年，天寶九載，賜爵安祿山東平郡王，將帥封王自此始。	750	七五〇年，阿拉伯阿拔斯王朝建立（七五〇～一二五八）。
七五一年，天寶十載，安西節度使高仙芝攻大食，至怛羅斯大敗而歸。		
七五二年，天寶十一載，李林甫死，楊國忠為右相。		
七五三年，天寶十二載，僧鑑真東渡成功到達日本。		
七五四年，天寶十三載，劍南留後李宓擊南詔全軍覆沒，死者達二十萬。		
七五五年，天寶十四載，安祿山起兵范陽，東京洛陽陷落，		
七五六年，天寶十五載，安祿山在洛陽稱帝，國號「燕」。玄宗入蜀，長安失陷，楊貴妃死於馬嵬驛。肅宗即位，改元至德。		七五六年，阿卜杜·拉赫曼建立科爾多瓦哈里發政權，又稱後倭馬亞王朝。
七五七年，肅宗至德二載，安祿山被其子安慶緒殺死。詩人王昌齡去世。		七五七年，奧弗二世即位（七五七～七九六），麥西亞王國在不列顛達到極盛。
七五八年，乾元元年，大食、波斯商人攻掠廣州，旋即浮海而去。		

唐		世界
	八世紀 760	七六〇年，阿拉伯人採用印度數字，發展了代數和三角。
七六一年，上元二年，詩人王維去世。		
七六二年，上元三年，玄宗李隆基、肅宗李亨先後去世，代宗李豫即位。是年，詩人李白去世。		七六二年，阿拔斯王朝定都巴格達。
七六三年，代宗寶應二年，安史之亂結束。		
七六五年，永泰元年，曾被封為渤海縣侯，唐代詩人中最顯赫的高適去世。		七六八年，法蘭克國王查理曼大帝（七六八～八一四）即位，對東方的阿瓦爾人和薩克森人展開攻擊。
七七〇年，大曆五年，詩人杜甫去世，詩人岑參去世。	770	七七四年，查理曼大帝兼併倫巴第，但在西班牙受挫。 七七六年，波斯蒙面人起義。
七七八年，大曆十三年，世界第一部關於茶葉的專著《茶經》大曆年間成書。		
七八〇年，德宗建中元年，改租庸調為兩稅法。	780	
七八一年，建中二年，大秦景教流行中國碑建立。		
七八三年，建中四年，涇原兵變，長安失守，德宗出奔奉天。		
七八五年，貞元元年，書法家僧懷素去世。		
七八八年，貞元四年，長安屢次地震。		
七八九年，貞元五年，肅、代、德三朝名相李泌去世。	790	七九四年，維京人（北歐海盜）襲擊英格蘭和愛爾蘭，攻陷若干城鎮。 七九四年，日本平安時代開始（七九四～一一九二）。都城從奈良遷往京都。
	九世紀 800	八〇〇年，查理曼大帝在羅馬山教皇利奧三世加冕為皇帝。 約八〇〇年，法國加洛林王朝文藝復興。 約八〇〇年，北歐「海盜時代」開始（八〇〇～一三一九）。
八〇二年，貞元十八年，驃國（緬甸古國）使者到長安。		八〇二年，真臘吳哥王朝建立。（八〇二～一四三一）。
八〇五年，順宗永貞元年，德宗去世，順宗即位，八月退位為太上皇，憲宗即位。		

唐		世界
八〇六年，憲宗元和元年，摩尼教（明教）傳入中原。	九世紀	
八〇七年，元和二年，白居易被憲宗召為翰林學士。		
八一〇年，元和五年，寫有〈漁歌子．西塞山前白鷺飛〉的唐代詞人張志和去世。	810	
八一二年，元和七年，著有中國第一部記述典章制度通史《通典》的杜佑去世。		
八一三年，元和八年，李吉甫《元和郡縣圖志》成書，為現存最早的地方總志。		八一三年，拜占庭軍隊在亞得里亞堡敗於保加爾人、君士坦丁堡受到保加爾人軍隊和阿拉伯軍隊圍攻。
八一四年，元和九年，寫有〈遊子吟〉的詩人孟郊去世。		
八一六年，元和十一年，詩人李賀去世。		
八一九年，元和十四年，詩人、文學家柳宗元去世。		
	820	八二〇年，波斯王朝呼羅珊塔希爾王朝建立（八二〇～八七二）。
八二四年，穆宗長慶四年，詩人、文學家韓愈去世。		
八二六年，寶曆二年，著有《李娃傳》的文學家、白居易弟弟白行簡去世。		八二七年，拜占庭的西西里和克里特島被阿拉伯人奪取。
		八二七年，埃格伯特統一英格蘭，結束七國時代。
	830	約八三〇年，羅馬式建築在西方流行，以圓拱為特色。
八三一年，文宗大和五年，詩人元稹去世。		八三二年，緬甸古國驃國被南詔攻滅。
		八三三年，巴格達建立天文臺，阿拉伯天文學、數學、光學、醫學發展。
八三五年，大和九年，李訓、鄭注策畫誅殺宦官失敗，史稱「甘露之變」。		
	840	八四三年，《凡爾登條約》簽訂，查理帝國一分為三。
八四五年，武宗會昌五年，武宗禁止佛教，史稱「武宗滅佛」。		
八四六年，會昌六年，詩人白居易去世。		
八四八年，宣宗大中二年，張義潮驅逐吐蕃守將，收復沙州。		
	850	
八五二年，大中六年，詩人杜牧去世。		
八五七年，大中十一年，中國現存最古老的木建築：山西五臺佛光寺落成。		
八五八年，大中十二年，詩人李商隱去世。		

唐		世界
	九世紀	
	860	
		八六二年，俄羅斯諾夫哥羅德公國建成為貿易中心。
八六三年，懿宗咸通四年，《酉陽雜俎》作者段成式去世。		八六三年，東歐斯拉夫西瑞爾字母發明。
		八六三年，保加利亞王國保加爾人皈依基督教。
八六五年，咸通六年，書法家柳公權去世。		
		八六六年，丹麥「大軍」在不列顛東岸登陸，征服盎格魯－撒克遜王國諾森伯里亞，建立丹麥區。
		八六七年，拜占庭帝國馬其頓王朝的莫基人巴齊爾一世即位（八六七～八八六），開創了拜占庭歷史上最光輝的時期。
		八六九年，阿拉伯巴士拉「辛吉」（黑奴）起義。
	870	
八七三年，咸通十四年，懿宗迎法門寺佛骨。		八七四年，中亞薩曼王朝建立（八七四～九〇〇）。
八七五年，僖宗乾符二年，高仙芝、黃巢起兵。		
八八〇年，廣明元年，黃巢進入長安稱帝，國號「大齊」。僖宗逃亡成都。	880	
		八八二年，基輔羅斯建立。
八八四年，中和四年，黃巢自殺。		
		八八五年，維京人圍攻巴黎。
		八八九年，中美洲古典馬雅文明結束。
	890	八九〇年，馬札爾人在匈牙利立足。
		八九〇年，日本文化復興，小說、風景畫、詩歌繁榮。
八九二年，昭宗景福元年，重慶大足北山摩崖石刻開始營造。		
	十世紀	
	900	
九〇四年，天祐元年，朱溫拆毀長安宮室，長安自此成為廢墟。		
九〇七年，天祐四年，朱溫即位，國號「梁」，唐亡。		

後記

一種生活史寫作的嘗試

我們以兩本具有代表性的唐代生活有關的著作，來看當下唐代生活史的寫作。

其一為美國著名漢學家薛愛華的《撒馬爾罕的金桃：唐代舶來品研究》。全書除第一章敘述唐朝盛世的歷史外，每一章都是一類事物。作者以唐代為研究對象，詳細研究了當時世界文化交流，內容涉及了唐朝生活的各個方面：家畜、野獸、飛禽、植物、木材、食物、香料、藥品、紡織品、顏料、礦石、金屬製品、世俗器物、宗教器物、書籍等，共十八類一百七十餘種，舉凡生活所需、日常所用，幾乎無所不包。這本學術書的最大特色，是從博物學角度對中古史重新進行研究，至今被視為西方學者研究中國古代社會、古代文化、唐代中外關係史等領域的必讀著作。

其二為《長安時代：唐人生活史》，是二〇〇八年香港大學美術博物館出版的著作，作者是已逝的曾經執教於香港大學的莊申先生，他以美術史學家的身分創作此書，是不常見的大家所著唐代生活史。在莊申先生看來，唐人的詩書樂弈、繪畫陶瓷、雕刻工藝、舞蹈服飾，凡此種種，無不令人耳目一新。當中的巧思慧心，全在唐人的生活中表露無遺。全書分為語言文字篇、化妝服飾篇、保健醫療篇、都市人口篇及雜篇。全書勝在考據、圖像、圖表及考古結合的形式。

國內有關唐代生活史的著作基本也和以上所提兩種一樣，都是透過分門別類的章節來討論唐代的衣食住行、城市、建築、生活方式、日常生活等，只不過在敘述方式和視野上不及薛愛華先生，在考據的精細和呈現上不及莊申先生。學者們分別從政治、經濟、民族、宗教、文化、風俗、文物、科技、歷史地理等各種角度來研究它們，卻恰恰很少將它們作為「日常生活」來研究。總之來說，是學術氣過重，文本寫作不足，並沒有能夠和「生活史」這樣一個充滿了煙火氣的歷史學科進行很好的結合。

我在上一本書《唐代的鄉愁：一部萬花筒式的唐代生活史》中，嘗試拋棄分門別類的方式，試圖透過夜宴、城市、胡人、莊園、女子、少年、寺廟等話題來展開對唐代生活的還原，在中間穿插對於涉及話題的門類的博物式解讀。在我看來，這種嘗試使得文本極具可讀性，而且全書透過對比式的寫作，更加能夠讓讀者在一個更縱深的視野中了解唐代的社會。

這一本唐代日常生活史的書，我希望能夠延續上一本的寫作方式，繼續透過話題來講述和還原唐代的生活方式，分門別類式的寫作固然可以讓書看起來更加廣博，然而碎片化還是讓人無法一窺唐代生活的全貌，因此，從話題出發而非分門別類去討論唐代衣食住行，仍然是本書的基本寫作框架。

生活史作為唐代歷史研究的一部分，如果置身到斷代史研究中，我們會發現唐史研究素以史料發掘之徹底、史料解讀之精闢著稱，再加上敦煌、吐魯番文書以及近年來不斷的考古發現，使得唐人的生活能夠多方面呈現於我們眼前。諸多的前輩歷史學者以及當下的唐史學者亦有關於唐人生活的衣食住行等各方面的精細化研究，這本書也不過是從《舊唐書》、《新唐書》、《唐會要》、《通典》、《唐六典》、《唐律疏議》、《全唐詩》、《冊府元龜》等基礎史料，以及唐人筆記爬梳出的淺顯之作，屬於滄海一粟，並無特別新奇之處。倘使讀者能夠從中發現一兩處平日未曾注意到的唐人生活細節，對作者來說不啻為為平生快事。是為後記。

二〇一九年九月於杭州和美弄

History 系列56

走進唐人的日常——從衣冠、食物、婚姻、藝術了解唐代生活史

作　　者—師永濤
主　　編—李麗玲
編　　輯—林昕平
責任企劃—金多誠
封面暨內頁設計—大觀視覺顧問
內頁排版—立全電腦印前排版有限公司

總 編 輯—曾文娟
董 事 長—趙政岷
出 版 者—時報文化出版企業股份有限公司
一〇八〇一九 台北市和平西路三段二四〇號七樓
發行專線—（〇二）二三〇六六八四二
讀者服務專線—〇八〇〇二三一七〇五
（〇二）二三〇四七一〇三
讀者服務傳真—（〇二）二三〇四六八五八
郵撥—一九三四四七二四時報文化出版公司
信箱—一〇八九九臺北華江橋郵局第九九信箱
時報悅讀網—http://www.readingtimes.com.tw
時報文化臉書—https://www.facebook.com/readingtimes.fans
法律顧問—理律法律事務所 陳長文律師、李念祖律師
印　　刷—紘億印刷有限公司
初版一刷—二〇二〇年十二月十八日
定　　價—新台幣四二〇元
（缺頁或破損的書，請寄回更換）

走進唐人的日常：從衣冠、食物、婚姻、藝術了解唐代生活史/師永濤著. -- 初版. -- 臺北市：時報文化出版企業股份有限公司, 2020.12
面；　公分. -- (History ; 56)
ISBN 978-957-13-8470-2(平裝)

1.生活史 2.社會生活 3.唐代

634　　109018556

ISBN 978-957-13-8470-2（平裝）
Printed in Taiwan